三分管事
七分管人

以人为本的领导艺术 | 无为而治的管理境界

世界500强企业的高管都在用，让团队绩效提升**10倍**，
让企业效率提高**100%**！

| 鲁克德◎编著 |

管理者最困难的工作是什么？ **管人**，因为人是最难管理的
管理者最重要的工作是什么？ **管事**，因为落实才能生效

立信会计出版社
LIXIN ACCOUNTING PUBLISHING HOUSE

图书在版编目（CIP）数据

　　三分管事七分管人/ 鲁克德编著. —上海：立信
会计出版社, 2014.6
　　（去梯言）
　　ISBN 978-7-5429-4229-6

　　Ⅰ.①三… Ⅱ.①鲁… Ⅲ.①管理学–通俗读物
Ⅳ.①C93–49
　　中国版本图书馆CIP数据核字（2014）第076490号

策划编辑　蔡伟莉
责任编辑　余　榕
封面设计　久品轩

三分管事七分管人

出版发行	立信会计出版社			
地　　址	上海市中山西路2230号	邮政编码	200235	
电　　话	(021) 64411389	传　真	(021) 64411325	
网　　址	www.lixinaph.com	电子邮箱	lxaph@sh163.net	
网上书店	www.shlx.net	电　话	(021) 64411071	
经　　销	各地新华书店			

印　　刷	固安县保利达印务有限公司		
开　　本	720毫米×1000毫米	1/16	
印　　张	20.25	插　页	1
字　　数	265千字		
版　　次	2014年6月第1版		
印　　次	2017年9月第8次		
书　　号	ISBN 978-7-5429-4229-6/C		
定　　价	36.00元		

前　言

微信公共账号流传着这样一个管理故事：

孙老板手底下有个保健品公司。公司下面有一个业务部门，其中有十多个业务员，统一由业务经理领导。

在这十多个业务员中，有两个人业务做得最好，但他们和其他同事的关系却不太好。在其他同事看来，这两个人太"独"了，而且竞争心太强，把自己部门的人都当成竞争对手，老抢自己人的生意。

但是在这两个人看来，这完全是其他人的嫉妒心在作祟，认为其他人不像他们那样努力，还总是在背后说风凉话。

业务经理给孙老板建议是，公司内部的和谐最重要，应该把这两个业务员辞退。但是，爱才惜才之心又让孙老板左右为难：是迁就那两个能干的人，还是迁就大家？于是，他便向人力资源方面的专家请教。

专家问：这两个人的人品有问题吗？孙老板说：人品没问题，但个性有问题。专家说：那真正的问题在于你的部门经理，他没有起到应有的协调作用。

领导在经营企业的过程中，总会遇到各种各样的问题，如员工间的矛盾，员工在工作中的懈怠、推诿，工作分配与员工能力不相符等。如上述案例所展现的，并非一个简单的谁对谁错的问题，而是涉及管人重要还是管事重要的问题。

在管人与管事之间如何寻找最佳平衡点？如果将管理总分值算为十分的话，那管事大概要占到三分，管人则要占七分，相对管事来说，管人更加重要、更加专业。所以管理学界有这样一种说法：三分管事，七分管人。

如何管事？管事的关键在于理。"理"就是梳理，就是总结经验教训，想办法从根本上做好一件事情。理事就是学会制定规则，让员工按规则做事，而不用整天告诉他应该做什么；学会按流程做事，按部就班地完成任务；不要眉毛胡子一把抓，学会抓大放小，学会授权，将自己解放出来；学会解决员工做事过程中出现的种种问题，多沟通，解决矛盾，运用激励手段让员工创造佳绩。

如何管人？"管"意味着管理者要具有管人的能力和影响力，让自己成为大家的榜样，让大家向自己看齐；意味着要找到合适的人去做事，要学会慧眼识才；意味着要给员工提供合适的舞台，充分发挥出他们的才华；要学会用恩威并施的手段管出效率，用笼络人心的手段获得认同；"管"还意味着知人善用，要能把难管的人用好，而不是简单地把不好管的人开除。

在现代社会中，管人管事已由一种单纯的智能思考发展成一种被认为高尚优越的职业活动。成功的管理者的前提一定有这样一条：他必须深知管理的目标和本质。无数企业的管理实践表明：管理无定式，只要是有效的模式和方法，就是好的管理。

如果一个企业在人事方面出现了问题，即使风光一时也避免不了走向衰落的危机。然而，令人忧虑的是，很多企业在人事方面陷入困境，常常让自己纠结于企业内耗和一团乱麻之中。本书就是针对企业管理中的关键问题，讲述企业领导应该如何合理选择、使用、留住人才，如何赢得人心，创造业绩；如何解决内耗，让员工做事有章可循，同时又能发挥出员工的积极性和能动性；如何高瞻远瞩，随机应变，以及实现无为而治。

《三分管事七分管人》一书结合企业管理理论知识以及大量企业成败的案例，从中国企业管理中的薄弱环节入手，为广大管理者提供经验。如果企业领导能够从企业自身的实际情况出发，灵活借鉴本书中介绍的方法和技巧，相信一定能够对其工作有所裨益。

书中难免错谬之处，敬请读者批评指正！

目　录

上篇　管事要管出效益

中篇　管人要管出水平

第11章　找对人做对事，求贤若渴网罗天下英才俊杰

第12章 给员工"灌输"些大道理，培养员工的职业使命感

第13章 能容人之长也能容人之短，容人是管人的超级艺术

第14章 铁腕治人挥起杀威棒，震慑人心是管住人的手段

第15章 恩威并施，管人要一手软一手硬

第19章 团队制胜：培育员工的团队精神，建立强大的团队

下篇 管人管事的卓越之道

第20章 高瞻远瞩操控全局，管理的心境决定管理的境界

第21章 成大事要有大气魄，管理要有临危决断的大智大勇

第22章　管理无定式，结果最重要

第23章　无为大有为，无为而治是管人理事的最高境界

第24章　管理面前人人平等，管人理事一碗水要端平

上篇
管事要管出效益

第1章
靠制度办事，没有规矩不成方圆

优秀的制度创造优秀的企业

在管理实践中，许多企业的老板遗憾地发现，除非企业已经做到了一定年限以上，否则如果完全按照某些书中的原则行事，很可能遭到迎头重创。因此，对于一些中小企业管理者来说，在研读此书的同时，很有必要针对自己的现实情况对书中宣扬的企业行为模式加以批判分析，最终使其为我所用。

成功公司未必一定拥有一个能力超强、魅力非凡的领导人，而是需要建立起一个自我发展、自我创新的团队，同时需要一个深谋远虑使企业能不断进步的领导者。

简而言之，领导者成败的关键在于能否"建立起一种长而持久的制度"。对于成功的企业来说，赚钱只是一组目标中的一个。在现实中，追求多元目标的企业，往往能够比纯粹以营利为目的的企业赚更多的钱。

这种追求多元目标、平衡理想与现实之间关系的"务实理想主义"思路，对于小企业也是十分必要的。但是为了生存，企业必须将追求利润作为首要目标。

如果企业希望长期生存，就必须考虑如何合理地分配资源，为自己规划健康的生存状态。不过这一点却很少有企业能够真正做到。

一家分销商所面临的困难，使得他们不得不关注利润。首先，销售的毛利日益菲薄，二级代理和客户拖欠款的周期越来越长，而供货商催款的通知天天不断，同时一些正在运行的项目收款也很不顺利，还需要从可怜的利润中留出一些钱来以备万一。在这种情况下，老板还要拿出一部分现金来应付日常开销，维系各种关系。如果他上面有上级，还需要做一些假账来充点业绩门面，当然也要给总部回一些货款，以配合上层战略的需要。

所有伟大的企业拥有的价值观并不相同，对于企业来说，核心的价值观念并不是一开始就有的，企业要经过一个摸索的过程，才能最终确定可以成为自己企业的精神箴言。如果企业能够缩短这一过程，企业就可能更快地走向成熟。如果不能迅速确定企业的价值观念，那么尽快确定企业的"性格"，可能会给管理者带来更大的收益。

很多企业的性格带有其老板的鲜明痕迹，久而久之，企业里员工的行为模式和判断标准，几乎与其老板一般无二。于是形成了许多不成文的"潜规则"。这些"潜规则"在很大程度上就是企业实际运行过程中的价值观念。

一家民营企业，由于老板本人带有浓厚的政治家情结，于是整个企业在企业文化和价值观念方面都带有鲜明的政治色彩。具体表现为：重视对和国家以及地方政府政策方针的研究（该企业给自己的定位也是"政策导向型"企业）；重视企业内部的地位和晋升，并且以此为最高奋斗目标；员工普遍具有政治敏感性，既重视工作业绩，又具备高强的处理各种复杂关系的能力；核心员工具有很高的忠诚度，用该企业一位中层干部的话说："能做到中层干部位置上的人，都是三起三落，经受过无数次考验的人"。

综上所述，企业如果没有成熟的价值观，也一定要有符合自己"性格"的实用潜规则。

企业应当推出振奋人心的优秀制度，优秀的制度要具有持续刺激企业进步的能力，它的目标必须符合企业的核心理念。此外，企业必须比竞争对手更快地发现和把握机会，更灵敏地作出反应，否则就不可能赢得先机。

"修路"理论与制度建设

著名管理咨询专家刘光起先生说："管理就是管出道理，道理就是规则规范。"这里所讲的规则规范，指的就是管理中的各项规章制度。中国传统文化中"没有规矩不成方圆"的思想，也阐释了规章制度的基础性作用。

约翰和亨利到一家公司联系业务。这家公司的办公室在一幢豪华写字楼里，落地玻璃门窗非常气派。可是，由于玻璃过于透明，许多来访客人因不留意，头撞在高大明亮的玻璃大门上。不到1刻钟里，竟然有两位客人在同一个地方头撞玻璃。

亨利忍不住笑了，对约翰说："这些人也真是的。走起路来，这么大的玻璃居然看不见。眼睛到哪里去了？"

约翰并不赞同亨利的说法，他说："真正愚蠢的不是撞玻璃门的客人，而是设计者。如果不同的人在同一个地方犯错误，那就证明这个地方确实存在缺陷。应该考虑怎么修正缺陷，而不是嘲笑那些犯错误的人。"

亨利于是向该家公司的经理提了意见，在这扇门上贴上一根横向标志线。

从此再没有来访客人撞到玻璃门了。

这个故事涉及"修路"原则，即当一个人在同一个地方出现两次以上同样的差错，或者两个以上的人在同一个地方出现同一差错，那一定不是人有问题，而是这条让他们出差错的"路"有问题。此时，人作为问题的领导，最重要的工作不是管人——要求他不要重犯错误，而是"修路"。

管理进步最快的方法之一就是：每次完善一点点，每天进步一点点。每个人每一次都能因不断"修路"而进步一点点。这里所讲的"路"就是制度和规范，"修路"就是指制度建设。

"修路"理论告诉我们，管理工作最重要的不是直接去管人，而是去制定让人各司其职的制度——修筑让人各行其道的路。

制定管理制度的依据和程序

制定管理制度的主要依据有以下三个方面。

（1）实际生产力水平。既要把生产经营的具体情况和条件作为制定管理制度最重要的依据，还要考虑随着科学技术的发展而带来的生产力发展。制定的管理制度要切合实际，既要反映出生产过程的客观规律，又要反映生产力发

展的客观要求。

（2）成功的经验和失败的教训。成功的经验（包括企业内部的和企业外部的）用制度加以肯定，让人们照着做；失败的教训（包括企业内部的和外部的）用制度加以否定，禁止人们重蹈覆辙，保证事故不再重演。

（3）国家的方针、政策、法令、法规。管理制度既反映生产过程的客观规律，又适应生产关系的客观要求。因此，制定管理制度，必须以国家的方针、政策、法令、法规为依据，使制定的制度符合国家有关法令、法规。

制定管理制度的过程，是领导同员工相结合，反复进行调查研究的过程；是总结本企业的经验，总结历史的经验与学习成功企业的先进经验，探索企业管理的新方法，提高管理水平的过程；也是从员工中来，到员工中去，发动员工进行自我教育，参加民主管理，提高企业素质的过程。制定规章制度应该遵循的基本程序是：

调查→分析→起草；

讨论→修改→会签；

审定→试行→修订→全面推行。

也就是说，管理制度的制定，要经过充分调查、认真研究，才能起稿。草稿形成以后，要发到有关职能部门的基层单位反复讨论，斟词酌句，缜密修改，并经过有关部门会签和领导审定，然后在小范围内试行检验。对试行中暴露出的问题和破绽，要认真进行修改。重要的规章制度还要提交总经理或者董事会通过。只有遵循上述基本程序，制定出的管理制度才能切合实际，具有权威性和合法性，才能顺利贯彻执行。

制定管理制度的八条戒律

企业规章制度是管理现代化企业的重要手段，这一手段运用的好坏直接影响到企业生存与发展，同时会直接关系到企业的经济效益。如何避免制度管理的失误，不妨牢记制定管理制度的八条戒律，或许会从中受到启示。

一戒草率从事。为了应付上级草草订出一份管理规章，根本不向干部职工宣布，当然更谈不上执行。

二戒抵触法规。有的规章制度条文与现行政策、法令和政府的规定相抵触，自行失效。当然，企业在改革中有些新的规章制度超越于现行政策界线，但有利于发展生产和国家利益，则另当别论。

三戒自相矛盾。上下条文不衔接、自相矛盾，使企业内的此规定与彼规定有冲突，让人无所适从。

四戒咬文嚼字。文字冗长，语言生硬，表意不清，令人无法领会。如《安全守则》中有这样一条："在禁区内不得燃烧可燃物或促使致燃之器具。"其实，只需"禁区内严禁烟火"七个字就可概括其意。

五戒舍本逐末。列举大量无关紧要的条文，喧宾夺主，降低了重要条文的分量。细枝末节的条文过多，不便记忆，当然会影响执行。

六戒违背常理。过于苛严，大都难以做到，惩罚措施过火，职工动辄得咎，导致抗拒心理。

七戒不切实际。过于细密，实际执行中难以行得通，或执行起来反而降低效率，而条文过宽，又起不到约束作用。

八戒形同虚设。有而不用，对违规者不按规定处理，姑息纵容或在执行中因人而异，亲疏有别，会导致制度自行废弛，成为一纸空文。

制度面前人人平等

联想集团有个规矩，凡开会迟到者都要罚站。在媒体的一次采访中，柳传志表示："我也被罚过三次"。

他描述说："公司规定，如果不请假而迟到就一定要罚站。但是这三次，都是我在无法请假的情况下发生的。比如：有一次被关在电梯里边。罚站是挺严肃，而且是很尴尬的一件事情，因为这并不是随便站着就可以敷衍了事的。在20个人开会的时候，迟到的人进来以后会议要停一下，静默看他站1分钟，有点儿像默哀，真是挺难受的一件事情，尤其是在大的会场，会采用通报的方式。第一个罚站的人是我的一个老领导。他罚站的时候，站了一身汗，我坐了一身汗。后来我跟他说：'今天晚上我到你们家去，给你站1分钟。'不好做，但是也就这么硬做下来了。"

在制定和执行制度的时候要始终坚持制度面前人人平等的原则，特别是在执行制度时要一视同仁，谁都必须遵守，尤其是企业的管理者必须率先贯彻执行。如果在制定和执行制度的时候，忽略了公平、公正这项基本原则，那么企业的管理制度将成为"一纸空文"，成为粉饰自己的"花瓶"。要做到制度面前从平等，就要做到以下几个方面。

1. 制度要全面细致

制度面前人人平等，就是要保证企业在制度执行上的公正性与严格性。但是，如果制度本身制定得过于严格、苛刻，不近人情，在执行中往往就会暴露出很多问题，并严重影响员工的士气和工作积极性。因此，在制度的制定过程中，要充分考虑到员工的心理承受力，使制度本身保持适度的弹性。这是人本管理中最关键的问题。记住，制度面前人人平等，是严格而不是苛刻。

2. 制度需要保证执行

制度建立后，关键在于执行。被严格执行的制度才有生命力。但在执行制度的过程中，总会有一些人只看到了规章制度对自身的约束性，而没有看到规章制度的保护性。他们利用种种手段，想方设法去逃避制度，或者根本视制度为无物，我行我素。更为严重的是，在违反制度的同时，因为违纪者的职位，或者与其他相关人员的关系，使得违纪的行为不仅难以制止，而且难以得到应有的处罚。

制度面前人人平等。企业内不允许有不受制度约束的特殊人、关系人。如要在企业内超越工作关系，超越规章制度办事，只能让其选择离开。我们经常可以看到这样的情况：企业的管理者有很好的悟性，一些好的规章制度制定得也非常科学严密，但执行起来却像是一拳打在棉花上，软弱无力。执行力不是一个表象问题，要达成"提高执行力"的目标，我们要先找出执行体系中的关键要素——那些起到特别作用的要素，制定相应的法则，才能保证执行力的健康发展。

如今已不仅仅是策略的时代，也是策略执行的时代。希望通过发掘执行力的基因，可以帮助管理者认识问题产生的根源，形成一种正确的管理思维方式。

3. 导入竞争机制，实现优胜劣汰

当局者迷，旁观者清。在繁忙的企业日常运营中，企业管理者往往无法从具体事务中脱身而出，缺乏全局观点，考虑问题都是从自身位置出发，容易就事论事，而无法跳出问题看问题。他们并没有意识到，最好的制度早就隐藏在他们的工作中：创造竞争，就是创造财富。因此，站在企业整体发展的角度看问题就会发现，需要解决的问题并不复杂。就像人体自身的免疫细胞一样，竞争机制的导入必将实现更高层次上的平等。

4. 有责任一同分担

当员工之间发生利益冲突时，问题常常很难得到解决。要打破这种僵局，就要坚持制度面前人人平等的原则，只有如此，才能解决不同层次人员间的冲突。在解决内部矛盾时，应平等地对待各方，仔细地权衡各方的利益，并与当事各方一起寻找一个大家都能接受的解决方案。当责任随同分工分给了企业中的每个人时，每个人都要开始他的责任之旅。有责任一起分担，不光是员工，更是中层主管甚至高层主管都应该认识到的问题。谁出了问题就找谁，管理者自己也一样。

这样一种认识值得关注：企业执行力差的原因，很大程度上在于员工不能正确执行公司的制度，一方面是因为员工缺乏正确的意识，另一方面则是员工缺乏足够的专业技能。因此，管理者总是希望让员工接受大量的培训，通过培训来改变认识、提高专业技能，从而强化执行力。其实，这是一个误区，他们将注意的焦点过于集中在员工身上，采用的也是"治标不治本"的手段。这样问题的出现，与管理者自身的态度也有密切的关系。因此，谁出了问题就找谁，这是人人平等原则的精要。

对企业来说，一套完备的规章制度是必不可少的。但制度建立后的执行还需要我们以更大的努力、更多的坚持去维护、去完善。"制度面前人人平等"的原则谁都懂，但很少有人能够真正将其落实到自己的行为当中。执行一次两次不难，难的是长期坚持执行。把简单的事坚持做好就是不简单，把平凡的事坚持做好就是不平凡。

制度，是一种要求大家共同遵守的办事规程或行动准则。对于企业来讲，

制度其实就是告诉员工正确做事的方法。因此，制度的第一属性就是全体成员的"共同遵守"。只有有了"共同遵守"，制度才在现实上有了意义。制度的落实离不开团队成员的协同合作和共同努力。

曾经有个工厂经营不下去了，被一家外企收购。此时工厂的员工们既有一种求生的渴望，又有一种对前途的担心：一方面，员工害怕企业裁员，自己要面对下岗的困境；另一方面，员工希望新的老板能使企业起死回生，让大家能够获得稳定的工作和生活。新上任的老板并没有采取什么新的改革，只是找出原厂制定的规章制度，让所有员工学习并且切实落实。几个月过去了，工厂开始扭亏，1年过后开始赢利。

这一案例告诉我们，没有大家的合作与协同，制度只是一纸空文，无法得到很好的落实；只有大家一起努力，一起遵守，制度才有意义，团队和企业才能获得发展。

曾挽救过世界著名企业IBM的经理人郭士纳在谈管理经验时曾讲过一句话："员工做你要检查的东西，而不是你期望的。"这句话告诉我们团队领导要带头落实制度。

维护制度的权威必须从我做起。德国作家歌德曾经说过："在限制中才能显出能手，只有法律才能给我们自由。"在作为企业之法的各项规章制度面前，每一名管理者都必须审视自己手中的权力，每一名员工都必须比照自己的言行，每一名操作者都必须检讨自己的每一次操作流程。

制度贵在落实，而落实则离不开团队成员的精诚合作。

制度决定一切

有七个人曾经住在一起，每天分一大桶粥。要命的是，粥每天都是不够的。一开始，他们通过抓阄来决定谁分粥，每天轮一个。于是每周下来，他们只有一天是饱的，就是自己分粥的那一天。后来他们开始推选出一个道德高尚的人出来分粥。强权就会产生腐败，大家开始挖空心思去讨好他、贿赂他，搞得整个小团体乌烟瘴气。然后，大家开始组成三人的分粥委员会及四人的评选委员会，但他们常常互相攻击，扯皮不止，粥吃到嘴里全是凉的。他们最后想出来一个方法：轮流分粥，但分粥的人要等其他人都挑完后拿剩下的最后一碗。为了不让自己吃到最少的，每人都尽量分得平均，就算不均，也只能认了。

大家快快乐乐，和和气气，日子越过越好。

同样是七个人，不同的分配制度，就会有不同的风气。所以一个单位如果有不好的工作习气，一定是机制问题，一定是没有完全公平、公正、公开，没有严格的奖勤罚懒。如何制定这样一个制度，是每个领导需要考虑的问题。

领导者的一项重要职责就是要划定员工的工作范围，如果下属彼此之间职责不明，他们要么就会相互推诿，指望别人多干一些活，要么就会相互干扰，搞得大家都干不好工作。领导者在分配工作时一定要细致、科学，要明确每个人应该做什么、不应该做什么。有些工作是必须合作才能完成的，但在合作中也要有明晰的分工。

任何一个任务的背后都隐藏着与员工休戚相关的利益，员工们由于处于被动地位，有时候不能想到这些利害关系，领导者就必须冷静地为他们分析利弊，让他们意识到做好工作的必要性，从而自觉地努力工作。

别让制度成为"一纸空文"

在平时工作中，为何我们总有这样的感觉：制度非常严密，规章也制定得非常细致，然而，在一些领导身上还是存在不正之风，还是会产生一些腐败的行为，让大家不能满意。这是因为我们在执行制度时有了例外。因此，要堵住腐败，作风建设得开展实在，让大家对我们的领导队伍作风建设满意，真正做到以人为本，就必须做到执行制度时不能有例外！

领导应该是执行制度的模范，领导是决策者，更应该有执行制度时的严肃性和主动性意识，而不应该超越制度、凌驾于制度之上。那样，既破坏了民主，也亵渎了制度。制度成为某些人随意搓揉的面团，使大家丧失对领导干部的信任。因为领导执行制度时有了例外，也就会有人进行模仿，出现一批在执行制度时的例外。为何我们在办事时，不是凭制度、凭规章，而先想到找熟人、托关系？这实际上也昭示了制度大可放在一边，通过找关系或找熟人把不能办成的事办成的不正常现象存在。这种领导干部在执行制度时的例外，具有破坏性的示范和教唆作用。

执行制度时，不能有任何借口。领导干部不能抛开制度打招呼、批条子，更不能借口特殊贡献、招商引资等而为某些违规行为开绿灯。领导嘴上要求严格执行制度，但一旦碰到特殊情况，就借口说"某某对我们有贡献"、"某某是上级领导，以后在资金、项目上能够多多关照我们"。上级凭什么在执行制度时可以随意而"自由"？难道奖金的下拨和项目的确定，就是个别人说了算？这不是在执行制度时有了例外，让个别人享有特权。制度执行一旦有了例外，在执行制度时就有了空隙可钻，正如大堤，一旦有了缺口，那就非常危险了。

一些人在面对禁酒令时，往往以招商引资借口应对；面对某些不良商人贷款时，以扶持企业借口应对；违规审批项目时，以发展经济应对；领导违规配公车，以特殊接待借口应对等。这些都是因为在执行制度时有了例外。而有了特权就有了不公平；有了不公平，群众就会产生不满；群众不满意，生活就不幸福，社会也就不能和谐；社会不和谐也就会出现不稳定的因素。因此，不稳定因素往往就在这些例外中慢慢发酵，然后爆发，这不能不引起我们各级领导的重视和警惕。

有了小的方面的例外，就会有大的方面的借口。一些领导干部就从小开始，先是为熟人开后门，办些小事，再到为亲朋好友提拔任用拍板；从为他人介绍点小业务，到直接插手工程，收受贿赂，这些无不是从执行制度有例外开始。也正是因为有些领导这种"带头"精神，社会上就形成了凡事要找关系、托后门的不良风气。况且，执行制度的例外，也不是普通群众能"例外"得起来的。即使想例外，也得找领导或权力部门才能行得通，这当中就难免滋生腐败了！

因此，应该倡导在制度面前应该人人平等的精神，执行制度时，无论谁都不应该有特权和例外。领导不仅要在执行制度上做表率，还要在全社会营造严格执行制度的氛围，让大家做执行制度的模范，做执行制度的监督者。杜绝例外，别让制度沦为一纸空文，这才是享有尊严和体面的基础。

松下电器公司的"事业部制度"

20世纪30年代，松下电器公司在面临世界性的经济大萧条的局势下通过"生产减半，绝不裁员"的举措成功渡过难关，随后顶住压力在门真街建设了厂房，此时的松下电器公司已经发展成为一个大企业。由此也可以看出松下幸之助对时局的把握和过人的谋略。

任何企业在规模较小时，企业领导能单枪匹马、有效地驾驭整个企业的大小事务；然而随着企业的扩大、员工的增多，企业领导就会逐步感到力不从心，从而造成企业整体或局部处于失控状态。松下幸之助也在不断思索关于管理体制的问题，后来他做出惊人之举，大刀阔斧地推行"事业部制度"。

"事业部制度"将松下电器公司现有的分厂和所有的从业人员重新划分为三个部门：第一部为收音机部，任命井植岁男为部长；第二部为脚踏车车灯及干电池部，井植薰担任部长；第三部为配电线器具及电热器的制造与销售部，松下幸之助自己兼任部长。

松下幸之助认为："事业部制度"这种分权管理方式，可以使公司的经营吸收小企业的长处，特别是灵活性。每一个部门的部长都是独立的负责者，由他全权负责本部门产品的制造和销售；每一个部门都采取独立核算，绝不允许以某部门的盈利来弥补另一部门的亏损，也就是废止从前各部门相互间的盈亏相抵的办法。各部门要负起责任凭自己的努力和创造争取营业利润，并以此利润为公司的成长和壮大作出贡献。

此后，松下幸之助又将这种"事业部制度"写入了《松下公司史资料》第七卷中："此种制度的本质，照现在的定论，就是松下电器公司硬件组织制度最突出的一项。这项制度实施于1932年，是松下电器公司长足发展时期的产物。事业部制度的直接动因，是公司规模的扩大。松下幸之助创业伊始，摊子小，一切都由他自己一人操持，虽说辛苦，尚可应付。事业的发展，导致事物纷繁，千头万绪，松下幸之助自己已经感受到了其中的繁杂。他想把事情分给别人负责，而他一贯的观念又是委任即要放权，于是就有了设立事业部的分权组织设想。他将公司分为三个部门：一是收音机部，二是脚踏车车灯及干电池部，三是配电线器具及电热器的制造与销售部。这一次的分设，销售部是隶属于第三事业部的，其他部则没有专门的销售机构，各部门的销售其实还是公司一手包揽的。松下幸之助觉得上述的分权制度还不够彻底，不能算是名副其实，因此效果也就差一些。基于这样的认识，1934年3月，又进行了进一步的改组。这一次，把原来第三部的电热器具制造独立为第四部门。更重要的是，在各部门都设了营业科，专门负责各部门的销售业务。"由此，松下电器公司相当长时间采用的硬件组织制度就这样形成了。

这个制度的特点，就是从研究、开发至制造、销售、宣传，全部严格地实施公司内部各组织单位的全权责任制。这些事业部的部长，都以自己的名义设立户头，经济实行内部核算；当然工作也由自己全权决断。这样，每一个事业部实质上和一家独立机构相差无几。

松下幸之助当初分权而设立事业部，有两项基本用意，这其实也就是分权制度的作用。其一是事业经营责任划分清楚。分权以后，权力是各事业部的，经营绩效也是事业部的。这样，哪一个事业部情形如何，一目了然，再也不是过去各部门损益互补的情形了。这也就是现在所说的责任权益分明。其二是可以锻炼、培养经理人才。各部门自负其责，不能依赖公司，也不能依赖其他部门，一切都要靠自己，经营人员的才干必然得到培养和锻炼。这种制度，也确实为松下电器公司培养了不少经营人才。

不难看出，事业部制度有以下优点：

（1）不但能使企业得以顺利扩大，而且还能解决松下幸之助自己力不从心的问题。

（2）每一个事业部都是一个责任中心，产品责任划分分明，盈亏明朗，便于考核。

（3）各事业部都具有小型企业之特点，产品较单一，致力于技术研究与产品开发，因此能培养出许多技术专才。

（4）由于各事业部部长负责盈亏的全部责任，自然而然会产生强烈的消费导向——非常重视并竭力满足消费者的需求。

（5）一个事业部盈利，绝不分利给另一个亏损的事业部。每一个事业部都必须自己想办法实现盈利。因此，各事业部就不会抱有依赖思想，都会竭尽全力把自己放到整个电器同业中去竞争。

事业部这种分权组织的制度，在当时的日本是首创，就连企业管理比较先进的美国，1930年以前也只有杜邦、通用汽车公司等少数大企业才有这种制度。显然，松下幸之助的这种做法，先人一步，令其获益匪浅。以后，这种制度虽然有些微妙的变化，但大体还是如此，基本保持不变，形成松下电器公司的一大特色。

现在，经营的集团化优势十分明显，因此合并、重组的事情时有发生。集团的各组织单位如何运作，松下电器公司的事业部经验当可借鉴。

销售是连接产品和顾客的中间环节，是经营的关键一环。没有强有力的销售，不说经销商，就是制造商也不能维持生意。因此，完善的推销制度是十分重要的。

松下电器公司不仅有独特的组织、人事制度和规范，关于经营中关键一环的推销，也有一套独特的制度。这套制度大多是松下在幸之助经营实践中摸索、总结出来的，有许多又是"日本第一"。

推销制度是建立在有关销售理念之上的。在这一方面，松下幸之助有三点基本做法：一是重视销售；二是把经销商当朋友；三是一切从顾客出发。基于这样的理念，松下电器公司确立了以下的销售制度：

（1）联盟店制度。这种制度意在加强公司和经销商以及经销店相互之间的联系。公司的经营人员经常走出去，向经销商请教、征求意见；各经销商之间也互相交流心得。这种制度把松下电器公司的经营理念和诚意、信誉等都传达给了经销商，调动了经销商销售松下产品的积极性。

（2）参与国际品牌销售商品同业公会。这其实是上述联盟店制度的延伸和合理化。松下幸之助为给国际性的产品建立一个强大的推销网，从1957年起，经常召集大阪地区附近的联盟店开会，共同研究如何和睦相处、推销产品，进而组成了"国际商品协会"这一商业组织，紧紧围绕松下电器公司最有名的国际性产品来做文章，无异于松下电器公司自己开办了数千家专营店。现在的商店设某某专柜，其实就有这样的作用，只是和松下幸之助创办的这种协会差了几个级别。

（3）设立销售公司。以上都是关于零售的推销制度，这项则是有关批发的。负责批发的主要销售公司，是松下电器公司和各地的经销商们联合建立的。虽说合作的方式不同，目的却都在于提高代理店的经营效率。如果有的经销商陈情请求，松下电器公司还可以出资和他们共同组织这种机构。这样一来，不仅销售公司自己可以办零售店及时提供商品，同时也可以积极促成开设更多的零售店，或通过服务促进零售店的营业额。1950年8月，松下电器公司的第一家销售公司在四国的高知县成立，以后每年都有几家这样的销售公司成立。

（4）分期付款制度。松下幸之助的经营理念是为顾客提供低价商品，这项制度是这种理念在销售上的极端体现。松下幸之助效法福特，采取多销低成本策略，在1951年收音机流行的时候实行了分期付款的办法。这种办法更加刺激了本来就热火朝天的收音机市场，为松下电器公司获取了丰厚的利润。这种办法在当时的日本是空前的。其后，松下电器公司的许多其他家电产品也都采取这样的方式推销的。

松下电器公司以上几种推销制度，现今已是商家皆知、也广泛使用的法宝，但在当时却是首例。其中的一些，时至今日，许多商家尚未能够很好地应用，比如协会制度。由此也可以看出，松下电器公司经营秘诀的当代意义仍然是不可忽视的。经营的重要条件之一，就是调动人的积极性，使其充分发挥才干；而这不是靠热情和个别行为所能获得的，而是需要一套严整的方针。

成功的老牌公司，都有其一整套制度和原则，揭示出来，以使上上下下有规有矩，遵照执行。人事制度作为企业制度的一个重要方面，当然也是如此。

松下电器公司的人事方针，最基本的有七条。1957年时，当时的人事主任高桥荒太郎曾经巡视全国34处部门予以宣讲，以期深入人心。

松下电器公司的这七条基本方针是：

第一，对松下电器的基本经营，必须有充分彻底的了解。

第二，必须认识到，好的经营的根本在于人。

第三，人事必须要有诚意和"大的情爱"才行。这就是说，人事方面无论做什么事情，都要以情义贯彻始终。因为在任何场合，情义都能感动人。同时要有"大的情爱"，而不是谄媚迎合或是小恩小惠的小情爱。有了大的情爱，就能够长远地关心人的进步和成长，该严格的时候严格，该批评的时候批评。

第四，不仅要用权力去驱使别人，而且要用理解和信赖令人自动自发地工作。

第五，要培养人才，必须先给其适当的目标和希望。有目标，有希望，才能充分调动人的积极性和创造力。因此，要经常给部属强烈的意愿，使他们有目标、有希望。

第六，必须给予权力，让其负起责任来。责任和权力应该是相辅相成的。如果让部属和员工去做不必负责的事情，就会使工作松散、拖延，甚至产生不良的后果。同样，如果只给责任而不赋予权力，结果也是如此。因此，必须给予他和责任相当的权力，让他在责任和权力之内，放手去做，做出最有效的创造、发明来。当然，如果遇到关系大局的事情，要求下属向上司请示还是应该的。

第七，好的经营，必须使员工真诚合作才行。培养人才，要依靠社会，更要依靠自己。因此，经营者要有长期连续的人才培养方针，以增长员工的能力，并使其获得人格的成长。

松下幸之助个人和松下电器公司的成长经历，使他更注重与学校教育相对的在职训练。这一点和他的人才思想结合，就产生了松下电器公司长期以来施行的完备的育才方针。这个方针，不仅应用于松下电器公司，对别的公司也是有启迪意义的。以下是这个方针的概要：

（1）培养人才的目的：贯彻经营基本方针；提高专门业务能力；培养经营管理能力；扩大视野和形成人格。

（2）实施方针。通过实践，培养实际工作能力。方法是以每个人的自我启发为基础，以上司的个别指导为核心，通过工作岗位的实践教育为主体。根据长期计划连续实施，不能有头无尾。

（3）工作组织。工作场所的主要干部要对工作场所员工的人才教育负全面责任。各部门、工作场所的管理监督者要对自己辖区范围内的员工全面负责。

（4）各工作场所所长下面，设一位担任研究的负责人，以便帮助所长及上司推行人才教育。

（5）各项职能部门设一位专门负责人，以便帮助所长和上司推行培养人才的工作。

（6）在人事部门，要执行以下培养人才的业务：就人才培养和各职能部门、事业场所取得联络并寻求援助；培养及实施经营干部的进修计划；新进职员的培养计划的实施。

第2章
纪律是胜利之母，执行纪律没有任何借口

提高遵守纪律的自觉性

企业制定出来的各种规章制度不能成为摆设。作为领导，就应当以有效的手段保证其得以贯彻落实，一旦发现有人违规，必须加以惩治，绝不能手软。

为了促成遵守纪律自觉性的好风气，领导应该采取以下几个明确的措施。

1. 广泛宣传

许多管理者都想当然地认为："这些规定谁都知道。"但是，新来的员工，甚至有些老员工，直到他们违反了某条规定时才听说有这么个规定。

国外有些企业的管理者按惯例给每个员工发一份公司规章，并让他们签署一份声明，表示已经收到、阅读并理解了企业的规章。这种做法很值得效仿。

2. 保持镇定

无论违规行为有多么严重，领导都应该保持镇定，不能失控。如果你觉得自己正在失去冷静，那你就应该等一等，直到自己冷静下来时再去采取行动。

怎样才能镇定下来呢？闭上嘴巴，待会儿再开口，做些拖延时间的事情。切记千万千万不要对员工大发雷霆。

3. 调查了解

领导不应无视违反企业规定的行为。如果你这样做，那你就是在向其他员工表明你不打算执行企业的规章与条例。你也不应该走向另一个极端，草率地惩罚或处分员工。在你行动之前，在你做出处理决定之前，你必须搞清楚发生

了什么问题，以及员工为什么这样做。

4. 私下处分

如果公开进行惩治，那么受处分的员工会因当众受批评而产生怨恨。

关于私下处理的规则仅有一个例外，那就是员工在其他人面前公开与你作对。在这种情况下，你必须当众迅速而果断地采取行动，否则就有失去控制的风险。如果你不能果断地行动，你就会失去员工的尊重。

5. 一视同仁

制定出的规章是让大家遵守的。领导、员工都要遵守，若有违规行为，都会受到处罚。

6. 坚决公正

坚决不是指粗暴或仗势欺人，不是指滥施压力和保住自己的地位，而是对员工要公道。对员工要公道是指有充分的根据。它包括解释清楚企业为什么要制定这条规章，为什么要采取这样一个纪律处分，以及你希望这个处分产生什么效果。

7. 消除怨恨

记住，处分的目的在于教育，而不是惩罚。因此，领导应该向自己的员工表示你相信他会改正错误。在执行纪律处分后以积极的调子跟员工谈话，将有助于消除员工的苦恼和怨恨的情感。

遵守纪律才能保证战斗力

一个善于协作、富有战斗力和进取心的团队，必定是一个有纪律的团队。同样，一个积极主动、忠诚敬业的员工，也必定是一个具有强烈纪律观念的员工。可以说，纪律永远是忠诚、敬业、创造力和团队精神的基础。对企业而言，没有纪律，一切都将是空中楼阁。

要尽快成为合格的职业人，就要了解职场的规范，遵守职场纪律。而职场纪律的遵守，又不是强制性的，它需要每个员工的自我管理和自我约束，是一种自觉的状态。

人在职场，就要清晰定位自己的角色。只有角色有了一定之规，才能保证自己不偏离公认和潜在的规则，才能顺利实现自己的职业理想和目标。

在生活中，受到约束的例子很多，这其中有外加的，也有自觉的，这种自觉的约束就是"自我约束"。"自我约束"就是有意识地控制自己，有原则地对待事物。在很多时候，"自我约束"常常意味着放弃一些东西。有时，这些东西正是你渴望已久的。面对诱惑与欲望，能够"自我约束"的人知道今天的放弃是为了明天的得到，什么都不放弃往往会失去更多珍贵的东西。

德谟克里特曾说："和自己的心斗争是很难堪的，但这种胜利则标志着他是深思熟虑的人。"这句话正是对"自我约束"者的一种肯定。

一个员工，能够做到自我约束、自觉遵守企业的纪律，那他就是一名合格的员工。拥有这样员工的团队，才能保证自己的战斗力。

有一位企业培训师经常问周围的人这样一个问题："每天早上起床是为了什么？"最常听到的答案总是一个样："我必须起床，我得……"这是推卸责任的一种回答。它是说，如果一个人想要谋生并照顾自己和家人，就必须要起床。事实上，大部分人早上并不是非起床不可。如果他们决定就这么躺下去，无论生活还是世界都不会因此翻天覆地。或许他的工作会有些耽搁，第二天必须加紧补上；会议可能错过；约会得重新安排，但依然不会有什么大事发生。"我必须"并非起床的强制理由。

第二个最普遍的回答很诙谐，然而饶有意味："因为我要上厕所。"这个答案是否能让你更了解自己的同事？你问："为什么你今天早上到办公室来？"同事："嗯，我6:30起床上厕所，然后想反正也起来了，索性来办公室瞧瞧。"看起来，很多人的驱动力来自压力，而不是真正的自律。

我们没有想到，我们固然是踩着时间的尾巴准时上下班的，可是，我们的工作很可能是死气沉沉的、被动的。像这样，怎么可能在工作上有更大的贡献和突破。我们所说的遵守纪律，不仅仅是在行动上不违反企业的规章制度，光做到这一点远远不够，而是一种发自内心的对纪律的重视。

员工对纪律的遵守应该是自觉的、发自内心的，而不应该是来自外界的约束力。

对于自我约束的问题，诙谐作家杰克森·布朗曾经有过一个有趣的比喻：

"缺少自我约束的才华，就好像穿上溜冰鞋的八爪鱼。眼看动作不断可是却搞不清楚到底是往前、往后，还是原地打转。"如果你知道自己有几分才华，而且工作量实在不少，却又看不见太多成果，那么你很可能缺少自我约束的能力。

有一位电器公司的销售主管，他一直保持着将文档做得很工整的习惯，无论当时他有多忙甚至在周末也不例外。这个习惯让他受益匪浅，他很清楚所要完成工作的时间和所要采取的方式。在他的个人电脑里，他会跟踪每一件事，从而确保不仅按时完成自己的任务和落实各项细节，而且兼顾顾客和同事。如果他们没有承诺及时和他联系，他就会给他们发电子邮件。事实上，有一天，一个人告诉这位主管："我还不如主动跟你联系，因为我知道你如果听不到我的消息，一定会在我的语音信箱里留言的。"

这位销售主管如此辛苦地跟踪每一件事，以确保工作质量，倒不如把这些时间用来培养员工的自我约束意识，把外在的约束力转化成内在的自我约束。源于自我的力量才是长久的和可靠的，才能永远保持它的战斗力。

全球"IT代工之王"郭台铭曾说："走出实验室，没有高科技，只有执行的纪律。"意思是说，除了那些基础实验室的研发人员，其他像做主板和笔记本电脑的研发人员也要靠严格的纪律来管理。正是要求员工必须执行这些纪律，郭台铭才能把企业越做越大，创造出更多的价值。

如果你具有强烈的纪律意识，在不允许妥协的地方绝不妥协，在不需要借口时绝不找任何借口，如质量问题、对工作的态度等，你会猛然发现，工作因此会有一个崭新的局面。

对企业和员工而言，遵守纪律、敬业、服从、协作等精神永远都比任何东西重要。这些品质不是员工与生俱来的，没有哪个员工从一开始就是严格遵守纪律的，也不会有谁是天生不找任何借口的好员工。

纪律至上，令行禁止

要管理，人们就需要依据一些原则，也就是说，需要依据一些被接受、被论证过的道理。纪律代表了某个组织管理制度的总和。

　　纪律是组织成功的保障。说话不灵，做事就无效。纪律的制定是组织中全体成员行为一致的前提和基础。所以，要想让组织有统一的行为，组织的领导者需要先做的工作就是"建章立制"，确定游戏规则。

　　每个企业都不可避免地会有一些棘手的问题，如员工抗命、联合起来对抗总裁或要挟领导、不愿与某同事协调合作、醉心于工作外的事项、纷纷请调或离职等。这些问题都是和人有关的，往往发生一两件，就使人感到头痛和焦虑。因此，在企业的经营管理过程中一定要有严明的纪律。

　　20世纪70年代，日本伊藤洋货行的董事长伊藤突然解雇了业绩赫赫的岸信一雄。这在日本商界引起了一次震动，就连舆论界都用轻蔑尖刻的口吻批评伊藤。

　　人们都为岸信一雄打抱不平，指责伊藤过河拆桥，将三顾茅庐请来的一雄给解雇了，认为伊藤榨光了一雄的才能，一雄已没有利用价值。在舆论的攻击下，伊藤却理直气壮地反驳道："纪律和秩序是我的企业的生命，不守纪律的人一定要处以重罚，即使会因此降低战斗力也在所不惜。"

　　那么，事件的真相到底是怎样的呢？

　　岸信一雄是由"东食公司"跳槽到伊藤洋货行的。伊藤洋货行是以衣料买卖起家的，所以食品部门比较弱。因此，伊藤才会从"东食公司"挖来一雄。有能力、有干劲的一雄来到伊藤洋货行，宛如是为伊藤洋货行注入一剂强心剂。

　　事实上，一雄的表现也相当好，贡献很大，十年来将业绩提升数十倍，使得伊藤洋货行的食品部门呈现一片蓬勃的景象。

　　但从一开始，一雄和伊藤间的工作态度和对经营销售方面的观念就呈现出极大的不同，随着岁月的增加裂痕愈来愈深。一雄是属于开放型的，非常重视对外开拓，常支用交际费，对部下也放任自流，这和伊藤的管理方式迥然不同。

　　伊藤是走传统、保守型的路线，一切以顾客为先，不太与批发商、零售商们交际、应酬，对员工的要求十分严格，要他们彻底发挥自身的能力，以严密的组织作为经营的基础。这样的伊藤当然无法接受一雄豪迈粗犷的做法，伊藤因此要求一雄改善工作态度，按照伊藤洋货行的经营方法去做。

　　但一雄依然按照自己的方法去做，而且业绩达到水准以上，甚至有飞跃性的成长。他说："一切都这么好，证明这条路线没错，为什么要改？"如此，双方意见的分歧愈来愈严重，终于到了不可收拾的地步，伊藤只好下定决心将一雄解雇。这件事情虽然从人情方面说不过去，但是却关系到企业的存亡。对于最重视秩序、纪律的伊藤而言，食品部门的业绩固然持续上升，但是他却无法容忍不遵守纪律的现象。因为这会关系到整个企业的管理，会毁掉伊藤辛辛苦苦建立起来的基业。从企业纪律的角度来看，伊藤的做法是正确的。

　　这个例子告诉我们：企业必须把纪律放在重要位置。对于大部分员工来说，自我约束是最好的纪律，他们应清理理解纪律本身的意义，即保护他们自己的切身利益。所以领导不必亲自出面严明纪律，当需要强制实施惩罚时，这既是领导者的错误，也是员工的错误。正是因为这个原因，一名领导应该在其他的努力不能奏效的情况下才借助于纪律惩罚，尤其应该澄清的是，纪律不是领导显示权威和权力的工具。

　　员工们的许多不良表现都会成为进行纪律惩罚的原因。对于一般的违纪行为，它们的形式和性质都不会有太多的不同，不同的只是它们的程度。人们常常会忍受一些轻微违反标准或规定的行为，但当违反了大纪或屡教不改时就需要立刻采取明确的纪律惩戒。人们违反纪律会有很多原因，大多数是因为不能很好地调整适应。导致这些后果的个人性格特点包括马虎大意、缺乏合作精神、懒惰、不诚实、灰心丧气等。所以，领导的工作是帮助员工做好自我调整，如果领导是个明辨事理的人，他会真诚地关心员工，使员工在工作的同时享受到更多的乐趣，逐渐减少自己的违纪行为。如果员工面对的是一位一天到晚拉长着脸，讲话怪声怪气，动辄以惩罚别人为乐趣的无聊的领导时，找一些迟到早退的借口，逃离关系紧张的工作环境，还会是出人意料的吗？

　　领导应该把纪律视为一种培训形式。那些遵守纪律的人理应受到表扬、提升；而那些违反了纪律或达不到工作标准的人理应受到惩罚。要让他们清楚自己的行为是受到纪律约束的。

管理者要做执行纪律的模范

一个普通的人要想获得别人的尊重，就必须具有他人所没有的优秀品质，作为一个企业领导更是如此。如果你不具有独特的风格，将很难获得下属的尊敬。而在此特质中，最重要的就是领导者本人的自我要求，这一点其实是很自然的。有一句话叫做"律己才能律人"。

自己的原则与方法不是一朝可成的。你必须有"三军可以夺帅，匹夫不可夺志"的决心和毅力，在不断地尝试与努力中锻炼自己，促使自己一步一步地走向优秀领导的境界。

那么请问，你对自己的要求远甚于下属吗？偶尔你也会站在客观的立场上为自己的下属设身处地地想一番吗？要知道这种态度和涵养是自己身为领导所必须具备的。一天到晚为自己打算的人，绝非一个优秀的领导，要知道在你做这些努力的过程中，一举一动都逃不过下属的观察。

令人遗憾的是，有些领导总是忽视或没有能力做到严格"自我要求"，遇事总是喜欢归咎于他人。对一些荒谬透顶的事，他们做起来却感到特别安心。

譬如一家企业应该开发新产品了，赶紧召开员工大会，而无能的领导常为自己大脑空空而坦然，却总在抱怨别人："这些家伙尽是窝囊废，竟然拿不出一个新构想！"其实，新构想不能全靠下属去构思，身为管理者应该先动动脑筋，先制定个框架，或先指明个方向，然后再要求下属全力筹划，这样靠着双方的努力便可把目标顺利达成。如果只是把责任全部推给下属，即使事情成功了，领导也失去了一个在下属心中赢得信任的绝好机会。要知道，如果你的下属在心里对你没有好感觉，你就别想让他们很好地服从你。企业里有能力的下属可能表面在为你拼搏，暗地里却在想方设法取代你的位置呢。在一家企业里，下属之所以服从你，其理由往往不外乎以下两种：一是，因为领导地位既高，权力又大，不服从则会遭到制裁。二是，因为领导对事情的想法、看法、知识和经验均高自己一筹。跟着他做事，不必担心出错。

在这两个理由中任缺一项，下属都可能离你而去，或者与你分庭抗礼，势不两立。

有一句话叫做"善为人者能自为，善治人者能自治"。一家企业的业务能否在激烈竞争的潮流中得到发展，关键之处还在于管理者是否有正确的自律意识。管理者只有身体力行，以身作则，才能建立起人人遵守的工作制度。比如要求企业的职员遵守时间，领导要先做出榜样；要求下属对自己的行为负责，领导也必须明白自己的职责，并对自己的行为负责。只有以身作则的领导，才能调动下属的自觉性，并影响他们朝着良性的方向发展。领导自己做不到的事，就不要要求下属去做；要求下属改掉坏习惯，领导就要先改掉自己的坏习惯。

管理者要想培养良好的自律性，成为下属的表率，最好能参照以下几点建议去身体力行：

（1）乐于接受监督。据说，日本"最佳"电器株式会社社长北田先生，为了培养自我约束能力，创立了一套"金鱼缸"理论。他解释说，员工的眼睛是雪亮的，领导的一举一动，员工们都看在眼里，如果谁以权谋私，员工们知道了就会瞧不起你。"金鱼缸"式管理就是明确提出要提高管理工作的透明度，管理的透明度一大，把自己置于众人监督之下，自然就会加强自我约束。麦当劳公司曾一度出现严重亏损，公司总裁亲自到各公司、各部门检查工作，发现了各公司部门的领导都习惯于坐在高靠背椅上指手画脚。于是他发出指示，必须把所有领导坐的椅背锯掉，以此促使领导深入现场发现问题，这一招竟使麦当劳公司经营状况获得了极大的转机。因为领导和员工们同乘着麦当劳公司这一条船，只有平时同甘共苦，情况紧急时才会同舟共济。

（2）保持清廉俭朴。作为一位企业领导，应该清楚自己的节俭行为，不管大小，都具有很强的导向作用。管理者的言行举止是下属关注的中心和模仿的样板。台塑集团创始人王永庆曾说："勤俭是我们最大的优势，放荡无度是最大的错误。"他是这样说的，也是这样做的。在台塑集团内部，一个装文件的信封他可以连续使用30次，肥皂剩一小块，还要粘在整块肥皂上继续使用。王永庆认为："虽是一分钱的东西，也要捡起来加以利用。这不是小气，而是一种精神，一种良好的习惯。"由此可见，要想成为一个卓越的管理者是相当不容易的，清廉俭朴这一点，你就应该努力做到。

（3）戒掉自己的不良嗜好。不少管理者总有抽烟、喝酒的不良嗜好，这些东西给自己的身体带来的害处就不必说了。单从对管理者个人素质和表率作用所产生的不良影响上说，就应该戒掉烟酒。譬如现在大中城市都在普及戒烟，国家还特别规定了戒烟日，如果自己还整天泡在烟雾中，将怎样对下属下达"戒烟令"呢？

执行纪律中不当"老好人"

老好人不一定是好管理者，也不适合长期从事管理工作。从理论和逻辑上推论，这个观点没错，完全成立。实践的大海实在是浩瀚无边，深不可测。平静的海面，保不准会突起风浪。光当老好人的管理者，谁也不敢打包票不会换换岗位，挪挪地方。

某企业进行了人力资源战略规划，从战略出发对企业人力资源情况进行了盘点，并制定了针对性的人力资源政策，以保障战略的实现。根据人力资源战略规划，为完成优化员工年龄结构、学历结构和专业结构的目标，第二年，企业在短时间里将一批年轻的主管提拔至部门正职或副职的岗位上。一时之间，这些年轻人被压抑许久的积极性得到了充分调动，也在各个部门烧了几把火。

过了一段时间，人力资源总监着手对这些新中层的工作情况进行一番调查。在调查过程中，他接到了一些普通员工对新中层的投诉，反映新领导是老好人，对下级要求过松。特别是有一些普通员工认为，新中层"很少对他们红脸"，跟着新中层对个人成长无益。他感到奇怪：这些新中层虽然年轻，但均已担任过相当长时间的主管，为什么做主管时一直都没有暴露过这样的问题呢？

在我们周围也有这样一些以老好人形象出现的管理者，在做出决定时，总是摇摆不定、犹豫不决；在碰到一些问题时，习惯当"甩手掌柜"。久而久之，他们管理的魄力小了，胆子小了，办法也少了。有什么事，满头大汗去找上级领导，"您看应该怎样处理，您给拿拿主意吧"。或者干脆不管，假装什么都没有发生。

作为管理者，往往管理着许多下属，管理着一摊子工作，其首要任务就是把下属管理好，把方方面面的工作安排得井然有序、有条不紊，从而维持日常工作的正常运转。

任何一名企业管理者都应该扮演好管理者的角色。在实际工作中，有的中层管理者认为自己不是高层领导，不愿管，不敢管，没有资格管。在情感方面更是如此，不好意思，怕得罪人，做老好人。有的中层管理者则认为下属做的是一些鸡毛蒜皮的小事，不值得自己去管，结果工作秩序混乱，甚至导致严重后果。

小王在一家公司做产品设计工作，由于各种原因，公司业务做得不是太好，很多员工觉得没有前途，不是整天无所事事，就是迟到早退。看到这种情况，小王就去问主管："公司照现在这个样子发展下去，肯定非常危险。我们该采取什么办法挽救公司呢？"谁知主管却说："你管这么多有什么用呢？先挺挺看，也许过一段时间会有些起色。"小王听到主管如此没有信心的话之后，第二天就和公司拜拜了。

小王为什么会远走高飞呢？也许在他的心目中，主管就代表着公司，主管对公司都没有信心，自己怎么能对公司有信心呢？还不如跳槽痛快。

可见，管理者需要树立自己的威信，要严格要求下属，不能放纵不管。管理者在管理中使用一些技巧是非常有必要的：工作中，要用严格管理来体现组织的制度；私下里，要用情感来体现自己对下属的关怀。如果你老是想着做老好人，那么你将组织的规章制度置于何处？如果下属犯了错误，你不惩罚他，你的威信何在？

人们普遍认为，做人就是如何搞好人际关系，做事就是如何提高公司效益，搞好人际关系、提高公司效益就是管理。只会做人，不会做事，是一团和气，是和稀泥，管理上等于零；相反，只会做事，不会做人，常常得罪人，他的管理也不佳。因此，要先会做人，然后会做事，这就是管理。

但是在日常的管理中，管理者经常遇到事与人纠缠到一块的时候，其实也难怪，人是做事情的人，事是人做的事，怎么能分得清楚呢？所以管理就是得罪人的事，在日常的管理中不要怕得罪人，但不要得罪大多数人，更要注意对事要制度化，对人要人性化，特别是在不是很正规的小企业，首先做的应该是有法可依——建立可行的规章制度，然后再是有法必依，执法必严，违法必究。

管好一个企业和一群人往往是需要给企业动一系列"手术"的，会让企业中的不少人感到"疼"。改革会调整企业原有的利益格局，可能要堵一些人的财路，降低一些人的收入，使大部分人感到压力增加，甚至要揭人之短……这些都是得罪人的事。企业管理者要抓管理，就需要顶着这些压力、冒着这些风险，大刀阔斧地把一项项新制度贯彻下去，要敢于管理。

管理者如果空有管理之心，却前怕狼、后怕虎，这个不愿招惹，那个不敢得罪，希望什么麻烦也没有，一心想做"好好先生"，管理根本不可能有什么改进。企业抓管理就是要既无情又有情。在深化改革、贯彻制度方面要"无情"，制度至上，没有什么讲情面的余地。奖惩分明、能上能下，对于一部分员工来说可能很"无情"。但是，只有通过加强管理，企业才能更具竞争力，才能有更大的发展，使员工收入增加，提供更多的岗位，这恰恰是"有情"的一面。

管理是为了什么？难道是"老好人大赛"看谁比较受人欢迎？不要说大胆管理，再小心的管理也不可能让人人说好，那种只说"好好好"的管理早晚把大家都送进地狱。管理者要明白自己的职责就是要管理好企业的业务，只有用铁拳来维护秩序和纪律，企业的规章制度才会真正的贯彻执行，企业的运转才会在正常的轨道上进行。

告诉员工：执行纪律没有借口

寻找借口是执行乏力的表现。找借口可以说是最容易办到的事情了，一名员工如果不想执行纪律，总能找出各种各样的理由。作为管理者，要消除员工凡事爱找借口的习惯，应先搞清员工找借口的内在原因。

1. 借口的表现

其实，每一个借口的背后，都隐藏着丰富的潜台词，借口的主要表现形式无外乎以下几种：

（1）"最近我很忙，我会尽快去做的。"找借口的一个直接后果就是容易让人养成拖延的坏习惯。通过仔细观察，我们很容易就会发现在每个企业里都存在着这样的员工：他们每天看起来忙忙碌碌，似乎尽职尽责了，但是，他们把本应1个小时完成的工作变得需要半天的时间甚至更多。

（2）"我以前没做过这种工作。"找借口的人往往是那种因循守旧的人，他们缺乏一种创新精神和自动自发工作的能力，因此，期许他们在工作中做出创造性的成绩是徒劳的。借口会让他们躺在以前的经验、规则和思维惯性上舒服地睡大觉。

（3）"这不是我的责任范围。"许多人在找借口的时候总是把"不""不是""没有"等否定词与"我"紧密联系在一起，其潜在意思就是"这事与我无关"，不愿承担责任，把本应自己承担的责任推卸给别人。在一个团队中，是不应该把"我"与"别人"区分得太明显的。一个没有责任感的员工，也不可能获得同事的信任和支持，更不可能得到上司的信赖和尊重。

（4）"竞争对手太强了，我们赶不上他们。"当一个人为不思进取寻找借口时，往往会这样来说。借口给人带来的不利后果是让人消极颓废，如果养成了找借口的习惯，当遇到困难和挫折时，不是积极地去想办法克服，而是去找各种各样的借口。其潜台词就是"我不行""我不可能"，这种消极心态将剥夺个人成功的机会，最终让人一事无成。

（5）"我没有足够的经验和技能来完成这项工作。"这种说法其实是在为自己的能力或经验不足而造成的失误寻找借口，这样做显然是非常不明智的。借口只能让人逃避一时，却不可能让人逃避一世。

2. 拒绝一切借口

优秀的管理者是不需要在工作中寻找任何借口的，因为他总是把每一项工作尽力做到超出自己的预期，最大限度地挖掘自己的潜能；总是采取积极的行动，而不是寻找各种借口推诿；总是出色地完成企业安排给自己的任务，替企业解决问题；总是尽全力配合同事和下属的工作，对同事及下属提出的帮助请求，从不找任何借口推托或延迟。

20世纪80年代，中国女排甚至成为了中国精神的象征。而提起中国女排，不能不提到的一个人物就是郎平。

郎平是中国女排的主攻手。因为郎平的技术一流，所以平时在自己做完训练后，还会主动关心和帮助其他队员。

有一次，郎平做完自己的练习了，就主动留下来帮队友补课。可能是因为太累了，她不像自己训练时那样到位。

但是，教练袁伟民对她的扣球尺度把得很严，不断地让她练了一次又一次，甚至后来还被罚多做几组。郎平又气又累，委屈地抹起眼泪。

本来是好心帮助队友训练，不仅没有受到表扬，反而还要受到教练的训斥。这真是太不公平了！但教练并不为眼泪所动。

冷静之后，郎平想通了，充分认识到不论是自己训练还是帮助队员训练，都没有任何借口"打折扣"。为了在强手如林的世界排球赛中夺得金牌，就一定要以最高的标准来要求队员要求自己。

郎平抹掉眼泪，重新调整了状态，全身心地投入到训练中，终于完成了一节高质量的训练课。

借口解决不了问题。在企业中，结果往往比过程更重要。如果为自己没能按时完成任务做出各种自我安慰，会给别人留下一种推卸责任的印象。

那么，我们怎样才能够做到拒绝一切借口呢？

（1）专注用心的工作。做好工作的前提条件是对所做的工作要专注用心，在具体实施工作任务时，先把心思集中到如何快速、高效地完成任务上来。

（2）进行团队协作。在一个组织中，每个人的工作都不是孤立进行的，要想出色地完成上司交代的工作，必然要依靠团队协作，协同团队成员共同前进。

（3）注重速度。执行效果的一个重要衡量标准是行动的速度，因为速度现在已经成为决定成败的关键因素之一。当然，快与慢是相对的，快速执行并不是要求你为了完成目标而不计后果，更不能只是为了追求速度就降低工作质量。员工的快速执行应先建立在强大的思维能力基础之上。

第3章
按流程理事，有条有理、按部就班地直达终点

组织机构变革工作流程设计

在一个企业组织内，各种作业活动或多或少都与流程有关联，以组织机构变革而言，也都是建立在流程基础上，因此从流程观念，再到组织变革，或进而探讨流程分析与改善，是企业管理者可参照的作法。

组织结构是帮助管理者实现目标的手段。因为目标产生于组织的总战略，所以，使战略与结构紧密配合，是顺理成章的，特别是结构应当服从战略。如果管理当局对组织的战略作了重大调整，那么就需要修改结构以适应和支持这一调整变革。

组织的变革不是一帆风顺的。组织结构与制度的变革，由于涉及的面比较广，变革的时间较长，人们对变革的目的、机制和后果一时难以判断，必然会对负面影响考虑太多，从而形成变革的阻力。

组织变革的顺利进行以及组织的发展，需要考虑组织未来的发展趋势和可能的变化，用发展的眼光主动制订出对本身组织结构进行改革的战略计划，也就是说要主动地、有计划地进行组织变革。而这一切都是在了解组织变革阻力的基础上进行的。

将繁复的组织机构变革步骤落实并做到清晰可行，流程设计图的绘制是很好的办法。

流程名称	组织结构变革流程	编码			
		执行者	各部门、人力资源部、企划部	监控者	总经理
行为实施环节	各部门	企业部	人力资源部	总经理	董事会

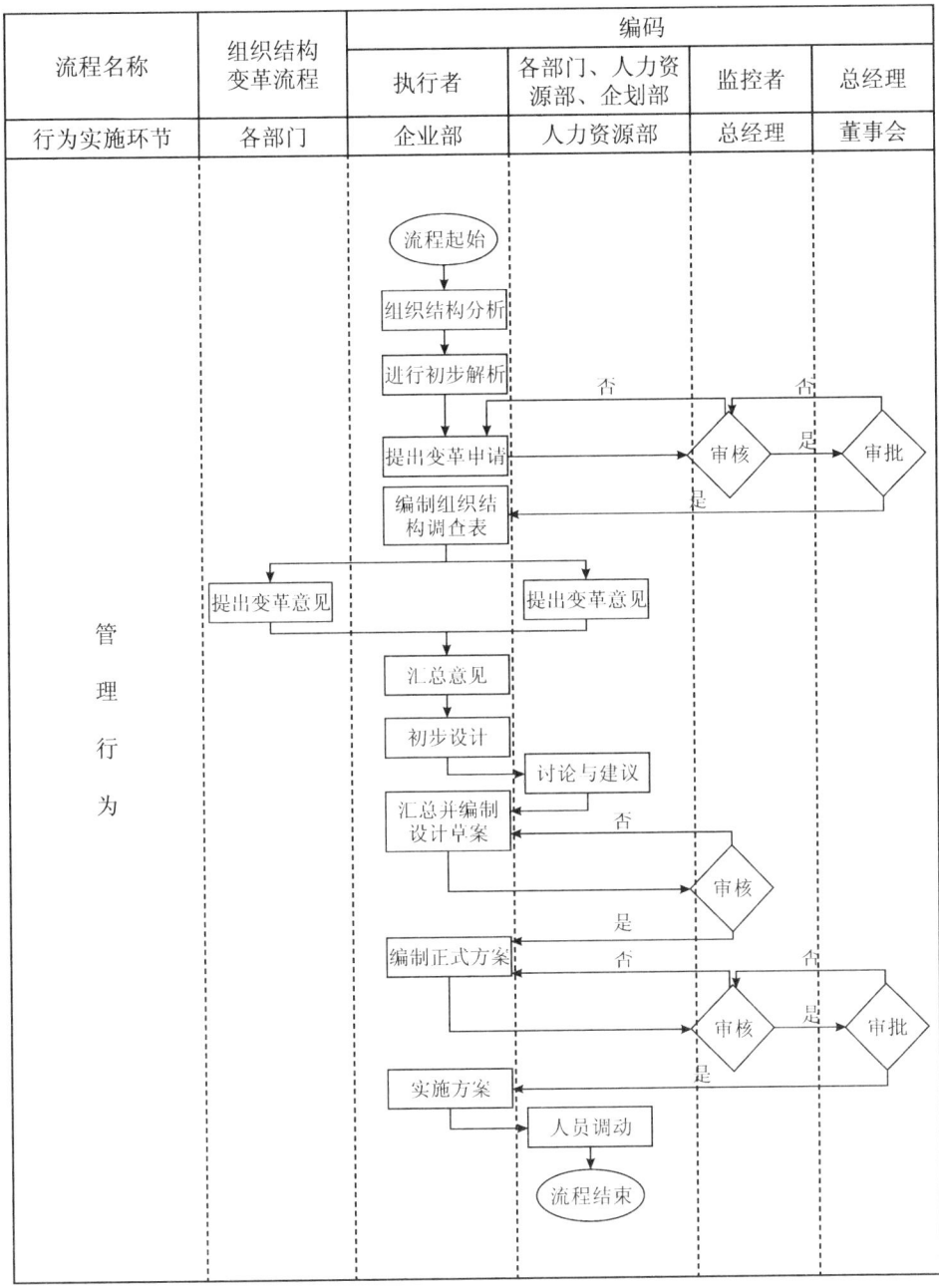

招聘计划管理工作流程设计

作为企业的招聘工作者，要保质保量地完成"招兵选将"工作，应注意以下流程：

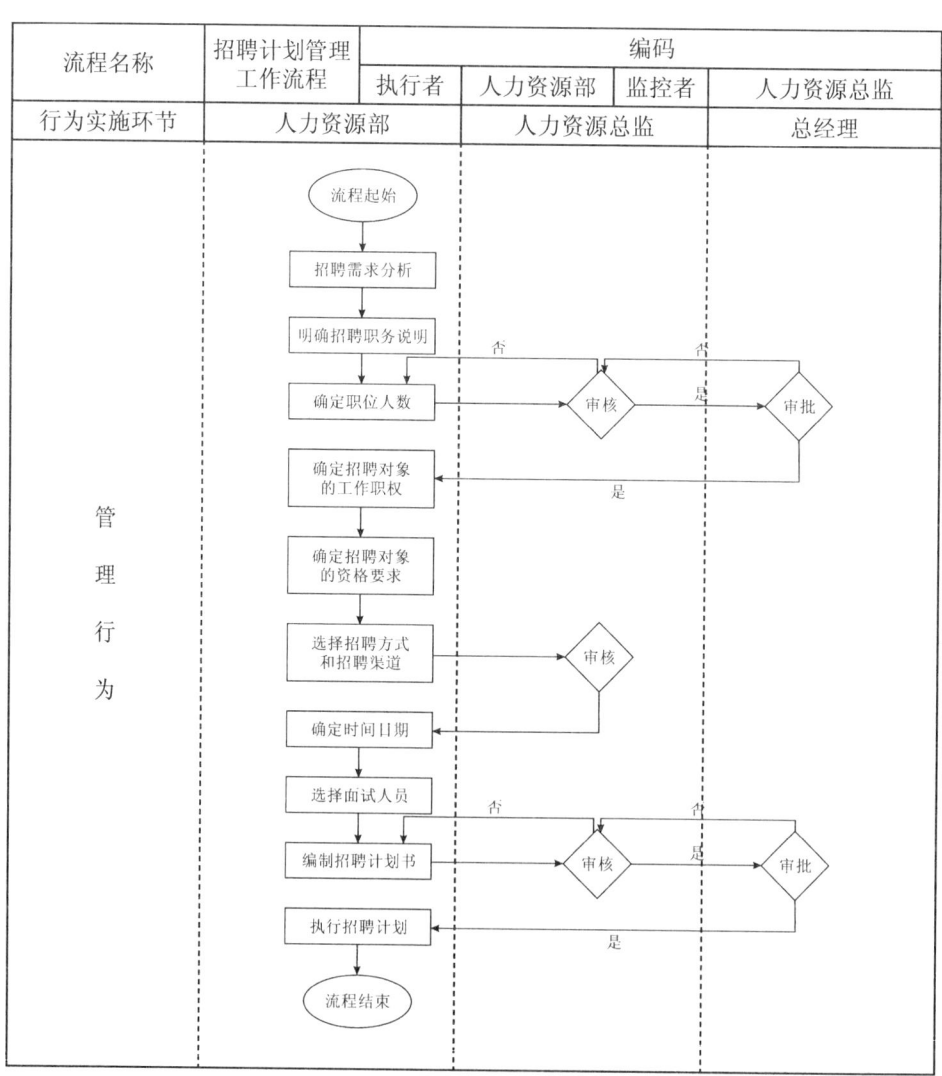

流程名称	招聘计划管理工作流程	编码			
		执行者	人力资源部	监控者	人力资源总监
行为实施环节	人力资源部		人力资源总监		总经理

绩效考核管理工作流程设计

绩效考核是指运用数理统计、运筹学原理，对照既定的指标体系，按照一定的程序，运用定量统计和定性分析的方法，对相关主体工作业绩进行综合评判的活动。绩效考核结果是否准确可靠、能否制定科学的指标体系是前提，能否建立周密的运作程序是关键。绩效考核流程模式可遵循以下步骤。

流程名称	绩效考核管理工作流程	编码			
		执行者	人力资源部	监控者	人力资源总监
行为实施环节	人力资源部	人力资源总监		总经理	

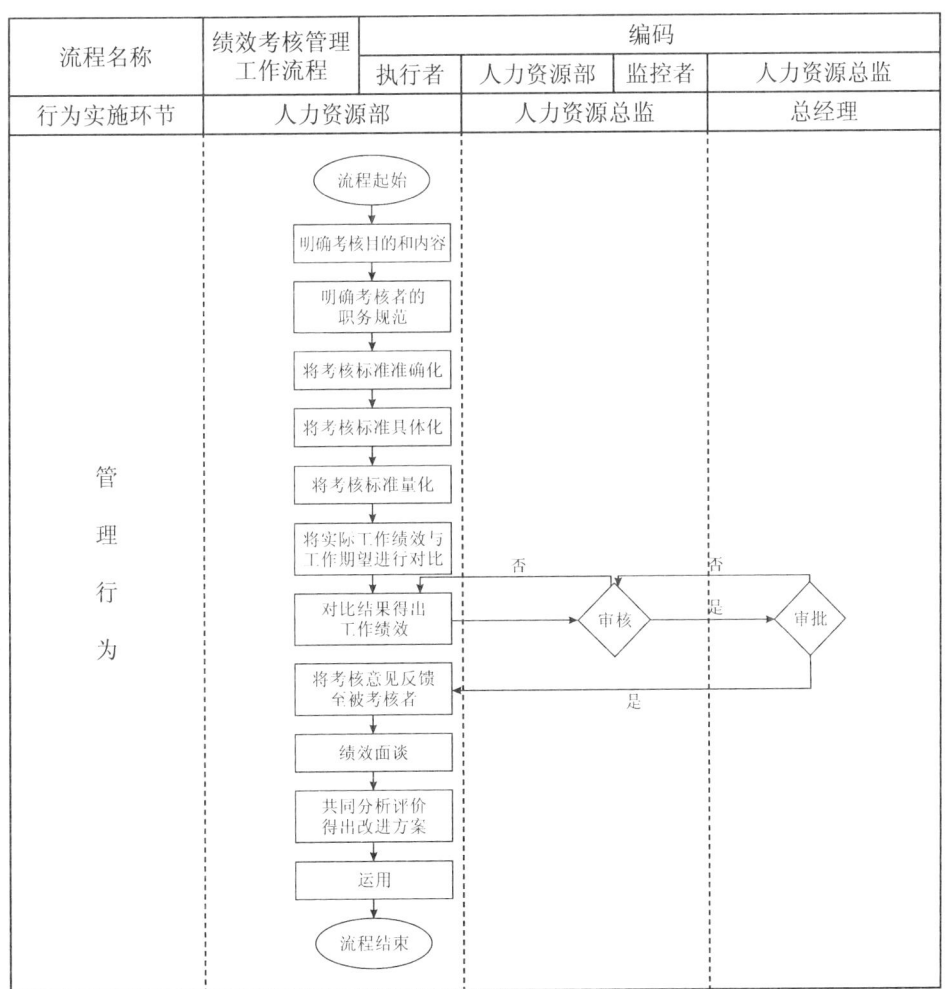

培训管理工作流程设计

　　培训是为了提高业务技能、提高生产运作效率。企业领导需要加强对培训工作的领导，明确责任，完善制度，加强管理，确保培训工作规范、有序进行。

流程名称	培训管理工作流程	编码		
		执行者	人力资源部	监控者 人力资源总监
行为实施环节	人力资源部	人力资源总监		总经理

下表为流程图：

管理行为

- 流程起始
- 明确公司经营目标
- 明确人力资源战略规划
- 制定公司整体培训目标 —（否/是）审核 —（否/是）审批
- 综合各部门意见进行培训需求调研 —（否/是）审核 —（否/是）审批
- 制订整体培训计划 —（否/是）审核 —（是）审批
- 培训方式研究设计 —（是）
- 实施培训方案
- 培训效果评估
- 培训总结 —（否）审核
- 培训改进 —（是）
- 存档
- 流程结束

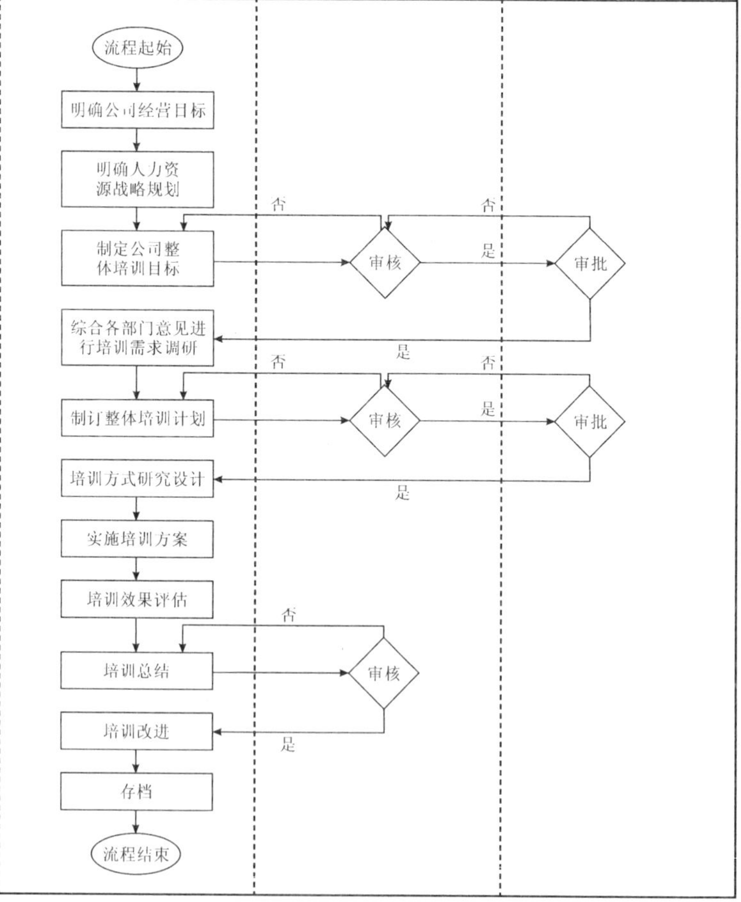

员工薪酬管理工作流程设计

薪酬管理是现代企业人力资源管理的重要内容之一。建立合理的有竞争力的薪酬体系，充分发挥薪酬体系的激励作用，对领导而言是一项非常重要的工作。

流程名称	员工薪酬管理工作流程	编码			
		执行者	人力资源部	监控者	人力资源总监
行为实施环节	人力资源部	人力资源总监		总经理	

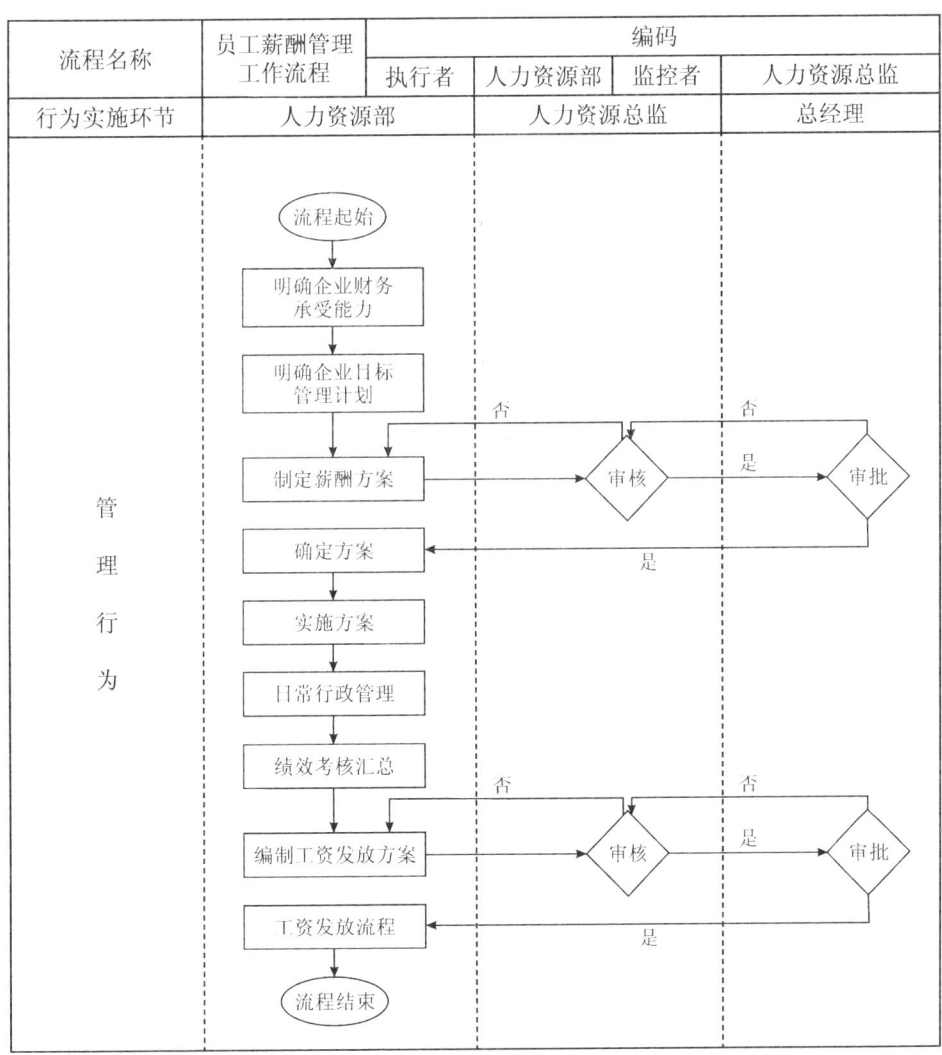

财务预算编制管理工作流程设计

企业编制财务预算应该以战略规划为导向，正确分析判断市场形势和政策走向，科学预测年度经营目标，合理配置内部资源，实行总量平衡和控制。企业内部计划、生产、市场营销、投资、物资、技术、人力资源、企业管理等职能部门应当配合做好财务预算编制工作。企业财务预算编制应遵循以下基本工作程序。

流程名称	财务预算编制工作流程	编码			
		执行者	财务部	监控者	财务总监
行为实施环节	财务部	财务总监			总经理

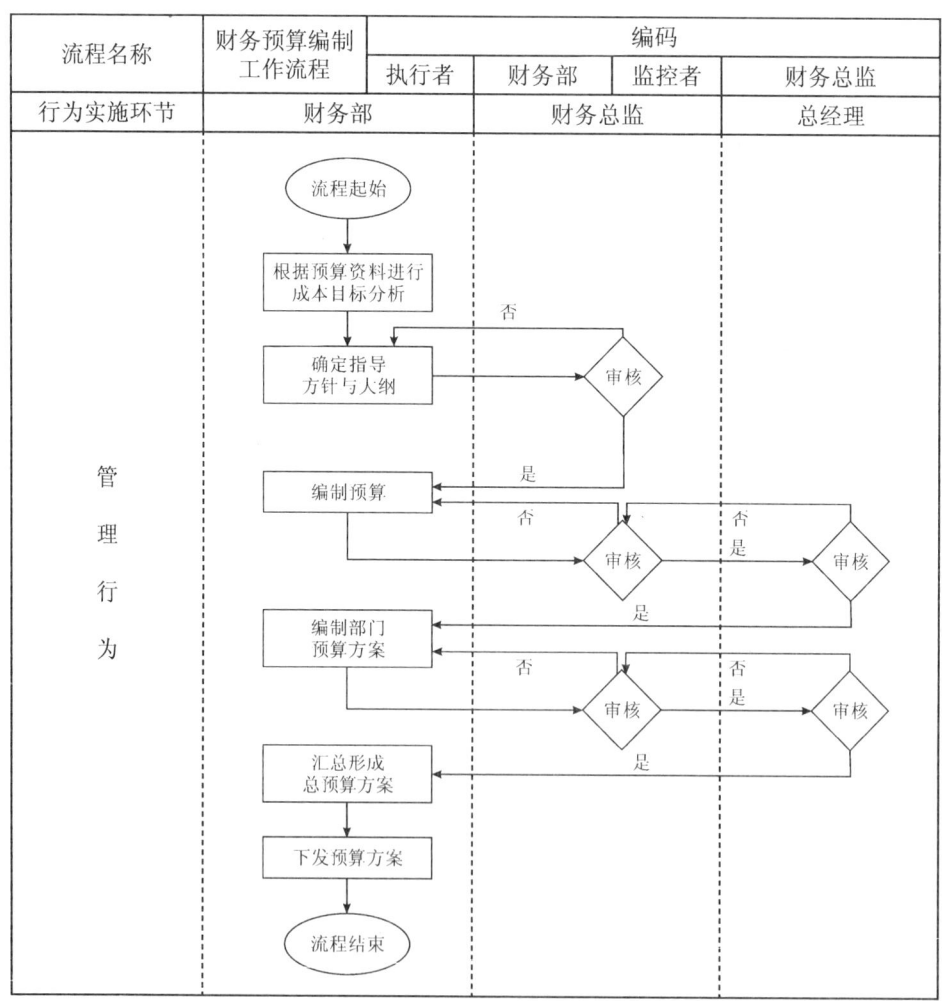

营销计划制订工作流程设计

营销计划将企业的战略变成可以操作的步骤与行动。营销计划制订得好，可以使企业资源真正地形成配合，并发挥最大的效率；同时可以有效地提高部门间的配合水平，提高协调程度；最为重要的是使未来的投入与产出得到有效控制，避免风险。

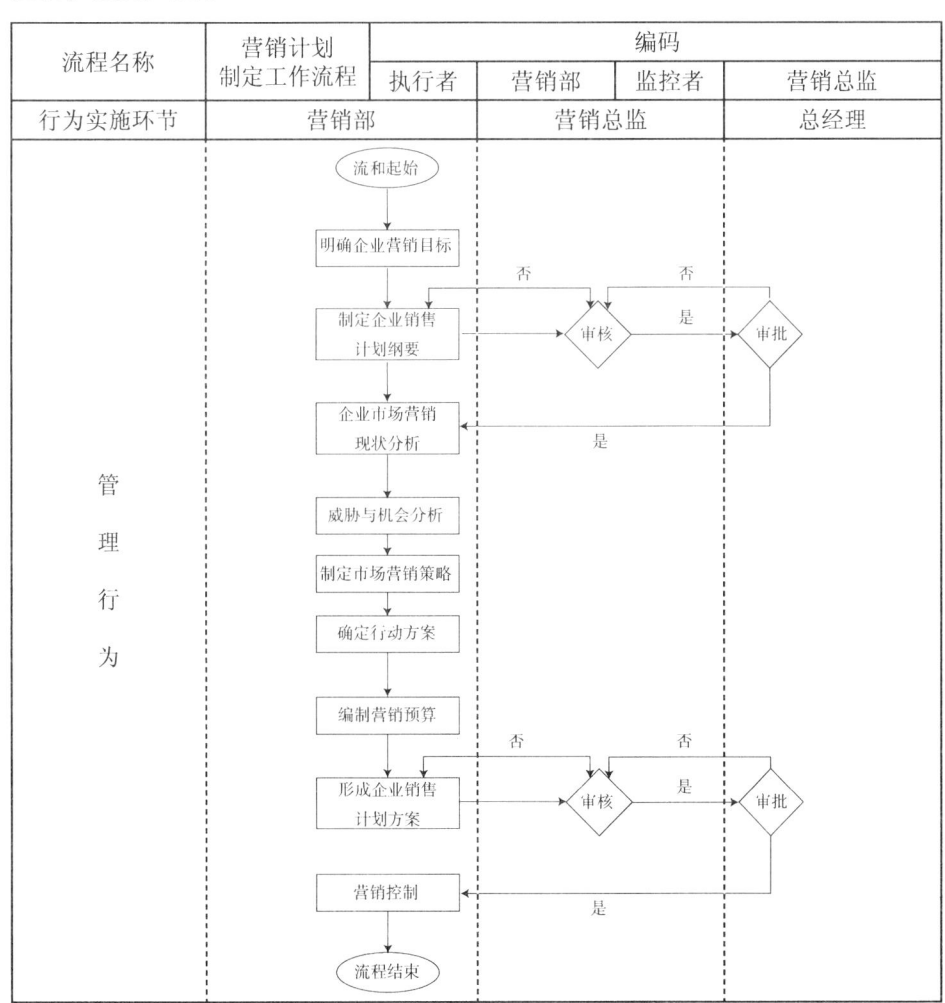

流程名称	营销计划制定工作流程	编码		
		执行者	营销部	监控者	营销总监
行为实施环节	营销部	营销总监		总经理

客户关系管理工作流程设计

现在，客户关系管理已为越来越多的企业所重视。企业领导需将提高客户关系管理工作，确保日常的客户服务和客户关系维护以及深度开发作为一个工作重点。

流程名称	客户关系管理 工作流程	编码		
		执行者	营销部	监控者	营销总监
行为实施环节	营销部	营销总监		总经理

| 管理行为 | 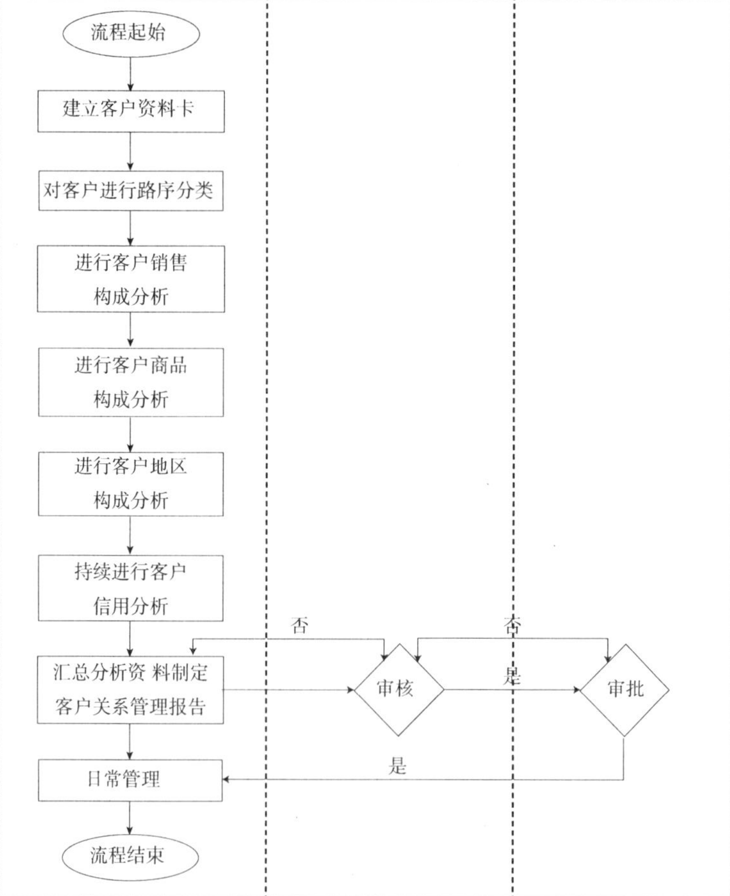 流程起始 ↓ 建立客户资料卡 ↓ 对客户进行路序分类 ↓ 进行客户销售构成分析 ↓ 进行客户商品构成分析 ↓ 进行客户地区构成分析 ↓ 持续进行客户信用分析 ↓ 汇总分析资料制定客户关系管理报告 ↓ 日常管理 ↓ 流程结束 | 审核 否 是 | 审批 否 是 |

第4章
狠抓绩效不懈怠，干多干少区别对待

绩效管理是一种提前投资

绩效管理是什么？绩效管理是一个持续的交流过程，该过程由员工和他们的直接领导之间达成的协议得以保证，双方在协议中对下面有关的问题提出明确的要求和规定：员工完成的实质性的工作职责；员工的工作对单位目标实现的影响；以明确的条款说明工作出色的含义；员工和领导之间应如何共同努力以维持、完善和提高员工的绩效；工作绩效如何衡量；指明影响绩效的障碍并排除之。所以说，绩效管理是一种让员工完成其工作的提前投资。

绩效管理可以达到以下目标：使管理者不必介入到所有正在进行的各种事务中；通过赋予员工必要的知识来帮助他们进行合理的自我决策，从而节省管理者的时间；减少员工之间因职责不明而产生的误解；避免出现当管理者需要信息时没有信息的局面；通过帮助员工找到错误和低效率原因的手段来减少错误和差错。

绩效管理要求定期举行提高工作质量的座谈会，从而使员工得到工作业绩和工作现状的反馈。有了定期的交流，到年底时他们就不会再对工作业绩吃惊。由于绩效管理能帮助员工搞清楚他们应该做什么和为什么要这样做，因此它能够让员工了解到自己的权力大小——可以进行哪些日常决策。

总之，通过绩效管理员工，将会使其对工作及工作职责有更好的理解并因此受益。

然而，为什么如此多的人回避绩效管理工作呢？

有人回答：是没有时间。确实，绩效管理需要时间。但是当领导以没有时间为托词时，说明他们对绩效管理能够取得的回报并不清楚。人们对绩效管理的一个普遍的误解是认为它属于"事后"讨论，目的是抓住那些犯过的错误和绩效低下的问题。这是错误的想法。绩效管理不是以反光镜的形式来找不足，而是为了防止问题发生、找出通向成功的障碍并清除之，以免日后付出更大的代价。

这就意味着绩效管理可以节省时间。因为当员工们不知道他们应该做什么、何时做和如何更好地做时，他们自然就可能将领导拖进本来属于员工自己可以处理的事务当中。当员工们自认为清楚应该做某事而实际并不清楚时，他们可能就会犯错误。一旦当员工们决策失误，就等于放了一把需要领导介入的小火（或大火）。这些常常耗费掉领导大量时间和精力，即介入到本来不需要处理的事务当中进行救火。

绩效管理就是一种防止问题发生的时间投资，它将保证领导有时间去做自己应该做的事。领导之所以说绩效管理有困难，是因为员工有时候会反击，从而将这个过程搞得很尴尬。确实，有时会发生这种情况，但并不常见，也不应该常见。其原因是：当员工认识到绩效管理是一种帮助而不是责备时，他们会更加合作和坦诚相处。有关绩效的讨论不应仅仅局限于领导评判员工，而是应该鼓励员工自我评价以及相互交流双方对绩效的看法。如果领导认为绩效管理仅仅是他们对员工的要求，那么冲突将不可避免，反过来，如果看成是双方的一种合作过程，将会减少冲突。绩效管理不是讨论绩效低下的问题，而是讨论成就、成功和进步的问题，重点放在这三方面时，冲突将减少，因为这时员工和领导是站在同一边的。发生冲突和尴尬的情况常常是因为领导在问题变得严重之前没有及时处理，问题发现得越早，越有利于其解决。

一些领导抱怨他们不能给员工反馈的原因是他们不能监视员工或每天盯着他们干活。在某些特殊的情况下，有必要观察一下员工的工作。但在大多数情况下，领导的角色不是去评判员工，而是去帮助他们评价自己的工作。领导不必总是监视员工，也不需要掌握所有的答案，但可以和员工一起共同找出答案。

绩效计划常常是员工和领导开始绩效管理过程的起点。领导和员工一起讨论，以搞清楚在计划期内员工应该做什么工作、应该达到的程度，以及其他的具体内容，如员工权力大小和决策级别等。通常绩效计划都是做1年期的，但在年中也可以对其进行修订。

绩效沟通就是一个双方追踪进展情况、找到影响绩效的障碍以及得到使双方成功所需信息的过程。持续的绩效沟通能保证领导和员工共同努力以避免出现问题，或及时处理出现的问题，修订工作职责。

为此，不妨每月或每周同每名员工进行一次简短的情况通气会；定期召开小组会，让每位员工汇报他完成任务和工作的情况；每位员工定期进行简短的书面报告；非正式的沟通（如领导到处走动并同每位员工聊天）；当出现问题时，根据员工的要求进行专门的沟通。

如果某位员工没有达到议定的目标，或某个部门没有完成任务，最重要的工作就是找到原因。不找到原因，怎么阻止它再次发生呢？例如，某员工的指标没有完成，可能是多种原因造成的，如技术水平不够、工作不够努力、所在团体缺乏必要的组织等。因此，问题分析非常重要，而且应该渗透到绩效管理整个过程中的每个环节中。

建立系统的绩效考核制度

为了了解员工在企业中的工作表现，企业领导应该如何来做呢？建立绩效考核制度。通过系统的方法、原理来评定和测量员工在职务上的工作行为和工作效果，这是企业领导与员工之间进行管理沟通的一项重要活动。

1. 量化考核标准，有的放矢

进行绩效考核，应先确定一个标准，作为分析和考察员工的尺度。这个标准一般可分为绝对标准、相对标准和客观标准。绝对标准是以如出勤率、废品率、文化程度等客观现实为依据，而不以考核者或被考核者的个人意志为转移的标准。相对标准是采取相互比较的方法，此时每个人既是被比较的对象，又是比较的尺度，因而标准在不同群体中往往就有差别。比如规定每个部门有两个先进名额，那么工作优秀者将会在这种比较过程中评选出来。客观标准则是评估者在判断员工工作绩效时，对每个评定项目在基准上给予的定位，以帮助评估者作评估。

制定绩效考核标准时，要针对不同岗位的实际情况，对不同职位制定不同的考核参数，并且尽量将考核标准量化、细化，多使用绝对标准和客观标准，使考核内容更加明晰，结果更为公正。同时，公布考核标准并使之得到员工认可，避免暗箱操作。考核奖惩制度不单单是针对员工的，同时也对领导起作用。当然，对领导的考核标准与一般员工的考核标准是完全不同。

2. 你"考"我"考"大家"考"

一提到"考"字，很容易让人联系到纪律严明的考场——考官高高在上，考生埋头答题。但是，如果绩效考核也只是成为领导"考"员工的工具，就毫无意义可言。绩效考核最重要的一点就是让每一位员工参与进来，在接受他人考评的同时，不仅可以对自己的工作进行考评，同时还可以考评同事甚至是上属——考核面前人人平等，每个人都有评定和说话的权利。

由于绩效考核员工切身的利益，如薪酬、奖金和晋升机会等息息相关，因此受到员工的特别关注。如果考核结果与员工的实际付出相差甚远，不能让员工心悦诚服，往往容易引起内部矛盾，甚至引发纠纷。而要做到公正客观，最重要的就是让员工积极参与到绩效考核中。

绩效考核形式主要有上级评议、同级评议、自我鉴定等，领导还要通过下级评议，而客户服务等特殊岗位还可以增设外部客户评议等形式。如此一来，大家在给同一个人打分的过程中，会因为一些明显的分歧而进行讨论、沟通，特别是上级与下级之间，通过沟通交流最后达成共识，这样的方式不仅是对以往工作的总结，也有利于以后更好地协作，统一思想与步伐，为单位效力。

3. 让绩效考核真正产生绩效

单位进行绩效考核的目的，一方面是鼓励员工继续发挥和提高工作能力，丰富知识和技能，并实现优胜劣汰；另一方面是通过单位层面上的绩效考核和员工与团队层面上的绩效考核，帮助员工、团队和整个组织发展能力。要实现单位和员工个人之间、团队与个人之间以及团队与单位之间的"双赢"，加强考核后的反馈与沟通势在必行。

通过考核，全面评价员工的各项工作表现，使员工了解自己的工作表现与取得报酬、待遇的关系，获得努力向上改善工作的动力，并根据考核结果评定奖金、薪酬等。但最重要的是，让员工有机会参与到单位管理程序中，发表自己的意见，并在考核的基础上改进工作中的不足，领导也可以根据员工当前的绩效水平和工作表现中不尽如人意之处提供各类培训。

只有做好了考核后反馈交流这道程序，才能让绩效评估达到帮助单位更有效地了解员工动态，提高工作效率的作用；对于员工个人来说，也可以帮助其进行决策，如是否改变自己的职业选择等。如果员工意识到尽管自己接受了某些培训，工作表现仍无法达到期望目标，那么就应该寻求职业的改变，或在内部进行工作转换，或向外重新选择职业。

业绩评估应准确而具体

业绩评估包括确定目标、鉴定取得的成果和制定业绩评估标准。这些标准应该对每位员工的职责评价都是适用的。业绩评估应该注重以下三个方面：

（1）评估员工的工作表现，避免人身攻击，也就是对事不对人。

（2）评估要有效、具体，而不是泛泛之谈或夹杂着强烈的主观情绪。

（3）与员工就改进工作和与领导共事达成一致意见。

在进行业绩评估时，应该向员工表明，评估针对的是具体的行为或业绩，而不是针对个人。这是建立"同一立场"思维方式的关键。只有这样，领导才有可能和员工共同探讨如何解决工作中的问题。

下面举个例子：

上司："你总是迟到。你们部门的一些人认为你很懒。"

员工："我不懒。如果你这样认为，那么你根本不了解我。"

由于领导的话语中流露出这个员工"懒惰"的看法，因此马上与员工之间产生了个人品性、感情和争辩等一系列问题。这刺伤了员工的感情，以致员工忽略了绩效的问题。更有甚者，领导也许会忍不住责骂员工"粗鲁迟钝"，这非常接近人身攻击。其实，在上面的例子中上司说员工总是迟到，这是很不具体的。所以，如果要把迟到作为员工实际的工作表现，就必须将其进行量化。如：

上司："到今天为止，15天中你总共迟到了5次。"

如果上司能以"同一立场"的思维去对待员工，那么情况可以有所改善。

上司："你要注意，上班要准时。一些客户在上午8点打电话找你，你却不在办公室。"

员工："你说得对。只有依靠他们，我才能有现在的业绩，我会注意的。"

上司："有什么需要我帮忙的吗？"

具体化，最好是用数据或书面材料说明，事实才不会被情感所代替。事实最具说服力，情感却会促使员工为自己的过失进行辩解，并继续其不良表现。

在业绩评估时要与员工进行有效沟通，建立"同一立场"的思维方式很重要。如果运用得当，可以取得很多优势。

认识到员工的工作业绩之所以不理想可能是管理不当的结果；特别注意自己该做些什么和说些什么。一旦意识到自己的职责所在，就会采取措施加强和员工之间的联系，使其在平等的基础上发挥最大的效用。

能对员工的工作表现提出自己的意见，从而让其意识到要成为单位优秀的一员应具备的条件。

对于员工良好的工作表现，领导应及时加以肯定并予以鼓励，还可以提出对员工的更高期望值，激励员工更加努力。

作为领导，你掌握了另一种帮助员工解决问题的工具，这是你最重要的工具之一——取得成效的工具！

因此，通过对员工进行行业绩评估，你和你的单位就能获得有用的反馈意见，帮助你们优化人力资源。通过评估，你可以和员工共同制定新的目标，并重新组织员工来取得最大的成效。部门的发展必须体现出全体部门员工的利益、能力和追求。只有用"同一立场"的思维来看待周密安排的业绩评估，你和员工才能共同制定一致的目标。

"同一立场"的思维方式能使领导用积极的心态去看待员工们在过去做出的业绩。同时，作为员工的良师益友，领导也应从解决问题的角度，指出员工存在的不足并帮助他们改进自己的工作。

与员工面对面地进行绩效评估

作为领导，坐下来与员工面对面地进行业绩评估，与员工进行充分的沟通和交流，是业绩评估成败的关键。如果你认为，评估是领导的职责，而与员工没有关系，那你就大错特错了。评估应该是在领导与员工双方都认可的某个业绩评判标准下进行的一种互动性的活动。从这个意义上来说，与员工面对面地评价他们的业绩及今后的行动，是每个领导都应该采取的一种方式。

和员工面谈之前，你应该有充分的准备，如果你对所谈的问题和你自己的情绪没有绝对的把握的话，千万别急着开场。与员工见面之前先把这些问题考虑好：你认为可以接受的最起码的行动是什么？有没有其他的解决办法？你希望对方何时改进？

面谈时应尽量避免分心和被别人打扰，让员工感觉到，你十分重视这次面谈。确信自己已阅读了所有必要的资料并备好待用。

谈话开始时你可以先随便聊聊，营造一个宽松的气氛，以有利于进一步作沟通和交流。你们要面对面地交谈，最好不要隔着办公桌谈话。这样你就可以通过行动告诉对方：你们属于同一个集体，正在努力解决共同的问题。

谈话前可以把需要讨论的内容用标题的形式简单地列出来，以便让员工做到心里有数。先向员工说明一下谈话的原因和你所作的安排。一定要让员工明白每个员工都将和你进行这种谈话，因为这是你和他们工作的一部分。

如果你在作上述说明时员工有任何疑问，你应该马上给予答复，让员工明白你愿意回答他所提出的问题并且理解他提出这个问题时的心情。对员工关心的问题应给予明确的答复，然后听听员工对此的意见。如果你觉得员工对你的答复表示满意，你就可以开始下一步了。

了解员工的想法，进而达到相互理解，这样做是至关重要的。这样做等于向对方表明，你很愿意听听他的心里话。你可以因此而激发员工的工作热情。由于员工有这样一个机会说出自己的问题和担忧，在接下来的讨论中，你们之间就不会产生误会。你可以把员工的这种表白当成一种预警系统，你可以做到有先见之明。因此，一开始你就应该先请员工发表意见，这样你就与员工建立了一种能够交换意见的友好关系，这对接下来的谈话是有利的。记住，你是在请员工谈论他喜爱的话题——他自己。

在对员工进行评估之前，你应该认识到：在与员工讨论他的工作表现时他容易产生抵触情绪。因此，你应该先弄清楚员工的行为，以便找到有效的对策。

难以对付的行为之一就是对立。对领导而言，这是时常会碰到的事情，有些员工常常会情绪激动，甚至气急败坏。对此，你要能沉住气。最重要的是要理解员工，你需要用事实来说话，但要注意方式。比如你可以先让员工发泄不满情绪，然后再向他说明道理，引导他改正。

询问员工需要你能为他提供的帮助。你也许不愿意问员工这个问题，因为：

（1）这问题有危险。

（2）你觉得结果会很糟。

（3）你认为应该是员工，而不是你来提出这个问题。

但是你应该问这个问题，因为：

（1）员工听了高兴。

（2）员工会告诉你关于你当领导的问题。

（3）你会得知大伙儿谈论的内容。

（4）你将得出正确的看法。

（5）也许可以使员工提升工作业绩。

（6）将有利于你和员工统一行动。

在对员工进行业绩评估时，你应该完成这样一个任务，那就是当员工需要做出决定时，你应该根据自己的经验给他们提出一些建议，让他们能够有所选择。对有些工作，员工也许缺乏经验，此时你更应该提供帮助。

要让员工欢迎你与他面谈

只作考评而不将结果反馈给被评估者，考评就失去了激励、奖惩和培训等特有功能。反馈的主要方式就是绩效面谈，因为只有通过绩效面谈，才可能让被评估者了解自身绩效，强化优势，改进不足，同时亦将单位的期望、目标和价值观一起传递，形成价值创造的传导和放大。

绩效面谈往往成了领导和员工都颇为头疼的一件事。由于绩效面谈主要是上级考评下级在绩效上的缺陷，而面谈结果又与随后的绩效奖金、等级评定有联系，一旦要面对面地探讨如此敏感和令人尴尬的问题，会造成双方关系紧张乃至人际冲突。正因为如此，绩效面谈是比较困难的，主要体现在以下几个方面：

（1）考核标准本身比较模糊，面谈中容易起争执。一些单位采用一张考核表考核所有的员工，没有根据工作的具体特点有针对性地考核，评判标准弹性较大。这样往往导致上下级对考评标准和结果认知上存在偏差，公说公有理，婆说婆有理，若争执严重甚至可能形成对峙和僵局。面谈不仅解决不了问题，还会而给双方今后的工作带来麻烦，结果还不如不谈。

（2）员工抵制面谈，认为绩效考核是走形式，是为了制造人员之间的差距，变相扣工资，并惧怕因吐露实情而遭到上级的报复和惩罚。因此，面谈过程中经常出现的情况是：要么员工对绩效考核发牢骚，夸大自己的优势，弱化自己的不足；要么是保持沉默，领导说什么就是什么。这样虽经过面谈，领导对下属的问题和想法还是不了解。

（3）面谈时一些领导要么喜欢扮演审判官的角色，倾向于批评下属的不足；要么包办谈话，下属只是听众的角色。这样造成员工对面谈发怵，绩效面谈往往也就演变成了批评会、批斗会，成了员工的鬼门关，员工慑于领导的权力，口服心不服。

（4）有的领导老好人倾向严重，怕得罪人。结果是绩效评分非常宽松，每个人的分数都很高，绩效面谈成了大家都好的走过场，让下属感觉面谈没有实际作用。

（5）领导心胸狭窄，处事不公，以个人好恶作为评判标准。优秀的员工往往不拘小节，而一些领导拼命揪其"小辫子"不放，致使员工愈发抵触绩效评估，双方矛盾重重。

（6）面谈时笼统地就事论事，没有提出针对性的改进意见。让员工感到工作照旧，自己仍不清楚今后努力的方向，感觉面谈无用，甚至是"浪费时间"。

面谈起争执或员工抵制面谈，与绩效制度设计不完善有直接关系；而面谈没有发挥应有作用或变成"批斗会"，则与领导缺乏面谈技巧有关。多种因素相互影响牵连，导致面谈不能成功。因此，只有从制度和技术层面同时入手，双管齐下，才能有效解决绩效面谈中存在的困境。

你的考核制度完善吗？员工对面谈的不满，很大原因是对考核不满。因此，做好面谈，从制度层面要做好以下几个工作：

（1）业绩管理体系要完善。要有明确的职位说明书，使每个人职责清晰；针对职责，每个人都有明确的目标，考核制度依据目标制定；目标达成与否与薪酬、晋升直接挂钩；针对员工考核弱项要有相应的培训辅导，而不是撒手不管；考核投诉渠道要畅通，员工受到不公正的评价时有冤可诉。这样整个体系形成闭环，环环相扣，单位目标和个人努力紧密结合。许多单位的业绩管理是弱项，或者体系本身不健全，或者各制度之间缺乏连贯性，考核之后没有了下文，导致业绩管理制度派不上用场，被束之高阁。这也是绩效面谈难以达到效果的根源。

另外，要让员工了解单位的业绩管理体系，宣传贯彻和培训非常重要。让员工了解到：单位对他的期望，他应该怎样发展才符合单位的要求，怎样做会受到奖励或处罚。绩效面谈给员工一个客观认识自我的机会，让他了解自己的业绩与组织期望之间的差距，使他明确努力和前进的方向，有意识地弥补自己的短处。业绩管理体系的建设和宣传贯彻，最终目的是统一"考核是手段，发展是目的"，考核和面谈是为了帮助个人和组织提高对绩效的认识。这样单位上下才会把制度刻在脑海里，贯穿于行动中，有效地消除对绩效管理和面谈的错误和模糊认识。

（2）考核标准要明确。由于标准是变量，因此考核前明确标准，是绩效面谈的重要一环。标准要具体、可衡量、有行动导向、现实、有时间限制，如果考核标准采用等级评定法，则要对各等级的含义作出明确解释。领导要力戒往下压目标、下属不理解也要执行的情况。

如果在开始面谈后，双方对标准理解还有出入，领导应该尊重下属的意见，因为标准主要是领导来制定和审批的，所以他有义务向下属解释清楚。如果标准中确实有歧异或模糊不清的地方，领导应该在今后工作中对其进行修改。

（3）领导要学会角色认知。作为承上启下的纽带，领导称职与否、对自身角色是否认知清楚等，也直接决定面谈的成败。许多领导自身业务很强，但下属业绩一团糟。独木难成林，团队绩效高的领导才是一个称职的领导。领导不仅要对自身的绩效负责，更要对下属的绩效负全部责任。上下级是绩效伙伴关系，只有下属做得好，领导的工作才会出色。同时，在制度设计和培训宣传贯彻上，也要突出领导对下属绩效的连带责任。必须意识到：绩效考核不是领导对员工挥舞的"大棒"，领导也不是审判官和老好人，领导要扮演教练、辅导员的角色，帮助下属走向成功。

绩效面谈过程中的技巧

在绩效面谈中，比较可行的面谈流程、技巧如下：

（1）面谈准备要充分。领导在面谈前应做好两方面的准备：一是心理准备，要事先了解下属的性格特点、工作状况，充分估计到下属在面谈中可能表现出来的情绪和行为，准备可能的应对策略。二是数据、资料准备，如工作业绩、计划总结、管理台账等。在面谈前，领导对有关资料谙熟于胸，用科学的数据、事实来证明自己的观点，这样上下级的分歧就很小。这就需要建立管理台账，及时记录员工的行为表现，对员工的计划、总结、报告也要及时批示评点，这样在面谈的时候才能言之有物，避免了对下属工作误评、提不出意见的窘况。另外，通过轻松的话题来培养融洽的气氛，面谈开始后就把面谈程序、目的和原则讲清楚，也是不可或缺的环节。

（2）双向沟通，多问少讲。面谈是一种双向沟通的过程，发号施令的领导很难实现从上司到"帮助者"、"伙伴"的角色转换，只有给下属充分的表达机会，才能有效地了解下属的问题和想法。先感谢下属这一阶段的工作贡献，引导下属说出工作中的酸甜苦辣，以及其对问题的看法分析等，让下属自己思考和解决问题，表达心声。对有双方存在歧义的地方，要让下属陈述和解释。

（3）领导要善于发现下属的闪光点，分享下属的经验。尤其对绩效不佳的员工，也要表扬其好的一面，树立其信心，让其再接再厉，把工作做好。同时，领导给下属的反馈要尽量具体，无论批评还是表扬，都针对员工的具体行为或事实进行反馈，避免"你的态度很不好"或是"你的工作做得不错"这类空泛的陈述。另外，模棱两可的反馈不仅起不到激励效果，反而易使员工产生不确定感。

（4）问题诊断与辅导并重。一旦发现下属绩效低下，双方要立刻查找原因：是组织因素还是个人因素，是目标制定得不合理还是人员能力、态度有问题。如果是客观原因造成员工绩效下降，领导要及时协调各方面的关系和资源去排除障碍。诊断辅导的过程就是让员工树立"领导就在身边，在前进的过程中会随时得到领导的帮助"的认识。这样就不会有抱怨连连的现象发生。诊断辅导过程中对事不对人的原则一定要牢记，只能说下属工作中存在的问题，不能涉及人格问题。最好不要将他和其他员工作比较，而是与他的过去业绩相比。当员工犯了某种错误或做了不恰当的事情时，领导应避免用评价性标签，如"没能力""真差劲"等，而应当客观陈述事实和自己的感受。

（5）不仅谈论过去，更要发展未来。绩效管理是一个往复不断的循环，上一个周期的结束，同时也是下一个周期的开始。因此在对人员绩效进行评价和回顾后，还要帮助员工找准路线，认清下一阶段的目标。领导与员工合作，对下一周期的工作重点、绩效的衡量标准、领导提供的帮助、可能的障碍及解决方法等一系列问题进行探讨并达成共识。最好的方法是让员工自己提出目标和解决方案，领导作为支撑者，帮助他解决其中的疑难。这样绩效面谈就能达到最佳结果：无论下属最初是什么心态，结束的时候都是愉快的，并且干劲十足。

另外，面谈沟通是一个持续的过程。考核和面谈的时间很短，但绩效沟通贯穿于工作的全过程。绩效管理的核心就在于通过持续动态的沟通真正提高个人和组织绩效。不懂沟通的领导不可能拥有一个高效的团队。领导与员工在目标实施过程中随时保持联系，及时排除遇到的问题和障碍，考核结果也就不会出乎意料。因为在平时的沟通中，员工已经就自己的工作和领导基本达成了共识，因此绩效面谈也就变成了对平时讨论的一次复核和总结。

如何才能获得最满意的考核结果

在绩效评估工作的实质性阶段，管理者要达到这样一个目的：通过对业绩进行评定，综合各方面的因素，得出有益的评估结果，并顺利地传达给员工。

记住，只有员工完全明白了管理者对他们的要求，他们才能遵照执行。另外，管理者一定要让员工意识到不按要求做的后果。只有做到这一点，对员工的工作说明书进行仔细分析，讨论工作职责、工作要求和工作成绩才能有效果。

作为领导，问问你自己：这次业绩评估你给员工提出的目标是否应该在数量上加以限制？一次谈话员工能够接受多少批评意见呢？在半年或者1年内就要求员工在诸多方面取得进步也许期望太高。然而，你应该清楚员工到底能够取得哪些成绩，并请员工做出相应的承诺。

计划一下，看你打算如何帮助员工认识提高工作业绩的必要性。服从并不等于接受，只有员工自己表示要改进自己的工作，你才能得到最满意的结果。

对于改进，有两点需要明确：

（1）让员工自己制订具体的改进计划。

（2）把改进和改正区分开来。改正是改变总目标，改进则是朝着正确的方向迈进。

如果员工的工作仍然没有起色，或者该员工缺乏改进自己工作的能力或愿望，那你可以和他再一次进行交流，如果还是不行，只好让他走人。

现在再来看看那些工作出色却不能获得提拔的员工。这些员工分为两种：一种是明明知道但却接受得不到提拔的现实的员工；另一种是对此一无所知或者不肯接受的员工。每个企业都有应该提拔却不予提拔的员工。

出于多种原因，工作出色并不一定就能得到提拔。对于那些不可能得到提拔的员工，你必须把他们的工作目标讲清楚。关键要落实以下几点：

（1）采用什么方法可以让这些员工继续出色地工作？这些员工需要你不断地进行鼓劲。

（2）如何激励这些员工？先得看他们未曾得到满足的要求。

（3）如何激励这些员工？经常委以重任，适当下放你的权力。

（4）你如何丰富他们的工作内容，让他们承担更具挑战性的任务？与授权不同，工作内容的变动是永久性的，别人在工作中会碰到，你自己在工作中也可能碰到。

（5）能不能鼓励他们多参与管理，让他们更多地参与决策？

（6）他们有没有能力辅导其他员工？要认识到，传播知识对公司的成功是一种重要的贡献。

相对来说，与工作出色而且将得到提拔的员工谈话容易得多。现在你的任务是注重他的新工作，而不是他的现实表现。反复向他说明尽管他将承担新的工作，但他现在仍然要像原来一样努力工作，新的工作只会让他干得更出色。

听听员工以后的实际打算并与他共同制订未来的规划。员工可能的发展举措包括：

（1）现行工作的发展。

（2）个人培训。

（3）对新岗位或新职位的打算和安排。

（4）业余时间的打算。

（5）专题讨论会、学术会议、工作会议。

（6）自我发展和自学计划。

（7）大学进修和攻读学位。

无论员工表现好坏，能否得到提拔，与他谈话时你都可以参考以下行为准则：

（1）以你的工作日志和评估表为准。

（2）从优点说起。

（3）尽量使你的分析与员工的自我鉴定统一。

（4）谈话时随时准备停下来倾听员工的意见。

（5）了解员工对你的分析有何意见。

（6）员工对你的评估提出意见之后，你要予以说明。

（7）做不到的事不要答应对方。

执行工作改进计划。评估进行到这个阶段，你可以确认以下几点：

（1）在规定的时间内员工应该完成的具体任务。

（2）在同一时间范围内你应该完成的具体工作，以帮助员工改进工作，克服困难和障碍。

接下来，你应该将你们商量好的计划制成文件，以便双方遵照执行。计划应该包括：

（1）员工得到改进所必需完成的具体工作。

（2）你帮助和支持员工所要完成的具体工作。

（3）为了使员工工作顺利、更令人满意、更有发展前途所要做的具体工作。

所列出的以上具体任务应该成为你工作的重点。另外，该计划应该包括长期目标和短期目标。你还应该制订一个行动计划，并把其划分为可行的具体步骤。

你可以按以下办法制订行动计划：

（1）询问员工愿意承担的工作。

（2）你想让员工承担的工作，并请员工提出补充建议。

（3）商定员工先要做的工作。

（4）询问员工你该提供的帮助。

（5）你觉得能为员工做些什么，请员工提出补充建议。

（6）与员工商定你所要做的具体工作和完成的时间。

（7）将上述内容记录在案。

改进你的评估体系

努力留住人才的雇主当然不愿意看到员工对企业丧失信心，然而，不完善的或糟糕的绩效评估体系往往会导致这样的结果。

当莫特知道得到晋升的时候，感到非常激动。他认为新职责范围会扩大，会有一次加薪机会。升到新职位后不久，当人力资源部进行绩效评估时，他的期望又进一步升高，认为离大幅度涨薪的日子不远了。

但是时间过去了6个月，评估还没有结果，加薪也无着落。而且，莫特从来没有接受过试用期绩效评估。这个绩效评估本来也应该会给他带来小幅加薪的。

就这样，在1年之内，莫特看到三次涨薪的机会从他的指缝中溜走，因为要么没有绩效评估，要么就是绩效评估没有结果。他将他的感受归纳为一句话："我被骗了。"

当评估不公正、不及时、不精确时，企业就没有办法对优秀员工进行奖励，对处于边缘的员工提供激励和指导，对工作低于标准的员工给予及时和适当的反馈。

那么，如何对那些令人不太满意的绩效评估体系进行改进呢？要做的事实在是太多了。在此提出一些措施供参考。

要决定绩效评估体系中包含的内容是件令人头痛的事，专家建议绩效评估过程和文件要尽可能简单。

必须避免使用长达十几页的评估表格或多达近百项的评估指标，这会让人忘了评估本来的目的。

简化的评估表格有好多优点，包括评估中的一致性。这一点已由美国爱达荷州州长办公室中的实践所证明。该州行政官员安·哈尔曼认为，过去使用的绩效管理体系包含了太多的指标，导致评估缺乏一致性。例如，对于同一个员工的考核，某一个经理会想："既然你一直在做你的工作，说明符合该岗位的绩效要求。"但另一位经理会想："你在这儿已经有些年头了，闭着眼睛也可以做，肯定超过企业的绩效要求了。"

哈尔曼对绩效体系作了改进，推出了该州新的绩效管理体系。在这个新系统中，评估层次从5个降为2个：你要么达到绩效标准，要么没有达到。

很多人担心这样做不能将员工区分，但区分的区别在于标准的设定。如果经理人能找到好员工的标准，并将其放入评估表，那么一切都顺理成章。

当然制定评估标准时必须保持灵活性。用一把尺子衡量所有人是不行的。有些能力如"团队精神"适用于每个人，可以在这些方面对每个人都评分。但是，诸如"战略敏捷性"等就只适用于副总裁以上的管理层或只适用于特定的群体。

麦斯公司是一家网络基础软件公司。该公司商务经理米歇尔在诠释其绩效管理体系时说："各关键指标的总体定义能适合每个员工，但为了确保灵活性，对于每项工作，指标的要求不同。"例如，一项衡量客户服务的标准可以被应用于面对内部客户的职位（如人力资源或信息技术支持部门）或面对外部客户的职位（如销售人员）。"要推动你的员工，但又不能设立太高的标准，以至于每个人都达不到。"米歇尔强调，"但如果每个人的表现都出类拔萃，那么你的标准可能设定得不够具有挑战性。"

标准应该尽可能地清晰和可衡量。想一想那些溜冰裁判，他们给溜冰者彼此之间的评分仅有几分的差距。他们之所以如此精确，是因为他们明确地知道他们要寻找什么。

另外是员工参与问题。在麦斯公司的评估体系中，员工目标必须由员工和经理共同讨论完成。这有两个原因。"首先，员工会关注被期望达到的目标，这是很好的自我反省。"某著名咨询公司的人力资源咨询总监科琳·奥尼尔说，"其次，这些自我评估可以帮助经理看到每位员工的盲点。"

选择评估时间也是一项非常重要的工作，会对评估的有效性产生影响。现在，很多企业都从在单个员工的周年日评估转向所有员工集中在一天进行评估，必须考虑这一措施的优劣，然后再决定哪一种方法最适合他们的组织。例如，集中一天评估使得评估体系和企业预算、计划一致，员工的绩效和贡献可以与企业全年目标对照，更精确地衡量。但是，对于计时制的工人或那些经常变换岗位的人，则可能仍需要在其个人的工作周年日进行评估。

作为管理者，你可以问自己：员工是否真的在运用这个评估体系？你从员工意见调查中得到的员工抱怨是不是越来越少？你是否看到员工和岗位越来越匹配？通过这些问题，可以判断这个评估系统是否取得了成功，还可以通过调查来衡量新的绩效评估系统是否成功，比如员工是否明白被期望的目标，讨论是否如期举行。"看一下企业运营结果和评估结果分布之间的关系，"曾任美国戴尔公司人力资源总监的奥尼尔说，"是不是每个人的评估结果都很杰出，业务却在衰退？是不是所有的销售人员评估时都拿到了5分，但销售却在下降？"总之，在已经建立起绩效评估体系后，人力资源部门还可以走得更远一些。

避开业绩考评的误区

管理者应当意识到，即使最好的业绩考评方法也会存在不足。下面是常见的业绩考评的误区及其应对方法。

第一，对考评指标理解误差。由于考评人对考评指标理解存在差异，因而造成误差。同样是"优、良、合格、不合格"等标准，但不同的考评人对这些标准的理解会有偏差，同样一个员工，对于某项相同的工作，甲考评人可能会选"良"，乙考评人可能会选"合格"。避免这种误差，可以通过以下三种措施来进行：

（1）修改考评内容，让考评内容更加明晰，使能够量化的尽可能量化，这样可以让考评人能够更加准确地进行考评。

（2）避免让不同的考评人对相同职务的员工进行考评，尽可能让同一名考评人进行考评，员工之间的考评结果就具有了可比性。

（3）避免对不同职务的员工考评结果进行比较，因为不同职务的考评标准不同，所以不同职务之间的比较性差。

第二，光环效应误差。当一个人有一个显著的优点的时候，人们会误以为他在其他方面也有同样的优点。这就是光环效应。在考评中也是如此，比如，被考评人工作非常积极主动，考评人可能会误以为他的工作业绩也非常优秀，从而给被考评人较高的评价。在进行考评时，被考评人应该将所有考评人的同一项考评内容同时考评，而不要以人为单位进行考评，这样可以有效地防止光环效应。

第三，趋中误差。考评人倾向于对被考评人进行"中庸"式的考评，结果难免会产生趋中误差。这主要是由于考评人害怕承担考评失误的责任或对被考评人不熟悉所造成的。在考评前，对考评人员进行必要的绩效考评培训，消除考评人的后顾之忧，同时避免让被考评人不熟悉的考评人进行考评，可以有效防止趋中误差。

第四，近期误差。由于人们对新近发生的事情记忆深刻，而对以前发生的事情印象较浅，所以容易产生近期误差。考评人往往会用被考评人近一个月的表现来评判其一个季度的表现，从而产生误差。消除近期误差的最好方法是考评人对被考评人每月进行一次当月考评记录，在每季度进行正式的考评时，参考月度考评记录来得出正确考评结果。

第五，个人偏见误差。考评人喜欢或不喜欢(熟悉或不熟悉)被考评人，都会对被考评人的考评结果产生影响。考评人往往会给自己喜欢(或熟悉)的人较高的评价，而对自己不喜欢(或不熟悉)的人给予较低的评价，这就是个人偏见误差。采取小组评价或员工互评的方法可以有效地防止个人偏见误差。

第六，压力误差。当考评人了解到本次考评的结果会与被考评人的薪酬或职务变更有直接的关系，或者惧怕在考评沟通时受到被考评人的责难时，鉴于上述压力，考评人可能会作出与事实偏差较大的考评。解决压力误差，一方面要注意对考评结果的用途进行保密，另一方面要在考评培训时让考评人掌握考评沟通的技巧。如果考评人不适合进行考评沟通，可以让人力资源部门代为进行。

第七，完美主义误差。考评人可能是一位完美主义者，他往往会放大被考评人的缺点，从而对被考评人进行较低的评价，造成了完美主义误差。解决该误差，首先考评人要理解考评的原则和操作方法，其次可以增加员工自评，与考评人考评进行比较。如果差异过大，应该对该项考评进行认真分析，看是否出现了完美主义错误。

第八，自我比较误差和盲点误差。考评人不自觉地将被考评人与自己进行比较，以自己作为衡量被考评人的标准，这样就会产生自我比较误差。考评人由于自己有某种缺点，而无法看出被考评人也有同样的缺点，这就造成了盲点误差。这两种误差的解决办法是将考核内容和考核标准细化和明确，并要求考评人严格按照考评要求进行考评。

第5章
管理要抓大放小，切忌眉毛胡子一把抓

抓大放小，坚持要事第一

有一则故事叫"冠军与苍蝇"，也许能让领导们有所感悟。

1965年9月17日，世界台球冠军争夺赛在美国纽约举行。

路易斯·福克斯的得分一直遥遥领先，只要再得几分便可稳拿冠军了，可就在此时，他发现一只苍蝇落在主球上，他挥手将苍蝇赶走了。可是，当他俯身击球时，那只苍蝇又飞了回来，他起身驱赶苍蝇。但苍蝇好像有意跟他作对似的。他一回到球台，它就又飞到主球上来，引得周围的观众哈哈大笑。

福克斯的情绪坏到了极点，终于失去了理智，愤怒地用球竿去击打苍蝇，球杆碰到了主球，他因此失去了一轮机会。福克斯方寸大乱，连连失利，而对手约翰·迪瑞越战越勇，最后夺走了冠军的头衔。

在管理上可能会碰到相似的难题：每天，纷繁的事情像是一堆苍蝇一样缠着自己。怎么办呢？总要给它们排排顺序吧。成功人士明白，永远先做最重要的。

当美国伯利恒钢铁公司还是一个默默无闻的小公司时，他的老板查理斯·舒瓦普曾向效率专家艾维·利请教，怎样才能更高效地执行计划。

艾维·利于是递了一张纸给他，并向他说："写下你明天必须做的最重要的各项工作，并按重要性的次序加以编排。明早当你走进办公室后，先从最重要的那一项工作做起，并持续地做下去，直到完成该项工作为止。重新检查你的办事次序，然后着手进行第二项重要的工作。倘若任何一项着手进行的工作花掉你整天的时间，也不用担心。只要手中的工作是最重要的，则坚持做下去。假如按这种方法你无法完成全部的重要工作，那么即使运用任何其他方法，你也同样无法完成它们，而且若不借助于某一件事的优先次序，你可能甚至连哪一种工作最为重要都不清楚。将上述的一切变成你每一个工作日里的习惯。当这个建议对你生效时，把它提供给你的部属采用。这个试验你想做多久就做多久，然后给我寄支票吧，你认为值多少钱就给我多少钱。"

1个月后，查理斯·舒瓦普给艾维·利寄去了一张2.5万美元的支票，并附上一封信，信上说，艾维·利给他上了一生中最有价值的一课。5年之后，这个当年不为人知的小钢铁厂一跃成为世界上最大的独立钢铁厂之一。

也许你确实很有能力，老板指派的每件事都能出色完成。但是，你不可能一辈子都是听命于人的角色。如果让你独立地、实质性地操作一项多角度、全方位的大事，在纷繁复杂的事务中，你能在千千万万的事物中理出头绪来吗？这就是考验你的时刻。其实，商界大亨亨利·杜哈蒂早就说过："我只做一件事，思考和安排工作的轻重缓急，其余的完全可以雇人来做。"

善于从诸多的小事中抓住大事并从大事中把握、做好最重要的事情，是我们每个人都应该学习的必修课。人生也是这样，我们总是有太多的事情要做，总会有完不成的任务。我们要选择对自己最重要的事情，然后去努力完成它，实现它。

只是，你知道什么事情对你来说是最重要的吗？事情可以分为很多类别，你一定要学会区分轻重缓急。

有一些事情很重要，但是并不紧急。比如说你那些关于坚持学习、提升能力、锻炼身体等计划，它们看起来可能并不急迫，但这些事情应该是我们人生中的主要事件，因为这类事情可以让我们的人生更成功。前面已经说过，要量化我们每天的工作。对于这类事情，更要如此，规定每天需要完成的部分，然后坚持不懈去做。不要因为这些事情并非迫在眉睫，就避重就轻。真正有效率的人，总是急所当急并且防患于未然的。

另外有一些事情，看起来很急迫但是并不重要。比如说接电话、回复邮件、查找那些不知被我们放在何处的文件等。在这些事情上花的时间是可以避免的，如果朋友跟你煲电话粥，你可以委婉地提醒他自己还要工作，接电话不能太久；把文件资料之类的放置得井井有条，至少自己要知道在哪里，不要满世界去找一会儿要用的文件……学会恰当处理不重要但紧迫的事情，会给你留出更多时间去处理真正重要的事情。

还有一些事情是根本不需要做的，不要以为它们真的重要。一个几乎每天都参加饭局和宴会的经理人说，在分析之后，他发觉至少有1/3的宴请根本不需要他亲自出席。有时他甚至觉得有点哭笑不得，因为主人并不真心希望他出席，他们发来邀请纯粹是出于礼貌，如果他真的接受了邀请，反而会使人家感到手足无措。分析一件事情是不是真的重要，本身就是一件很重要的事情，不可忽视。

记得，不要被别人重要的事情牵着走，而你自己重要的事情却没有做，这会造成你很长时间都处于被动局面。

时间在飞翔，但你就是驾驶员，可以驾驭它。把你每一分每一秒的时间都用在做最重要的事情上面吧！

做事不要大包大揽

在企业里，有些管理者总是把一些应该交给下属去做的事情给拦下来，这种大包大揽的做法，有的是出于管理者的一片热心，有意去帮助一些业务不太熟练的员工；有的是过于谨小慎微，对下属做事缺乏信心，而必须自己亲自出马，才会把事情做得天衣无缝。

许多单位的主管都有这样的想法："这个单位的效益与成败由我负责，因此我要知道所有下属的工作内容与进度，奖惩与培训也主要由我来做。"

这就是所谓的"集管"观念，意指这个单位所有的事都"集"中由主管来"管"理。依理来说，这个管理原则没有错，否则，人员若都不听主管的调度，或是他们有些工作不让主管知道，那主管又如何才能负责呢？

但是事实上，一项调查显示，单位里每一个成员做的工作，主管是不可能都会做的；主管先知道，先核准，成员才开始工作也是不可能的。

一个人能处理的工作量有限，他不可能包揽所有事务，聪明的管理者应该尽量将工作作适当的分配，这样一来即使他不在的时候，工作也能顺利进行。

一个聪明的领导，会将一些具体的事务或工作交由下属去做或是处理，自己则集中精力思考新的企划方案和考虑改善现状。换句话说，管理者必须做一些计划性的工作。如果管理者整天忙着具体事务而无法为将来作计划，那么什么事情也做不好。如果一个领导把精力放在小问题上，就会忘记自己的任务和目标，会丧失创造力，或者至少会逐渐枯竭。所以我们常常看到，很多领导好像很忙，其实常常都是白忙，他们每天花90%的时间去做对企业只有10%贡献的事，这种缺乏效率的一个主要原因是他们过于注重琐碎的事。

古人云："君闲臣忙则国必治。"作为企业领导要学会超脱，从繁忙工作中解脱出来，找准那些对全局影响最大、最具决定意义的关键环节，重点突破，重点解决；把那些具体的论证、部署、落实等工作放下，交由下属去做，以免干扰全局和方向。放小是抓大的必要条件，把"小的"放开，"大的"才有灵活的空间。

简化是高效的起点

把事情化繁为简的一个关键是抓住事物的主要矛盾。永远要记住，杂乱无章是一种必须去除的坏习惯。

1. 效率从简化开始

在管理者中，有这样两种类型的人：一种是善于把复杂的事物简单化、办事又快又好的人；另一种是善于把简单的事物复杂化、使事情越办越糟的人。当我们让事情保持简单的时候，工作显然会轻松很多。不幸的是，倘若人们需要在简单的做事方法和复杂的做事方法之间进行选择，大部分人都会选择那个复杂的方法。如果没有什么复杂的方法可以利用的话，那么有些人甚至会花时间去把它发明出来。这也许看起来很荒谬，但真有不少这样的事。

我们没有必要把自己的生活变得更复杂。爱因斯坦说："每件事情都应该尽可能地简单，如果不能更简单的话。"我们不必担心人们会让他们生活中的事情变得太简单。问题刚好相反：有的管理者把他们的工作变得太复杂化，而且还总奇怪为什么他们有那么多令人头疼的事情和麻烦。

2. 克服杂乱无章

把事情化繁为简的一个关键是善于排除工作中的主要障碍。主要障碍就像瓶颈堵塞一样，必须打通，否则工作就会"卡壳"，耗费许多不必要的时间和精力。

永远要记住工作杂乱无章是一种必须去除的坏习惯。有些管理者将"杂乱"作为一种做事方式，他们以为这是一种随意的个人风格。他们的办公桌上经常放着一大堆乱七八糟的文件。他们好像以为东西多了，那些最重要的事情总会自动"浮现"出来。不过，通常这些人能在东西放得杂乱的办公桌上把事情做好，很大程度上是得益于一位有条理的秘书或助手，弥补了他们这个缺陷。

但是，在多数情况下，杂乱无章只会给工作带来混乱和低效率。它会阻碍你把精神集中在某一项工作上，因为当你正在做某项工作的时候，你的视线却不由自主地会被其他事物吸引过去。另外，办公桌上东西杂乱也会在你的潜意识里制造出一种紧张和挫折感，你会觉得一切都缺乏组织，会感到被压得透不过气来。

如果你发觉你的办公桌上经常一片杂乱，你就要花时间整理一下。把所有文件堆成一堆，然后逐一检视，并且将它们分类：即刻办理的，次优先的，待办的，阅读材料类的。

把最优先的事项从原来的乱堆中找出来，并放在办公桌的中央，然后把其他文件放到你视线以外的地方——旁边的桌子上或抽屉里。把最优先的待办件留在桌子上的目的是提醒你不要忽视它们。但是你要记住，你一次只能想一件事情，做一项工作。因此你要选出最重要的事情，并把所有精力集中在这件事上，直到做好为止。

每天下班离开办公室之前，把办公桌完全清理好，或至少整理一下；而且每天按一定的标推进行整理。这样会给第二天的工作开展一个好的开始。

不要把一些小东西，如全家福照片、纪念品、钟表、温度计等过多地放在办公桌上。它们既占你桌面的空间也分散你的注意力。

每个管理者都需要有某种办法来及时提醒自己一天中要办的事项。电视演员在拍戏时，常常借助各种记忆法，使自己记得如何述说台词和进行表演。你也可以试试。这时日历也许很有帮助，但是最好的办法可能是实行一种待办事项档案卡片（袋）制度：1个月每一天都有一个卡片（袋），再用些袋子记载以后月份的待办事项（卡片）。要处理大量文件的办公室当然就需要设计出一种更严格的制度。

宏观问题简单化，微观问题体系化

思路决定出路，无论是在工作中，还是在生活中，能够对系统的把握有一个清晰的思路，从根本上看必须具备善于将复杂问题简单化的能力，也就是一针见血地捕捉问题实质的能力。

1. 把复杂问题简单化是一种宏观战略能力

世间之道，本就简单。人类社会数百年来的生活方式发生了巨大的变化，但人类生存发展的规律仍然未变，就如马车变成了汽车，但客观世界运动的规律未曾改变。

执行之道，同样如此。尽管铺天盖地的执行理论、执行模型席卷而来，然而，执行应当把握的几件事情，其本质还是一样的。

把复杂问题简单化是一种宏观的战略能力。把复杂问题简单化并不是否定问题的复杂性，而是要探寻其基本规律和核心价值，抓住决策的本质。

2. 把简单问题复杂化是一种微观执行能力

决定方向对于个人来说是至关重要的，因此要迅速，要简单化，要大胆。但是美好的愿景必须靠严谨理性的执行体系来支撑，这就需要在把复杂问题简单化之后，把简单问题再复杂化，体现微观的执行能力。

计划的实施是微观的。你可以说我们的计划目标是多少，在某个领域要如何竞争，但在操作时你还需要明确如何进行任务分解、时间如何安排等，不然就难以实施。

执行之道，其本质就在于如何化繁为简和化简为繁，这两者如何平衡，就是我们所说的"度"。将复杂问题简单化，简单问题复杂化，看似自相矛盾，实际上是协调统一的。宏观问题简单化，微观问题体系化，这是一种高效能的工作方式。

宝洁公司的制度具有人员精简、结构简单的特点，并且该制度与其雷厉风行的风格相吻合。管理者制定了"深刻明了的人事规则"，它得到顺利的推行并获得良好的评价。而最能体现这种简洁明了的效率就集中体现在该公司"一页备忘录"原则上。所谓"一页备忘录"，是指尽量精简公司所有的报告文件，以尽可能简练的语言来描述公司的现状和未来的发展趋势。其内容会随着具体情况的变动而增加或减少。这一风格可以追溯到该公司的前总裁理查德·德普雷。理查德·德普雷强烈地厌恶将简单问题复杂化的做法，所以，他十分反感那些超过一页的备忘录。他通常会在退回一个冗长的备忘录时加上一条命令："把它简化成我所需要的东西！"如果该备忘录过于复杂，他会加上一句："我不理解复杂的问题，我只理解简单明了的东西！"他认为，管理者的工作任务之一就是教会别人如何把一个复杂的问题转化为一系列相对简单的问题。只有这样，才能既提高管理者自身的工作效率，又能更好地指导下属着手后面的工作。MIS（管理信息系统）的扩散和预测模型及大量员工之间无休止的较量，导致了解决问题过程中的"政治化"，这些进一步增加了管理与实施中的不稳定性因素。而"一页备忘录"解决了很多问题。首先，只有少量的问题有待讨论，那么复核和使其生效的能力将大大加强。其次，建议条目按序展开，简洁、易懂。总之，"一页备忘录"使企业的管理远离了模糊和凌乱，并因简洁明了这种积极的作风为公司带来了令人欣慰的高效率。

将执行的问题简单化，剔除不必要的环节，精简执行的步骤，优化执行的流程，合理地分配利用周围的资源与条件，才能使得正在解决的问题能尽快解决。

分清主次，拣最重要的事情做

每天有许许多多的事情等着我们去做，如果我们不分主次地进行工作，那么到头来不仅"丢了西瓜"，很有可能连"芝麻"也没有捡到。使一些本来可以"生出效益的时间"白白地浪费掉。

聪明的管理者应该知道如何提高自己做事的效率。

但很多时候，人们总是被习惯束缚着自己的手脚，在处理问题时总是根据事情的紧迫感，而不是事情的优先程度来安排先后顺序，这样的做法是被动而非主动的，成功人士不可这样工作。

时间管理的精髓在于：有主次之分，设定优先顺序。

比尔·盖茨认为：那些高效率的人，不管做什么事情时，都会先分清主次。

对于如何分清主次、大幅度提高自己的做事效率，比尔·盖茨归纳了三个判断标准：

首先明白我们必须做什么？这有两层意思：是否必须做，是否必须由我做。非做不可，但并非一定要我亲自做的事情，可以委派别人去做，自己只负责督促。

其次应该明白如何去做才能给我们最高的回报。应该用80%的精力做能带来最高回报的事情，而用20%的精力做其他事情。所谓"最高回报"的事情，即是符合"目标要求"或自己会比别人做得更高效的事情。最高回报的地方也就是最有生产力的地方。这要求我们必须辩证地看待"勤奋"。勤奋，在不同的时代有其不同的内容和要求。过去人们将"三更灯火五更鸡"的孜孜不倦视为勤奋的标准，但在快节奏高效率的信息时代，勤奋需要新的定义了。勤要勤在点子上（最有生产力的地方），这就是当今时代"勤奋"的特点。前些年，日本大多数企业家还把下班后加班加点的人视为最好的员工，如今却观点却有所变化了。他们认为一个员工靠加班加点来完成工作，说明他很可能不具备在规定时间内完成任务的能力，工作效率低下。社会只承认有效劳动。

　　再次应该清楚如何去做才能给我们带来最大的满足感？最高回报的事情并非都能给自己最大的满足感，均衡才有满足。因此，无论你地位如何，总需要分配时间于令人满足和快乐的事情，唯有如此，工作才是有趣的，并易保持工作的热情。

　　通过以上"三层过滤"，事情的轻重缓急就很清楚了，然后，以重要性优先排序（注意，人们总有不按重要性顺序办事的倾向）。坚持按这个原则去做，你将会发现，再没有其他办法比按重要性办事更能有效利用时间了。

　　当然，除了要强调优先重要，还要强调长远重要。这是"时间管理学"的突破性理念，也是其精髓。强调长远重要，即强调做"不急迫却重要而长久的事"。

　　在人们的日常生活中会遇到很多这样或那样的事情，虽然有些都不是眼前最急迫的事情，但是对于长远、大局来说却有着重大的意义。有些人舍不得在这类事上花费时间，与长远计算的总账相比很不划算。

　　在效率的管理上，要兼顾长远性与急迫性，要高度重视对眼前虽不紧急但有深远影响事务的处理。这一法则把效率管理上升到了战略高度。

　　最后，要成为效率管理高手，不仅要掌握这样那样的效率管理的法则、技巧，还需要苦练治心治惰的功夫。效率管理与情绪治理是彼此制约、相辅相成、同步发展的关系。

　　如果没有积极、兴奋的情绪，哪怕掌握了很多效率管理的法则、技巧也无济于事。那些对工作、对生活充满了消极、厌倦情绪的人，那些懒于奋斗、不求上进的人，又怎么能够提高效率，成功地做好每一件事情呢？

第6章
让员工做事时找到感觉，告诉员工你要他做什么

做分配工作的内行

领导如果能干，定能将员工工作分配得极为妥当，引发他们的工作积极性，否则员工会有抵触的心理。

工作分配如果不妥当，就易造成不满的情绪。分配工作虽是小事，却与员工的士气大有关系，所以千万不可忽视。

世界上的人才成千上万，有全才，有偏才；有鬼才，有怪才；还有雄才，有奸才。但无论什么样的人才，都各有其用，关键在于领导如何使用。使用正确，则一切尽在掌握之中；任用不当，则危机四伏，大局不定。善于用人的领导，适时升降，恰到好处，觉得人才遍地有；拙于用人的领导，乱用一气，适得其反，直叹人才实在难找。可见，用人也须讲究方法与艺术，并非随心所欲。

作为领导，应如何分配工作呢？

1. 注重眼前，兼顾长远

分配工作，领导应先考虑下属的能力，并保证总体目标的实现。但是，如果长此以往按照下属的能力"量才使用"，员工就会产生懈怠心理，就会丧失活力和后劲乏力。

高明的方法是要做到注重眼前的任务，又要兼顾员工长远的发展，即对员工的培养。

比如，对精兵强将要力求少分配或不分配单调、重复、琐碎的工作，而是让他们在重点单位和关键环节上发挥作用，施展才华，锻炼提高；对能力比较弱的员工既要交任务、压担子，又要教途径、讲方法，使其在完成任务的同时，不断提高业务水平和工作能力；对长期在一个岗位上工作而满足现状、成绩平平的员工要适时放到新的环境或扩大工作范围，这样就能调节其工作情趣，激发进取意识，保持经久不衰的工作积极性。

2. 公平合理，量才使用

企业领导对下属要有一个完整的评价。要对每位工作人员的个性有基本的了解，对其喜欢做什么工作，还能做些什么新工作，以及工作能力、工作态度等，有一定的认识，然后根据不同工作的不同性质用人。

比如，对能力强、潜力大的员工可增加工作任务，提高工作难度；对踏实认真、负责工作的员工，可适当加大工作的负荷量；对工作状态下滑的员工，布置任务时要注意加以指导，提升其积极性和成就感。

具体工作虽然因人而异，但是大方面应保持公平合理，否则员工必然会因为工作的多寡、难易不同而怨声载道。

3. 用人协调，强弱互补

做到用人协调，就是要合理用人，设法使组织保持一种科学而合理的结构，各种人才比例适当，相得益彰，实现相互补充，取长补短。

比如，就年龄方面而言，一般来说老年人深谋远虑，经验丰富，但思想易保守固执；中年人思想开阔，成熟老练，但创新精神锐减；青年人思想解放，敢想敢干，但缺乏经验和韧性。如能将这三个年龄段的人才合理搭配，梯次配备，就可以充分发挥各年龄段的自然优势，获得理想的整体效果。

当然这里说的合理搭配，并不是要搞平均主义。总体比较而言，较为合理的方式是两头小，中间大，即以中年人为主，兼用老年人丰富的经验和青年人敏锐的创新精神。

4. 设定期限，表达信任

给员工规定一个完成工作的期限。让他知道，除非在最坏的环境条件下才能推迟完成工作的期限。向他讲清楚，完成工作的期限是如何设定的，为什么设定这个期限是合理的。另外，还要制定一个报告工作的程序，告诉他何时带着工作方面的信息向领导报告工作。同时，领导也要向他指出对工作的期望结果，使他明确要求。

最后，领导要肯定地表示自己对员工的信任和对工作的兴趣。像"这是一件重要工作，我确信你能做好它"这样的话，可以对员工发挥很大的激励作用。总之要记住，分配好工作，不仅能节约时间，还可以创造出愉快的工作气氛。

布置工作的三大要点

在实际生活中，常常可以看到这样的领导，对一个新来的员工，首先表示欢迎，然后让他与原有的人见见面，向他简单介绍几句本单位的情况，再三言两语交代一下他做什么工作，最后就扔下他不管了。

另外，有的领导在布置工作时常常犯一种毛病，就是从来不明确地告诉员工干什么、怎么干，以为自己了解和掌握的东西，员工也应该懂得；或是有意识地不向员工交底，放任不管，而当员工的工作没有达到他所要求的标准时，他就批评一顿。

可以说，上述两种做法都是不当的。作为领导，向员工布置工作的正确做法有如下几种。

1. 交代必须明确

在布置工作时，以下各项应当十分清楚：任务及性质、意义；应达到的目标和效果；完成时间；请示汇报对象；应遵循的政策原则；执行任务者在人、财、物和处理问题方面的权力；步骤、途径和方法；可能出现的情况，需要注意的问题。当然，以上各项要因人因事而宜。重要的事就要交代得严肃、明确、具体，简单的事就可以粗略一些；对于头脑聪明、经验丰富、一点就透的人，可以简明扼要，不必耳提面命，啰里啰唆；对于新手和能力差的人，要尽可能把想到的东西都告诉他，使他少走弯路。

2. 要同员工商量

下达指令、布置任务之前，自然要充分准备，把问题想得周密些。但在向员工交代的时候，还是应当抱着商量的态度。对于自己感到不太有把握的意见，要虚心向员工征询意见，如果员工的意见有道理，就要及时采纳。即使对于自己的设想感到很有把握，也要善于启发员工动脑筋、提看法，以便使指令更完善、更切合实际。如果员工没有什么意见可提供，可以通过适当的问话，来检验一下他对指令是否充分理解，是否变成了他自己的思想。对于那些员工有权随机处理的细枝末节，则不必过多纠缠，议论不休，以免束缚下属的手脚。所以，在一般情况下，不要形成领导居高临下、一二三四布置一大套，员工俯首听命、机械服从、不置一词的僵硬场面。事实证明，在布置任务时，只有对员工抱着信任、尊重、平等、虚心的态度，员工才容易理解，乐于接受，也才能更好地执行任务。

3. 任务与职能相称

这里有两层意思：一是你所分配的任务应当是员工的职责范围之内的，是属于他岗位责任制范围之内的事，而不能把本应属于上层的事交给下层去干，把下层的事交给上层去干，或是把本应由甲完成的任务让乙去做，乙的事让甲去做。如果那样乱摊派，势必打乱工作秩序，使人无所适从。当然，一些特殊情况下的特殊任务，也需要临时变通，但不能太多，特殊情况一过，还是应当各司其职，各负其责。二是所分配的任务要与他的能力相一致，有相应能力的人就分配给他相应的活儿，如若不然，让能力强、水平高的人去干简单的活儿，既浪费了人才，又使他对领导心存不满，认为领导瞧不起他，重要的事不让他去做；让能力差、水平低的人去完成复杂、艰巨的任务，不仅容易误事，而且执行任务的人也有反感，认为领导是故意找别扭，强人所难。此外，在工作量上也要考虑，工作太多，会使员工感到承担不了，太少又使员工感到英雄无用武之地。

正确指导，人人效劳

作为领导，指导下属员工做好工作是其最重要的职责之一，而且指导必须是经常性的。不要等到有问题发生的时候才开始进行指导。通过经常性的指导，能确保员工从一开始就把工作做正确，避免员工在工作中走弯路。同时，作为领导，如果你能正确指导，当机立断，不但能赢得员工衷心的服从，还能得到很多好处。

首先，员工将对你的技巧和能力产生信心，并因此而尽力为你工作。当你能够做出迅速而准确的指导时，你手下的人就会信任你。为了能够作出这样的指导，你必须广泛收集材料加以分析。形成决定并下达命令时，要对你做出的指导充满信心，要表现出无论如何都不可能失败的样子。当你对你的指导表现出判断正确、认识深刻的时候，就会竭尽全力为你工作。如果你能在最不利的条件下进行逻辑推理并能不失时机地利用各种有利的条件采取行动，你手下的人就会尊重你的高超的判断能力和指导能力，他们会心甘情愿为你效劳。

其次，你的员工对工作将会变得更加有把握和更加果断。作为一个领导，应该为自己的整个组织树立起这种榜样，表现出这种姿态。如果对你的行为有把握、有决心，那么你手下的人就会对他们的行为有把握和有决心。他们自然就会成为你的一面镜子，在这面镜子里你可以看到自己的形象，你在做什么，又是怎么做的。

再次，员工都会找你征求意见和寻求帮助。当你能够做出正确而及时的指导时，员工就会有所感触，将你视为解决难题的专家。这样的名声将会提高你在整个组织中的地位。有些人常随便请领导来解决一些问题，这种打扰有时的确让人感到很烦，但也很重要，可以使领导接触到许多真实的想法。

最后，它将使你摆脱挫折。没有自己作决定的能力是一个人遭受挫败的重要原因，这不仅表现在领导力方面，也表现在人们解决个人问题方面。

通常对员工的指导可以分为三类：

一是具体指示。针对那些对完成工作所需的知识及能力较缺乏的员工，常常需要给予较具体的指示，将做事的方式分成一步一步的步骤传授并跟踪完成情况。

二是方向引导。对那些具有完成工作的相关知识及技能但偶尔遇到特定的情况不知所措的员工，应给予适当的点拨及大方向指引。

三是鼓励建议。对那些具有较完善的知识及专业技能的人员，应给予一些鼓励或建议，以达到更好的效果。

同时，作为领导，要选择适当的指导契机。一般有如下四种情形发生时，可用到日常指导的技巧：

（1）当员工希望你对某种情况发表意见时。例如，在绩效管理回顾阶段或员工过来向你请教问题时，以及向你征询对某个新想法的看法时，如改进流程的新点子。

（2）当员工希望你解决某个问题时，尤其是出现在你的下属工作领域中的问题。

（3）当你发现一个需要采取改进措施的机会时，例如，当你注意到有某项工作可以做得更好、更快时，你也可以指导他人采取措施，改进做法，适应企业、部门及流程的变化。

（4）当你手下的员工通过培训掌握了新的技能，而你希望鼓励他们运用于实际工作中时。

唯有掌握了指挥的具体方法，把握了具体指挥的时机，你才能够让员工高效率地工作，让每个员工都能发挥出自己的价值。

培养正确指导的能力

做到正确指导，就需要学会正确制定决策的技巧。它能够使你驱散自己恐惧失败的心理，能使你在处理有困难、有压力的问题时获得信心。不仅如此，你还会发现随着你的决断能力的增强，你领导下属的能力也会大大地提高。

那么，如何才能正确指导员工工作呢？

首先，要有指导的能力。如果想提高你的指导能力，那就必须有勇气，还得有真才实学。必须善于研究和分析问题，抓住事物的本质，对当时的形势做出迅速而准确的评价，只有这样，你才可能做出正确、明智、及时的指导来。

在条件极其不利的情况下，必须运用正确的逻辑推理、常识性知识和分析判断能力，迅速地确定应该采取什么样的行动才不至于失去转瞬即逝的大好机会。除此而外，还需要有相当的预见能力，以便能够预见在你的决定实施以后可能发生的情况和反应。当形势需要对原来的计划进行修改的时候，要采取迅速的行动对原来的指导作必要的修改，这样会加强手下人对你作为他们的领导的信心。

其次，要学会安排工作的先后顺序。当你知道何种工作可以由别人来做的时候，就可以把它们分配出去，不要再去费心考虑它们。对于那些剩下来的必须由本人亲自处理的事情，也得分出主次和先后，懂得处理这些问题的方法。

把问题排出个先后顺序，各种问题就会迎刃而解。具体做法可以是：现在就把急于要办的事列出一个顺序表来，然后按照主次依次处理，在同一个序号下不要列出两项工作。在列出了工作顺序之后，就全力以赴地解决第1号的问题，一直要坚持到做完为止。然后再用同样的办法去处理第2号问题。不要担心这样做一天只能解决一两个问题，关键在于这样做会逐渐解决以往日积月累下来的许多问题。这样一来，你真正关心、真正着急的事情，马上就可以解决了。你也要让下属根据他们工作的主次和先后列出工作日程及顺序表，也让他们按照同样的办法去做。这样，他们就会做好分内的工作。简单点说，要实行急事先办的原则，一次只办一件事。即使这样仍然不能解决问题，也不要采取其他办法，一旦使这个系统运转起来，就要坚持到底。

学会了上述方法，你只需要使用自己的决断能力去确定三件事即可：可由别人来做的事情；只有你才能做的事情；你自己工作的先后顺序以及你分配给别人的工作。

最后，要掌握制订计划和下达命令的技巧。一旦你已决定要做什么事情，那下一步要做的就是制订一个详细的计划和下达命令。如果想达到预期的结果，你的计划必须切实可行。

明确的任务必须分派专人去处理，各种须供应的物质和设备必须齐备，为了确保最大限度的合作，每个人和每个团体的积极性都必须充分地调动起来。为了推动中间环节的进行速度，最后期限必须明确地固定下来。总而言之，这个执行计划必须能回答：为什么这项工作必须得做？什么事情必须得做？谁来做？在什么时候、什么地方，如何去完成这项工作？

当你认为计划做得比较充分之后，下一步要做的就是向下属发布口头命令或者书面命令。命令必须发布得清楚准确，不能让人有任何误解。制订计划和发布命令都是工作的关键，也是作为领导者责任的一个主要部分。如果你想得到驾驭下属的能力，以上这些就是必须具备的。

当你掌握了以上技巧的时候，你也具备了基本的正确指导能力了。

指导时的不要和必要

指导员工工作时，还需要注意，有几件事是不能做的：

第一，要求永远正确。有的人做什么事情都下不了决心，甚至像买一件衣服、一双鞋这样的小事都拿不定主意。有的时候就连晚饭该吃什么都犯犹豫，其原因说来说去就是害怕有什么不当的地方。其实，人不可能是永远正确的，即使犯了什么错误，如果能做到及时更正就不会使错误继续发展下去，就会减少不必要的损失。无论什么时候，只要你发现自己的决定错了，就要立刻下令停止，重新修改，以减少不必要的损失。当你拒绝承认自己的错误时，通常都会把事弄得更糟。承认你错了并不等于承认你愚蠢，可是，当你明知自己错了而又不想改变主意，顽固地坚持自己的错误，这就是愚蠢的表现了。

第二，混淆客观事实和主观意见。你的指导是建立在坚实的事实基础之上的，而不是建立在感觉之上的。如果不能把客观事实和主观意见分离开，就会有各种各样的烦恼。

第三，在不了解足够的情况下就匆匆作出决定。缺乏对情况的足够了解往往会做出错误的决定。诚然，有的时候不可能得到你所需要的全部事实，但必须运用以往的经验、良好的判断力和常识性知识做出一个符合逻辑的决定。但是为图省事而不去收集可供参考的各种事实资料，那可是不能让人原谅的。

第四，害怕别人说三道四。有很多人不敢大胆说出自己的心里话，因为他们害怕别人可能有什么想法，更怕遭到别人的议论。他们犹犹豫豫不敢宣布自己决定的主要原因是害怕别人批评。希望别人尊敬是人类最基本、最自然的一种愿望，但那也是有限度的。要记住，你对别人可能想什么或者说什么是不负任何责任的，你只对你自己说什么或做什么负有责任。

第五，不要害怕承担责任。对于有些人来说，做出一个决定那将使他们做任何事情都会感到软弱无力。这种恐惧是紧密地与害怕失败相联系着的。多数的心理学家认为这是商人走向成功的最大障碍。然而，如果你由于害怕承担责任而不采取行动，那你将一事无成。如果你发觉自己走上了错误的道路，不妨迷途知返，重新开始。除了死亡和纳税以外几乎没有什么事情是不可避免的。敢于承认错误，敢于把错误的决定改成正确的决定，是一个人的领导能力和智慧的标志，也是走向成功的一种象征。

此外，还有你需要做的事：

首先，对自己的任何行动都要充满自信，要心情愉快地承担起自己的全部责任。做事不要拖拉，不要拐弯抹角。

其次，收集事实，下定决心，要完全相信自己是正确的，以此发布你的命令。要重新检查你做出的决定，以便确定它们是不是正确和及时。

最后，分析别人做出的决定，如果你不能同意，就要确认一下不同意的理由是否正确。要通过研究别人的行动以及吸取他们成功或失败的教训来拓宽自己的视野。做你不敢做的事情，从而得到做那件事的能力。

让员工理解自己的命令

你的命令是否能得到贯彻执行，与员工对命令的理解程度有很大关系。简单地说，员工对命令理解的程度高，执行起来就非常顺利，即使有偏差也不会很大；反之，则很可能大打折扣。

如何才能让员工完全理解你的命令呢？除了员工本身的能力之外，有三条规则是要遵守的：

　　第一，让员工复述你的口头命令。这条规则是绝对不可忽视的。如果你破坏了这个规矩，事情就会出乱子。如果员工没有听明白你的命令，那你肯定不会得到希望的结果。要使这条规则成为一个硬性的规定去执行。很显然，当你要求员工重复你的命令时，他可能会一时恼怒，认为这是在侮辱他的记忆力和理解力。这个你不用担心，有一个容易解决的办法。你只需说："小王，你重复一下我方才说的话好吗？我想检查一下我有没有遗漏什么，或者说了什么不当的情况。"这个问题不就马上解决了吗？

　　第二，当员工没听明白的时候，你让他们向你提问题。如果一个人没有听明白你究竟想要干什么，他就会问你以便弄明白，这是正常的。但是如果是当着一群人发布命令，即使没有人问你什么，你也不能认为大家全都听明白了。在多数情况下，每个人都会有问题，只是碍于面子，不想在同事们面前暴露自己的无知。如果你怀疑确实有人没有听明白，你就使用第三种技巧。

　　第三，你向员工发问，用以证实他们是否听明白了你的命令。例如，你可以问："你打算怎么理解这个问题？"或者"对于处理这件事你有什么看法？"或者你可以问类似"你明白为什么是这样的吗"的问题。

　　如果你希望一个人在他的工作中发挥出最大的能力，希望他把工作做得非常出色，那么你就要告诉他你让他做什么、什么时候做，但不要告诉他如何去做。让这个人自己去考虑处理的办法。这样就能迫使他动脑筋，发挥自己的主观能动性去完成任务，这就叫做任务式的命令。任务式的命令能够增强员工的责任感，每个人都会感到自己是组织中真正有贡献的成员之一，没有一个人被冷落在板凳上。

　　使用任务式的命令能使你获得驾驭员工的卓越能力，甚至可以在自己的家庭里使用这种类型的命令。使用这种技巧，不必一样一样地告诉员工做什么、该怎样做。只需让他们知道你需要什么、什么时候需要即可，这有助于发展他们的主观能动性和他们的独创精神，也能教会他们如何自立于世。

　　使用任务式的命令法，你不但可以管好员工，还能使他尽力发挥自己的创意，把命令执行得超出你的意料。

让员工贯彻自己的意图

下面是帮助你贯彻意图的六条指导原则，请务必牢牢记住：

第一，要事先想到任何可能出现的不测。永远要在事前考虑有可能发生的、会将你的全部计划毁于一旦的每一个不测。能做出正确而及时的决策依靠对形势准确的评价。要使用那句问话："如果……怎么办呢？"这样你就会强迫自己去考虑可能把事情办糟的每一种可能。那些缺乏预见能力和对失败的因素估计不充分的领导常常会失败。

第二，向关键的员工征求意见。在作出最后指导之前，最好向员工征求一下意见，听听他们对你的指导的看法，吸取一下他们的经验。在听取了他们的意见之后，征求意见的阶段就告结束，这时就可宣布你的最后意图，从那时起，你就有权力期望员工全力支持并竭诚执行你的决定和服从你的命令。

第三，把握宣布你的意图的适当时机。选择适当的时机宣布你的决定是非常重要的。一定要让归你领导的领导人员有充分的精神准备和时间安排，不能让他们措手不及，否则他们会没有足够的时间去制订他们自己的计划，如何让他们来贯彻你的意图？最主要的一点是，不要对你下属的下属宣布你的计划和命令，这样会使你的下属为难和被动。他们向自己的下属说什么，那是他们的事，你不可越俎代庖。

第四，鼓励员工以变应变。什么形势都不可能是一成不变的，错误随时都可能出现，意外事件随时都可能发生，鼓励员工对当前的形势做出自己的评价，当出现错误或者发生意外事件时，要及时重新制订适应新情况的计划。

第五，要让员工充分了解全局。当你做出了正确而及时的决定以后，应该能让所有该知道的人都知道。你一定要保证每个人都知道你的意图。如果做不到这一点，就难免出大错。如果未能把你的意图和执行计划告诉给某一个关键的人而出了大错，那责任应该由谁来负呢？问题又岂止是该由谁来负责呢！由于缺乏沟通而造成的错误往往比故意不服从造成的错误还要严重。只有让员工了解全局，才能更好地贯彻你的意图。

第六，要重视你的意图的长远影响。仅仅考虑你的意图会有什么眼前的利益和作用是远远不够的，必须能够预见它将有什么长远的作用和影响。要记住，当你的员工开始贯彻你的意图的时候，事态就会发生连锁反应。

最后切记，不要让你今天的指导，给明天领导员工带来种种麻烦！

第7章
管理不能凡事亲历亲为，精于授权把自己解放出来

领导为什么不愿意授权

阻碍领导成功授权的一个重要原因是对员工缺乏信心。

很多领导不愿意授权，他们总会找出很多理由来为自己辩护，但很多时候，大多数障碍存在于领导自身。

除去障碍先要采取的步骤是确定问题的所在。这说起来容易做起来难。不能清楚阐述问题的所在通常是无人能找出解决方案的主要原因。如果花时间去了解问题的确切所在，你就更有可能解决问题，并且能更加有效地开始授权。

在分析授权的这些障碍时，一定要正视自己所处的情况。由于你的目标是使自己成为更有效的授权者，要达到这个目标，你必须清除阻止你有效授权的障碍。但是在采取行动之前，你要识别并了解这些障碍。

假设你要计划让博迪（最有能力的员工）准备一份重要的组织工作进展报告，而这项工作对她而言是一个很好的发展机会。然而，你最终决定自己来完成这份报告。

你也知道博迪组织工作的能力很强，而且很会写文章。如果由博迪来写这份报告，你的上司也许会将她的工作与你相比较，可能会觉得她的报告比你以前提交的好。那么在你的心中博迪就会成为一种威胁。因此你宁肯自己干——

因为她"太忙了"（但这仅仅是借口而已）。但如果你坦诚地面对，你会意识到，这并非真正原因所在，真正的原因是你知道自己觉察到有威胁，所以放过了一次理想的授权机会。

作为一名领导，你可能曾经考虑过一项任务授权，但接着你对自己说："我能干得更好。"这毫不奇怪，如果一项工作，你干过多次，你当然轻车熟路，也是情理之中，但你的目光不应仅仅停留在某一项任务上，作为领导，你必须考虑授权和不授权所带来的长期影响。对你而言，重复做同样的工作，对你的发展没有任何帮助。对你的员工而言，由于没有发展的机会，而处于平庸的状态。所以"我能干得更好"这种想法对领导而言，是一种错误的思想，是对授权本身优越性的背离。

假设作为一名领导，你在你的部门工作了5年时间。在前3年里，你每年都做本部门的预算申请。由于懂得固定程序，你可能比别人更擅长这项任务。为准备这份预算申请，你要用上你的组织才能，与部门中的其他人进行广泛的讨论。

去年，你考虑让你手下的一名主管玛莉琳帮助你准备这次预算申请。你对她过去的表现感到十分满意，希望给她增加一些预算过程方面的经验。玛莉琳也同样有此愿望，并且她擅长你经常使用的电子表格数据处理软件。虽然在准备材料时，她犯了个小错误，但在你的提醒下马上意识到并及时作了纠正。除此之外，她的工作完成得相当成功。

现在，预算准备工作又一次开始了，这时，上级要你负责另一项任务，他要求你把这项任务作为首要的任务来完成，并说它将会花掉你"所有醒着的时间"。这时你考虑让玛莉琳去准备预算申请，可是你发现自己不知不觉地在想："我能干得更好"。

在思考的时候，你往往确信自己能同时兼顾上司分配的任务和预算申请。可是如果真的这样干的话，的确会耽误其中一项任务。现在，你必须决定是把预算准备工作交给玛莉琳，还是继续自己干。

下面的问题有助于你决定是否把工作授权给玛莉琳：

（1）尽管我能干得更好，但玛莉琳是不是同样能令人满意地完成这次预算任务呢？

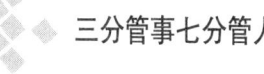
（2）如果由我来进行预算工作，却没有尽全力完成上司分配的任务，会出现什么情况？

（3）如果我把工作交给玛莉琳处理，对我、对她、对组织会有什么好处？

（4）我、玛莉琳和组织分别会有什么风险？

（5）如果我同时做这两件事，又如何处理其他的工作？

授权能使员工干得更好

作为领导，常常会遇到员工提出的"我能干得更好"的疑惑。假如碰到了，要采取行动确保你的员工受过培训，具备完成授权任务的条件。在你的支持、鼓励和指导下，他们会在工作中成长起来。希望你很快地说："他们能干得更好。"这应该是你希望达到的目标。

阻碍领导成功授权的原因之一是对员工缺乏信心。对于管理者而言，这是最具毁灭性的。当你因为对员工缺乏信心而对授权有所保留时，事实上，你使员工失去了发展能力的机会，而这些能力正是你建立对他们的信心的基础。这就造成一种无休止的恶性循环。领导抱怨员工无法处理好被授权的任务，随之而来只好自己来完成工作。而员工也无法工作，缺少必要的锻炼。

如果你感到无法进行授权是因为你对员工缺乏信心，那你应该主动拿出行动来。等待领导采取行动来建立你对他们的信心想法很不现实。你必须展现领导的魅力，勇于承担风险，打破恶性循环。如若不然，情况只会变得越来越糟。

一些领导经常认为自己没有多余的时间花在授权上面。这种想法是可笑的，因为好的授权的主要益处之一就是为领导节约时间。但是对于大多数领导而言，为什么缺乏时间往往又成为授权的障碍之一呢？

要成为有效的授权者是很花费时间的。你得花时间准备授权计划，与员工见面，布置授权任务，还要跟踪检查他们的工作进展。同时，你还得投入时间培训那些可能被授权的员工。既然授权的诸多方面都需要花费时间，那么领导回避授权又有什么好奇怪的呢？事实上，情况并非如此。

对领导而言，如果不授权，那么这些任务都必须由自己来完成，所花费的时间比授权所花的时间多得多，而如果领导能正确地授权，节省时间的余地会更大。

许多领导因为害怕失去"CAP"（控制、权威、权力）而放弃授权。你对自己说"我不想授权是因为我会失去CAP"时，事实上，与这种顾虑进行的思想斗争就已经开始了。许多领导发现这是最难以克服的障碍，因为他们必须放弃一些看上去是领导的本质所在的东西。

当你把一项任务授权之后，对于责任的转移，你的心里可能会涌起一种特别的感受。你可能会觉得失去了CAP。你不确定你是否会因为员工出色地完成任务而依旧获得好评。你应该正确地对待这种感觉，否则它们就会成授权的障碍。一些极端的情况，如果任其发展成你最担心的事情，它们就变得具有破坏性了，并且会严重地削弱领导的管理效果。所以，没有理由让这样的想法存在。

领导要学会合理授权

北欧航空公司董事长卡尔松大刀阔斧地改革北欧航空系统的陈规陋习，就是依靠合理授权、给部下充分的信任和活动自由而实现的。开始时，他的目标是把北欧航空公司变成欧洲最准时的航空公司，但他想不出该怎么下手。卡尔松到处寻找，看到底由哪些人来负责处理此事，最后他终于找到了合适的人选。于是卡尔松去拜访他："我们怎样才能成为欧洲最准时的航空公司？你能不能替我找到答案？过几个星期来见我，看看我们能不能达到这个目标。"几个星期后，这个人约见卡尔松。卡尔松问他："怎么样？可不可以做到？"

他回答："可以，不过大概要花6个月，还可能花掉160万美元。"

卡尔松插嘴说："太好了，说下去。"因为他本来估计要花5倍多的代价。

那人继续说："等一下，我带了人来，准备向你汇报，我们可以告诉你我们到底想怎么干。"大约4个半月后，那人请卡尔松看他几个月来的成绩，当然目标已实现，但这还不是他请卡尔松来的唯一原因，更重要的是他还省下了50万美元。

卡尔松事后说："如果我先是对他说：'好，现在交给你一件任务，我要你使我们公司成为欧洲最准时的航空公司，现在我给你200万美元，你要这么这么做。结果怎样，你们一定也可以预想到。他一定会在6个月以后回来对我说：'我们已经照你所说的做了，而且也有了一定进展，不过离目标还有一段距离，也许还需花90天左右才能做好，而且仍要100万美元经费。可是这一次这种拖拖拉拉的事却不曾发生。他要这个数目，我就照他要的给，他顺顺利利地就把工作做完了，也办好了。"

由上面的这个事例可以看出，合理授权是多么重要。

不愿授权和不会授权的领导，将给自己积聚愈来愈多的决策事务，使自己在日常琐碎的工作细节中越陷越深，甚至成为碌碌无为的"事务主义"者。由于个人的时间和精力有限，领导最后不得不"分给别人一点"。到此地步，有些事已一拖再拖，还一些事可能根本无暇顾及。另外，员工的积极性也受到压抑，工作失去了兴趣和主动性。所以，作为领导，贵在学会科学地授权。通过合理授权，使领导重在管理，而非从事具体事务；重在战略，而非战术；重在统帅，而非用兵。通过"分身之术"，有利于领导议大事、抓大事，居高临下，把握全局。

合理授权有以下两点重要作用。

1. 满足下属的自我归属感

合理分权，有利于调动员工在领导工作中的积极性、主动性和创造性，激发员工的工作情绪，增长才干，培养人才，使上级领导的思想意图为群体成员所接受。所有成功的领导都要创造一种氛围，这种氛围能使员工在理性上和情感上都融入工作。善于授权的领导能够创造一种"领导气候"，使员工在此"气候"中自愿从事富有挑战意义的工作。

这些成功的领导是通过信任员工、给员工提供充分加入有意义工作的机会，以此来刺激员工的工作意识。领导对下属的看法要积极，要有"多给他们一点"的态度，激发员工产生"核聚变"；挖掘潜力，让众多大脑都开动起来，充分发挥员工的技能和才干。领导若不授权于员工，那他不但无法充分利用员工的专长，而且无法发现员工的真才实学。因此，授权可以发现人才、利用人才、锻炼人才，使领导的工作出现一个朝气蓬勃、生龙活虎的局面。

2. 调动员工的积极性

领导合理授权，有助于锻炼和提高员工的才干，提高领导体系的总体水平，从而提高领导效率。领导的合理授权使员工获得了实践机会和提高的条件。随着员工在实践中学得更多的真知，领导可根据工作的需要授予他们更多的权力和责任。应该说，领导要员工担当一定的职责，就要授予其相应的权力。敢不敢授权，是衡量一个领导用人艺术高低的重要标志。如果领导对员工不放权，或放权之后又常常横加干预、指手画脚，必然造成管理混乱。而且员工因未获得必要信任，也会失去积极性；而合理的授权则有利于增强员工的积极性和创造性。

哪些事应该授权

对于决定哪些工作可以授权而言，没有普遍的标准，因为情况千变万化。然而，下面的这些指导方针和例子将帮助你在分析自己的具体情况时作出决定。

1. 对那些经常性的必须做的事情进行授权

这些工作你已经做了很多遍，并且是企业例行规定的必要任务，你对它们了如指掌，知道这些工作关键所在、所具有的特性以及具体操作的细节。这些工作是最容易授权的工作。因为你很熟悉，所以你能很容易地解释清楚，然后把这些工作委托给员工去做。

你有没有被要求定期参加一些连你的副手们都能轻易对付的"碰头会"？

一个地方银行的董事长被要求参加每月一次的有社区所有金融机构参加的午宴。午宴主要起到一个社交作用，其中几乎没有什么事情是他的助理不能解决的。董事长意识到这是个只需要"去做"而不需要"策划"的任务，于是打电话让他的助理代劳，并向他解释这个聚会的作用。这位年轻的助理正渴望有这样一个机会能与他的同仁们会面。这就是授权的一个完美的机会。

2. 对专业性强的事情进行授权

你会给家人做手术吗？不大可能，除非你碰巧是个医生。你会在法庭上做自己的辩护人吗？不大可能，除非你碰巧是个律师，你会寻找这一领域最专业的人来做。在企业里也是同样的道理，你必须发挥员工的专长。

要小心"超人综合征"，有些时候你需要将一些日常工作交给律师、会计、税务经理等专业人士或其他临时性的"超负荷"员工。要让你的需要与员工技能相适应，通过利用他们的才能，你可以将精力花在更有效的方面。

3. 对"职业爱好"进行授权

某位销售经理已经连续几年参加了在芝加哥举行的一个商业展销会。她已经把这个任务视为和旧友见面的机会，而实际上她已经不需要再亲临那个展销会了，因为她手下的任何一个销售代表也能取得同样的工作成效——这些工作早就应该让他们去做。但她没有给交出去是因为她觉得这些工作对自己来说太富有趣味性了。

其实这些想法是错误的，因为存在其他人比她更胜任这份工作。把自己最感兴趣的工作分配给其他人可能看起来是荒谬之举，然而这有可能是性价比最高的举措，正是这些工作让你流连忘返却不足以体现出你所付出的时间和精力的价值。

4. 对发展机会进行授权

作为领导，你首要的职责是给予你团队成员良好的发展机会，达到这一目标的好方法是将恰当的任务分配给恰当的人。你清楚你的工作，也了解某些任务能使团队成员获得进步，那么，你就应该给予团队成员发展的机会。

某位市场部经理被要求每个月就本部门当前的项目作15分钟的汇报。他这样做了1年，这使得他有机会和董事们见面，因此他乐意这么做。他同时也意识到他所在的部门中有人会从这样的汇报中受益。当他与副手们谈到可能授权其他员工去做这个汇报时，他发现有几个人十分希望在董事们面前汇报工作。

接下来的3个月，作为一项试验，他让自己的副手去作每月的汇报。结果让这位经理很满意。董事长表扬这位经理，说他的副手们表现很好，并对他主动授权让别人来汇报表示欣赏。员工们也珍惜这个机会，并且在汇报技巧方面表现出惊人的进步。这位经理以一个授权给员工以发展的机会，并将它付诸实施，这让大家都受益。

哪些事不可以授权

虽然多数领导都错在授权不足，但还是有个别的领导错在授权过度，有些工作是完全不能授权的。

1. 不要授权人事或机密的事务

人事方面的决定（如评估、晋升或者开除等）通常是很敏感的，而且往往难以作决定。一旦有些人事工作需要保守秘密，那么这项工作和职责就应该自己亲自行使。

分析所在部门工作的分类和薪级范围看上去很花时间，这似乎是可先授权的工作。但由于牵涉到很多的利益，所以应该是领导自己做的工作，不适合授权。

2. 不要授权关于制定政策的事务

你可以在涉及政策制定的一定范围内授权，但绝不要授权他人关于实质性的政策制定工作。因为，政策会限制相关决策的作出。

在规定的、有限的范围内，你可以授权他人承担一些制定政策的任务。信贷经理制定总信贷政策，销售人员往往也有权在一定的金额范围内为一些特定的客户提供信贷额度。

3. 不要授权危机问题

危机会不可避免地发生，如发生危机，领导应亲自坐阵，制定应对方案，很多事都应该亲历亲为，这不是你该授权的时刻。当处于危机的时候，要保证自己在现场起到领头的作用。这样，有利于稳定人心，避免事态进一步恶化，为解决问题赢得宝贵的时间。

4. 不要授权直接由你负责的员工的培养问题

作为一名领导，你的职责是去创造条件，使员工在与你共事时能有所进步。你的员工应该在他们的成长和发展过程中得到你的帮助。他们依赖你的经验、你的判断、你对组织需求的了解来辨别对他们成长有帮助的工作。这不是你该授权的工作，虽然你可以从他人那里得到一些帮助，但这是你的职责。

5. 不要授权你的老板分配给你亲自做的事情

你的老板要你亲自做一件事情通常会有他特殊的理由。如果你坚定地认为将这样的工作授权给你的一个员工去做更为合适的话，先和你的老板商量一下，弄清楚他是要你做还是要你安排给别人做。错误的理解可能会使你和老板之间产生误会。因此，这种事要与老板沟通，应谨慎，千万不要自行其是。

记住，这些关于什么该授权、什么不该授权的建议只是基本原则，应在实际工作中灵活掌握，需具体情况具体解决。根据这些基本原则，有些任务你应当授权，但遇到特殊的情况可能需要你自己去完成。例如，可能有一项常规性任务非常适合授权，但是你如果要授权，就有可能无法按时完成任务，这时只有你亲自做了。

不要太小心翼翼。如果利弊似乎相当，那就大胆地授权，并监控其发展进程。如果你有些担心，你就自己多参与一点，但是不要停止授权。随着经验增多，你会掌握更多的技巧，所以在小心地避开授权禁区的前提下，应多寻找授权的机会。

授权应具体而且正式

关于成功授权有一个不变的主题：先计划好时间，以免将来浪费时间。或者说是：与其以后不断抱怨，不如现在就将它们解释清楚。授权会议是体现这些警示最佳的方式。

有些领导在准备授权时，有很好的意向和构思严密的计划。他们对工作进行分析，挑选出正确的任务进行授权，制定非常实际的工作目标，并将这些目标分配给合适的员工。但是，这些很好的准备工作却被后来的行为破坏殆尽：原本与员工一起花上足够的时间开一个授权会议是十分关键的，但有些领导却草草说几句，员工们糊里糊涂，不知道自己该干什么——授权的前期准备工作做得很到位，却由于对授权的正式性、严肃性不够重视而前功尽弃。

不要急急忙忙地授权。走廊上漫不经心的讨论和嘈杂的会议室不是一个足以传递授权重要任务的场所。应该安排充足的时间来安排授权，理想的选择是在办公室认认真真地举行一个授权会议。讨论和提问时间要充分。有时一个重要的授权会议可能需要1小时，就是分配一个简单的任务，也要10分钟。不要想当然地认为员工能很容易地领会，你应该向他们解释清楚。如果因为你没有传递充分的信息而使员工没能很好地完成任务，那么责任在你。所以说，授权是一件很严肃的事，应该谨慎对待。

你必须在授权会议开始前认真考虑整个授权过程，也要清楚了解：如果员工被授权从事这份工作，他们需要得到什么支持、资源甚至权力，同时应预测员工们会遇到什么样的问题和困难。一旦你准备召开授权会议，请参考以下所列的五个步骤。

1. 表明目标

清楚地向被授权员工表达你要求达到的目标，只有在有清晰的目标时你才开始行动。当你明确这些目标后，将它们写下来。用不超过20个字将项目目标陈述清楚，包括可衡量的成绩标准。如果写不下来，你就得重新分析这个授权，将任务量尽可能最小化和具体化。定期地让自己和员工反复重温这些目标。如果是一个很小的任务，简单复查一两次就足够了。但如果是一个为期6个月的项目可能会需要每个月都进行复查，以确保这些目标仍然可行。复查这些目标可以避免工作中产生的困惑。不要过分强调遵循固定的工作方法，这样将给员工们太多限制，并会削弱授权的影响力。用不着教员工怎样做事情，只教员工去做什么。而员工将用创造力来给你惊喜。你所表明的目标是双方对一个客观成绩的认同。

下面是两种不同的授权方式，你可以看出两者的差异：

第一种方式："罗斯，将这些人事调整报告以公函形式复印500份，发给各店铺经理。马上就给我去干。"

第二种方式："罗斯，公司的销售网络包括500个店铺，而我想尽快地通知各店铺经理有关公司的人事调整情况。我希望你能够处理这项工作，你能不能考虑一下，并且在半个小时之后和我进行讨论？"

罗斯可能会让你大吃一惊。他可能会建议你同时把即将复印的公司新闻通报备忘录也发给经理们；或者他会认为唯一可行的方式是发给经理们500份表格式信件；可能他不知道该如何完成这个任务。很好！你现在有机会教他两件事：第一，给500个人传递信息，有很多种不同的方法；第二，你在授权他去做这份工作时会不断需要得到他的帮助。

2. 设定时间表

如果被授权员工认为无法按期完成任务，在允许的情况下，你应和他一起制定出更可行的时间表。允许员工制定他们自己的时间表比强迫他们统一行动时间要好。如果被授权的人能够自行决定任务的时间安排，将使他们对面临的任务有更强的使命感。

但是，某些情况确实需要你来制定完成时限。要确保授权员工明白该项工作中有哪些任务应该优先处理，要避免像"任何时候你完成都行"和"那就下个月的某个时候吧"之类的表述。一定要建立一些汇报程序，以使自己能够监督工作进程。此外，还要建立必要的复查机制，这样做可以给被授权者一个关注日程中其他任务的机会。对于一个简单的任务，一两次复查就足够了。复杂任务则要求举行有具体议程的例会，以及制定整体任务进程中各分步的时限。告诉被授权者，如果没有充分的理由，所有的检查时间和最后完成时间是不能变更的。

3. 分配必要的权力

无论你何时分配工作，你都应该给员工执行工作的足够权力，应让每一个被授权员工了解你赋予的权力，尽可能将你的员工介绍给与任务有关的人士，包括上司、同事和支持人员。你应明确被授权员工现在有足够的权力来完成这项任务，并且让他知道你期待他能够解决工作中的所有困难。

4. 明确责任分担

将一项任务完整地授权，能够提高被授权者的兴趣和成就感。在每个授权中都让自己对员工们充满信心，如果对某个员工缺乏信心你就不应该授权给他。

明确被授权者对任务所负的责任有助于两件事：一是让员工知道这已经是他们自己的事了，他们必须对工作结果负责；二是给他们的工作形成了一种正面的压力和动力。

因此，授权时你应强调被授权员工可自由地做出与工作相关的决定。

5. 确保对方彻底接受授权任务

被授权员工必须明确承诺接受分配的任务并将为之努力，你需要的不是被强加的接受。你同时需要他们对所设目标和完成时限加以接受，最好与被授权者一起将目标和时限记下来存档。

当你浏览了一个授权会议中所需要做的一切之后，你会明白为什么人们要花时间来认真面对它。当授权完毕时，你应该确信，被授权员工应掌握以下几点：

（1）任务目标。

（2）完成时限。

（3）实施任务的权力。

（4）所负的责任。

（5）任务结果的验收方法。

如果你只是很随便地授权或布置一项任务，就等于告诉被授权者这项任务不是那么重要，即便事实上很重要。相反，如果你认真严肃地举行了一个授权会议，你就给员工们传递了一个信息：这项任务对我们很重要。被授权者因此可能会给你肯定的反馈，并且认真负责地来完成它。

领导授权的步骤

领导要恰如其分地授权，还要明确授权的过程以及授权过程中应注意的问题。它包括物色授权对象、明确授权的内容、选择授权方式以及授权之后的交代四个步骤。

权力授给谁，领导要考虑的因素很多。先要考虑的当然是授权对象的思想品德和工作能力，这在选才用人中已有详细论述，这里着重讲的是授权对象愿意不愿意接受领导授予的权力。员工对领导授予的权力，并非都会欣然接受。应当明白，员工也是人各有志，不可勉强。领导勉强授权，很难取得成效。这就需要领导把权力授予愿意接受权力的人。领导要警惕的一点是：不要让那些削尖脑袋、投机钻营的人骗取权力，以达到其不可告人的目的。

领导向员工授权，必须明确能够授权的范畴。领导的权力保留多少，要根据不同任务的性质、不同环境和形势以及不同的员工而定。就一般情况而论，领导者应保留事关区域、部门、单位的重大决策权；直接员工和关键部门的人事任免权；监督和协调下属工作的权力；直接下属的奖惩权等四个权力。这些权力属于领导本人工作范围内的职权，不能下授。除此之外的许多权力，可视不同情况灵活下授。大体说来，凡是分散领导精力的事务性工作，上下都可支配的边界权力，以及因人因事而产生的机动权力等都可以下授。从实际情况看，将权力授过者甚少，抓住权力不愿下授者较多。因此，各级领导应该研究授权艺术，把应授的权力授予员工。

一般说来，授权方式主要有特定授权与一般授权，口头授权和书面授权，正式授权和非正式授权等形式。

特定授权是指领导者对一特定的员工，给予十分明确的工作、职责和权力。特定授权又可称为刚性授权或制约授权。这是指领导对员工的工作、责任、权力均有明确的指定和交待，下属必须严格遵守，不得失职。一般授权是指领导只授给员工一般的权限，无特定的指派。一般授权有柔性授权、模糊授权、惰性授权三种做法。柔性授权又称弹性授权，领导对员工仅指示一个大纲和轮廓，使员工能因地制宜地处理问题；模糊授权中领导一般只说明工作范围和事项，提示所要达到的目标，员工有很大的自由度去选择完成任务的具体途径；惰性授权是指领导把自己不愿处理的纷乱琐碎的事务交给员工去处理。

口头授权是指领导对员工用语言宣布其职责，或者依据会议所产生的决议口头传达。这种方式不适于责任重大的事项，会造成职责不清、互相扯皮、玩忽职守等弊端。书面授权是指领导颁布正式文件或文字指令，对员工工作的职责范围、目标任务、组织情况、职级职等均有明确的规定。

正式授权是指依据法律和有关规定授予的权限。即员工依据合法职位所得到的权限。大多数授权均属此种类型。非正式授权是法律规定以外或组织机构以外的权力运用，情况较为复杂。

无论采取哪种方式的授权，领导都要进行交代。交代是授权双方权力转让的一种沟通方式。能否实现授权目的，领导交代情况是重要的影响因素。

授权时，要选择合适的场合并创造融洽的气氛，使授权活动既显得庄重又充满热情与和谐。领导通常容易犯两个毛病：在极不严肃的场合，如酒席宴上、娱乐场所授权；领导的表情过于严肃，令下属有惶恐不安之感。

授权交代最好在办公室，尽量减少外界干扰。领导的语言力求明白准确，不能含糊其辞，更不能朝令夕改，使员工始终朝着一个目标前进。

授权交代的成功与否，取决于双方沟通的结果。如果领导采取居高临下的态度，就会使员工紧张，而心情紧张是难以很好地领会授权意图的。

六种最理想的授权人选

授权是一项原则性、政策性强的严肃工作，必须谨慎、郑重地操作。除了审慎地确定授权范围和程度外，选择好的授权对象特别重要。授权对象即接受上级所授权力和责任的个人。授权对象如果选择失误，会出现难以预料的授权后果，还会给领导留下后患。因而，不夸张地说，选好授权对象，是授权工作的基础和关键环节。要选好授权对象，必须对其作细致的分析和了解。

（1）具有什么样的能力、特长和工作经验？他最擅长承担何种工作？是否可以担负管理职责？

（2）目前担负的工作与拟授权的工作关系是否紧密？目前工作绩效如何？

（3）应被安排做何种工作才能尽可能地调动其工作热情和潜力？

（4）哪项工作对其最富有创造性？他对哪项工作最关心、最感兴趣？

在现实生活中，具有下面特点的，往往是授权对象的理想人选。

1. 大公无私的奉献者

有的员工尽管工作能力强，但如果让他多做些工作，就会讨价还价，只顾个人利益和短期利益，或者工作稍有绩效，就想回报；既干着工作，又时时想着谋私；一旦工作中投入大于产出，就满口怨言。这种员工往往不能赢得众人支持，尽管他有时显得很精明，但往往只是"小聪明"而已。

2. 不徇私情的忠诚者

他们往往办事认真负责，善始善终，敢于坚持原则、坚持真理，对错误言行和时弊敢于直言不讳。如果大胆授权给他们，领导得到的将是可靠的支持和帮助。

3. 善于团结协作的人

他们在实际工作中协调组织能力强，善于理顺人际关系，凝聚力和向心力强。在实际工作中，工作的成果往往需要组织成员齐心协力、团结协作来取得。在现今社会中，那些善于同舟共济、情感沟通的人就是准授权者。

4. 善于独立处理问题的人

这种人善于独立思考问题，并善于发现某些处于萌芽状态的问题；善于处理复杂棘手的问题；善于提供有价值的独特见解。他们能弥补领导知识的盲点，授权给他们，往往能解决难题。相反，那些遇事无主张、凡事都要向领导者请示汇报的人，往往不能成为准授权者。

5. 勇于创新的开拓者

这种人属于实干家、活动家，办事能力强、开拓能力卓越。在工作中，他们敢于大胆设想，敢于标新立异、另辟蹊径。如果授权给这种人，往往会开拓新的工作局面。比如能力挽狂澜的汽车大王艾柯卡、从荆棘中走向坦途的尤金尼·杜尔奈、具有创新信念的肯尼伍兹钢铁公司总裁贝尔等人，他们都创造了商业经营管理的奇迹。

6. 犯过非本质的或是偶然错误并渴望悔改的人

这种人在犯有错误、失去某些尊严和荣誉后，多少有些失落感。其最强烈的愿望是别人给他们挽回损失的机会，并渴求重新恢复应有的尊严和价值。因此，领导在充分认识到这一心理后，如果大胆接受他们，他们会因重新得到信任和尊重而拼命工作，即使最脏、最累、最危险的工作，他们也会愉快地去做。

第8章
深谙控权方略，权力既要能放下去也要能收上来

成功的领导是控权高手

由于领导面临着管理幅度的问题，因此必须将一定的决策权下放，引入更多的人才一起分段管理工作。员工是企业最重要的资源。企业真正做到人尽其才，就要掌握员工的心理，做到量才适用，有效地管理团队，有效地激励员工，提高管理成效，做到授权不失控。换句话说，成功的企业领导不仅是授权高手，更是控权的高手。

控权，简言之就是交代给下属任务后，要订好计划，跟踪工作进程与责任落实。控权的基础是责任明确、考核到位、奖惩兑现，将工作结果与员工的切身利益挂钩。为达到这一目的，就必须建立、健全一套好的管理体系。领导的主要责任就是打造企业的管理体系，而不是忙于琐碎事务。而建立、健全企业管理体系，企业的主要领导更是责无旁贷！

不会授权的领导不是一个好领导，不会控权的领导是一个不合格的领导！

1984年4月，当时宏碁公司的董事长兼总经理施振荣看到刘英武在美国电脑界很有声望，于是专门将他高薪聘请过来，高兴地称他为宏碁公司全球扩展的"秘密武器"，并把经营决策权交给了他。

刘英武一上任，就采用高度集权的管理方式，放弃了宏碁公司长期实行的"快乐

管理"，独断专行，不允许员工发表过多意见。同时，马不停蹄地将IBM公司的企业文化精髓灌输给宏碁公司，召集经理们开马拉松式的会议，让人们听从他的决定。他作了一系列失败的收购决策，导致公司遭受巨大损失，致使员工议论纷纷，人心浮动。

由于经营不善，许多员工纷纷抱怨刘英武的决策有误。其中最大的抱怨来自施振荣的妻子叶紫华。施振荣以他一向的坦诚回忆道："我的妻子批评最多，我们总是争吵。我知道公司陷入危机，但总得给别人机会，所以我支持刘英武。但她听到的是下面经理们对他的抱怨，并且感觉到公司即将被榨干血汗。"叶紫华也承认："施振荣没有看到真相，所以我随时都和他争吵。"

后来施振荣也逐渐意识到对刘英武的任命是一个错误。无奈之下，只有重掌帅旗，整顿公司。

为什么声名赫赫的刘英武没能给宏碁公司带来突飞猛进的发展，反而带来了重重危机？

答案不言而喻，首先刘英武管理能力有一定的欠缺，其次是施振荣的授权是一种没有控制的授权。如果施振荣能在刘英武上任之前，对他的权力作出限制，让他了解组织中哪些东西可以改变，哪些不能，对他的决策权力进行一定的指导和控制，并建立错误纠正机制，就可以避免失败的结果。

授权必须是可控的，不可控的授权是就是弃权。领导在授权后不是放任自流，还必须要加强监控。但出现异常的人员变动、资金外流、质量事故、效益下滑、耽误工期等情况，对企业的生产经营会造成严重影响，要及时过问，听取汇报，得到其真实的合理的解释。若某些问题被授权人解决不了，则要果断出手相助，不要等问题搞大了，搞秋后算账。

总之，既要充分授权，又能及时监控，这种辩证法的管理思想是每个领导应不断学习和实践的。

在权力使用上要能自我约束

领导在运用权力时，一定要注意对权力的控制，要做到自我约束，不把权力商品化。关于这一点，领导一定要慎重。

任何一个领导，都有一定的权力。但是无论什么权力，毕竟上下有限，左右有度，不可越权、争权、滥用权和享受特权。领导能行使多大的权力，应该受到一种权力制度约束，以免滥用权力。一般说来，领导要达到自我约束的效果，必须注意以下几点：

第一是坚持事务公开。决策民主化是减少工作失误、确保事业成功的关键，一个组织的发展壮大需要全体成员群策群力，共同奋斗。如果一个单位的重大决策都由少数领导在幕后拍板定夺，并不广泛征求成员意见，缺乏必要的可行性研究，难免要失误而导致事业失败。假若领导在作决定前能多听听各方面的意见，多作点科学论证和可行性研究，此类失误完全可以避免。

第二是根除自己的权力欲。一些领导权力欲在作祟，在他们眼里，似乎有了权，就一定要有权威，就一定要有势。得到了权，就好像获得了自己想要的一切。还有的领导把以权谋私看成是"能耐"，为了获取私利，享受特权，就视权为命，唯权是夺，把人权、财权、物权等一切权力紧紧攥在手心里。权欲逐渐膨胀，久而久之，就难免要因权失权。所以，作为自我权力约束的关键，领导一定要树立正确的权力观。

第三是谨防权力商品化。眼下，在权力的使用中，要特别防止权力商品化，不搞那种肮脏的权钱交易。外部环境固然是滋生权力商品化的土壤，但是关键还是自身的素养。欲防止权力商品化，最要紧的就是自尊自重，一是要洁身自好，不为五斗米折腰；二是要抵制住诱惑，不凭感情用权；三是要坚持原则，不向"面子"屈服。

领者授权后的控制

领导明确授权之后，主要职责就是进行有效的控制。这就要做到牢牢掌握总目标，放手不撒手，对员工多加指导。

领导授权的全部目的，就在于激励员工为实现总目标而分担更多的责任。现代的任何组织，无论是机关、企业、事业、商店、学校、团体还是军事单位，都是一个多因素多层次的有机整体，整体与局部、整体与环境、局部与局部有着密切的联系，任何局部出现偏差都会妨碍整体领导目标的实现。领导的根本任务是保证整体领导目标的实现。因此，授权以后的领导，就要把精力主要放在议大事、掌握全局上，时时综观全局，及时掌握变化中的新情况，发现领导决策和执行中出现的偏差、矛盾和问题，并对可能出现的偏离目标的局部现象进行协调、纠正。

员工有了职权之后，计划如何制订，工作如何安排，任务如何完成，派谁去完成，这些都是他们分内的事情，领导不要再去过问。领导要过问的是员工的目标能否如期或提前实现。领导要善于发挥导向作用，根据形势的发展，为员工提供切合实际的观点、方法和措施。要多协商，少强制；多发问，少命令。领导不要强迫员工做力所不能及的事情，应大力支持其工作。

总之，领导的授权，是让员工分担责任，要放手让他们对各自职权范围内的事进行决策和处理。只有当员工不能胜任时，领导才出面解决。但授权不是让权，授权以后领导照样负有责任，不能撒手不管，任其自流。如果领导授权只是图省事、享清闲，自己当"甩手掌柜"，那就错了。领导在其位，就要谋其政、行其权、负其责。

领导如何巩固自己的权力

在很多人眼中，权力似乎是一种很神秘的东西，但实际上透过表面的现象去观察权力的本质，就不难发现权力运用作为一种社会现象不仅不神秘，而且是有规律可循的，领导如果理解了这一点，就不难掌握权力艺术中的最关键的环节：学会巩固自己的权力，艺术化地进行权力分配和管理。

当你处于一定的领导位置之后，无形之中，你也就成为某些想获取权力的人的假想"对手"。那么，作为领导，你将如何协调身边的这些人的关系，使他们为组织的共同目标认真效力，同时你又将如何面对自己的领导工作，使它顺利展开，为自己获取通向更高成功的资本呢？问题的关键是成功地巩固自己的权力。在实际的巩固权力的活动中，一般可以采用以下几种比较适用的方法。

1. 保持适度的距离

保持距离的程度要因人而异，其目的应该是使人在不被孤立的前提下，在距离上保持权威，在不对成功有不利因素的前提下，为自己创造一个性格多变的名声。当然拉开距离时一定要注意，拒人于千里之外也意味着丧失理解和沟通并最终丧失支持者。因而两全其美的办法莫过于一方面让自己显得平易近人，另一方面利用安排时间和别人见面的方式，表现自己的忙碌程度。

2. 创造自己的传奇

创造自己的传奇是指留给别人一个比较成熟和个性化的印象，虽然传奇本身并不能保证使人有权力和成功，但它往往是成功的先驱，是权力稳固的保证。

3. 提高警觉

领导必须有很强的洞察力，能迅速对发生的事情作出分析和判断。所谓洞察力，用世俗的话说就是：学会留意别人的情绪和行为变化，了解部门的派系斗争。这些都是很重要的。有证据表明，领导对他们常见的人总比不常见的人更信任。这当然也提醒领导，最有可能威胁他的人，不是那些公开流露出敌意或表示不合作态度的人，而是那些面带微笑、看上去不会耍阴谋诡计的人。

4. 充当派系斗争中间人

领导往往身不由己地置身于派系斗争的两难境地中，而这往往是极易受到伤害的。在这种情况下，关键要学会分而治之。这需要领导善于在两方面充当中间人角色。这时领导要学会一些外交手腕，首先是平易近人，这是其巩固权力的保障，因为人们总是信任和褒奖自己感到适宜的人。其次要学会沉默。如果非说话不可，一定要适可而止。

5. 成为主宰

撒切尔夫人有句名言："你愿意屈服就尽管屈服，但我不会。"她给人留下了一个理想领袖的印象——坚决果断。对于领导而言，没有什么比举棋不定、优柔寡断更可怕的，决策果断可以使一位领导看上去更像一位领导。所以你想成功，一定要多显示点活力：讲话简洁明了，步伐坚定。如果你说话掷地有声，别人就会认为你处事果断，给人一种大权在握的印象。

大权集中，小权分散

如何分配好手中的权力，是古往今来任何领导都无法回避的问题。作为领导，正确认识权力，合理恰当地利用权力就至关重要了。领导分配权力过程中的首要问题，并不在于究竟是多分一点好，还是多留一点好，而是要先搞清楚具体应该分什么权力，留什么权力。

从权力的性质来看，在通常情况下，一个组织的权力有三个层次：决策权、运行权、执行权。所谓大权，实际上主要是指决策权，还有就是运行中关键问题的把关性权力，具有"不可替代性"。

对于事关企业、部门生死存亡的权力，领导必须牢牢地抓在手里。"大权集中"有利于集中力量办大事，同时保证决策的连续性和稳定性。我们知道，无论是政府还是企业，无论是民主式决策还是集中式决策，最终都得要有一个拍板的人，这就注定这个人应该掌握比较大的权力。对于一个组织的发展而言，最重要的是决策。

就像每个组织内部都要有一个领导核心一样，一个企业也要有一个自己的领导核心、决策核心，这在中国的企业中特别是正在成长的企业中表现得特别突出，掌握大权的领导几乎成为企业的代名词和名片：

联想的第一代领导柳传志，虽然已经退居二线，但影响力依然在；

万科的第一代创业者和领导王石，虽然目前已经交班给郁亮，但依然是万科的精神领袖；

海尔集团老总张瑞敏、华为集团老总任正非……这些依然在一线的企业创业者对企业的影响力更不用说。

集权而不专权，放权而不放任；一手软，一手硬，一手放权，一手监督；大权独揽，小权分散，以权统人，调动部属，这就是中国领导的授权之术。

那么，对于一个正在发挥重要作用的领导或者主管来说，哪些大权是他必须抓的呢？

（1）财权。钱是企业的命脉，把财权交出去，不是开玩笑吗？

（2）人事任免权。这主要涉及非常重要的人事调动和安排。

（3）知情权。即使某些时候不参与决策，对所有重大决策也应该有知情权。

（4）最终决策权。亦即对一般及重要决策进行最后拍板的权力。

"权"字好说不好用，怎样用得游刃有余、得心应手，才是领导所关心的。作为领导，并不意味着他什么都得管。应该大权独揽，小权分散。做到权限与权能相适应，权力与责任密切结合，奖惩要兑现。

中国的企业领导应明白，能否驾驭下属，最关键的一环就是有没有权力。有权力就能驾驭人，无权力就不能驾驭人。领导为了达到上令下达的目的，通常都把权力集中在自己的手中。身为领导，就必须要大权集中在手，才能有效地驾驭员工，如此方能上令下达，保证命令和措施得以快速地贯彻实行。

与大权集中相对应，中国的领导也喜欢把小权分散给员工，如"中国式管理之父"曾仕强教授所言："中国的管理者善于用巧劲儿，拿出一部分权力分给属下，他们做的只是以权统人。领导应该是帅才，总揽全局；其他管理者则是将才，他们应当各司其职，管好'线'上的工作；而员工则是士兵，应当做好自己的本职工作，做好'点'上的事情。"

身为管理者，要先明白大权须集中、小权要分散这个道理。大权集中，也可称之为集权，是指部门中的一切事务的决策权都集中在自己手中，部下的一切行为措施必须按照领导指令、决定去办。小权分散，也就是分权，是指下属在其管理的范围内的一切措施均有自主决定权，不必请命于领导，而领导对其员工权限内的事项也不随便加以干涉。处理好大权与小权的关系，要做到大权揽得住，小权散得开，不能大小权力一把抓，大权管不住，小权乱插手。领导只有做到大权集中、小权分散，才能利用有限的精力实现有效管理。

放权，但定期检查不可少

作为领导，一旦授权，你还应当采取必要的监督措施。

一旦你把一项任务授权，就要让你的员工有充分尝试的机会，不要干涉。

让员工去做，哪怕做得并不好。一旦把任务委托出去，你就千万不要越权。要明白你委托给员工的是整体的、重要的工作，而且你的确已经授权了员工负责这些工作。授权就像是放风筝，要给它足够的空间去翱翔。如果你把任务收回或是简化了，你的干涉只能挫伤员工的积极性，使他们难以圆满地完成任务。

作为领导，你在一些问题上给员工及时的指点是必要的，但必须明确区分越权和指导的界限。策划一系列的成功授权来帮助员工成长和提高，并不是说授权的时候要寻找一切机会避免犯错。不是所有的授权任务都能正确地完成。实际上，错误是你从经验中学习的一个必不可少的部分，它告诉你什么是不能去做的。知道什么不该做的人比从来不被允许去冒险而犯错误的人要明智，从不犯错误人的往往听命于犯过错误的人。当然，你不希望你的员工因犯过多次错误而失去信心，你会限制他们犯错的机会。

员工没能正确地完成任务可能意味着你的授权不彻底，你的控制有可能也不管用。如果员工没有完成授权任务，你应该寻找原因，回头看看所设的目标是否陈述清楚、是否现实，在整个授权过程中你是否进行了督导。正确的督导体系可以防止大的或严重的失败。

一旦员工意识到他们犯了错误，你就不要反复地提及。这样会让你的员工感到沮丧。要多强调正面的东西，对员工做得对的方面要及时肯定。假如，你的卡车司机在最后期限内把急需的货物送到了你最重要客户的手中，但是回工厂的路上因快速行驶而发生了交通事故。这时，你要对他及时送货而让客户满意要给予表扬，但同时要和他认真谈谈他的开车习惯。你只能给自己几分钟的时间生气，过后就让生气结束。不要揪住一个人的错误不放，这样做是愚蠢的。

同样，要注意的是主观的努力，而不是客观的环境。当你批评完员工以后，不要忘了表扬员工做得好的地方，这样会促使员工重新思考他们的行动。在任何时候，人们一次能接受的批评是有限度的。如果超过了这个限度，他们就会开始自卫，开始否定批评的正确性并把批评拒之门外。因此，当有人真正把一件事情办糟的时候，尽量去帮他逐渐把其余事情弄妥帖，而不要把一切责任一股脑儿地往他身上推。

当你授权时，你要放手让员工有展示自己才华的空间。这表明你对他有信心，对增强员工自己的信心也大有好处。但是你必须继续定期检查，以确保被授权的任务在正确轨道上运行。从逻辑上来说，这是合理的。

辛西娅是《华盛顿邮报》的编辑。正如管理类书中教给她的那样，她相信授权。作为一名工作繁忙的女性，她十分希望她的手下能为她分担一部分工作。

麦克是一个特别项目的统筹。他非常着急，因为一篇评论没有写出来，可他又不想照以前的方式来写这一部分。这时，辛西娅向麦克作出保证，她会如期做好这件事情，尽管时间很紧。

辛西亚马上把有关这个题材的主要论题收集整理出来，列了一张单子。她把这张单子放在道格的桌上，还用红笔写了一张很大的便条："道格，马上着手写这篇稿子。时间非常紧急！"然而，她怎么都没有想到，道格——她的得力助手，因为家里出了事，请了1个多礼拜的假，根本没来上班。

2个星期后，辛西娅去参加一个编辑会议，在路上碰见了道格，便问他工作进展如何。看到道格一脸茫然，辛西娅知道不妙。当她解释了是哪项工作时，道格说："哦，是那个呀。我4天前才看到你留的条子，那时我刚从家人的葬礼回来。顺便说一下，在做这件事之前我需要向你确认几件事情……"听到此话，辛西娅对道格发了一通脾气，她当着其他记者的面，在编辑部把道格狠狠地训了一通，虽然她知道这样做是不对的。其实，她是在生自己的气，因为她没有想到要早点检查一下项目的进展情况。

这就是在那些希望做到最好却因为没有定期检查而失败的人身上所发生的事情。

要牢牢记住你在授权之前和授权之后所承担的责任。定期检查是授权过程中的关键。你应该建立一个自动检测系统，这样你就会得到规律性的简短报告（每天、每周、每月或者任何适当的时间），得知被授权任务的完成情况。从这些报告中得来的新数据可能会让你重新调整这个项目。或者，你会发现这个项目正处于混乱之中，你可以选择适当的时候介入，使其重上正轨。

应该在多大程度上关注一项已被授权的任务，取决于四个因素：

（1）完成任务的难度和重要性。

（2）如未能如期完成，可能产生的后果。

（3）被授权员工的能力。

（4）被授权员工的士气。

忽略了以上任何一项都会产生麻烦，或者至少会削弱整个授权的效果。你需要全面地权衡这四个方面，然后决定在多大尺度上来监控你的授权。

琼斯是一家化妆品公司的销售主管，负责组织一次消费者调查，以评估一个新一代护肤品的受欢迎程度。杰克是一名学生，在琼斯这一组工作。琼斯决定让杰克来组织这一次调查，调查的结果必须在10月1日前出来，这对杰克会是一次很好的锻炼机会。

6月15日，琼斯约杰克在自己的办公室碰面，讨论授权的事情。琼斯向杰克描述了整个任务，还开了一个完整的授权会议，因为这会帮助杰克正确地起步。琼斯同意杰克访问50名消费者以确定他们对这种护肤品的看法，然后在9月1日之前写一个总结报告。当杰克离开琼斯的办公室的时候，他说："琼斯，你有一件事情没有提到，那就是你将如何监控这项工作的进展。"琼斯回答说："我明天给你一个答复。"

琼斯制订了定期检查计划，并制成表格形式：

任务	消费者调查	被授权人	杰克
授权时间	6月15日	完成时间	9月1日
时　间	所需要的定期检查		建议方式
6月20日	检查杰克制定的日程表		以流程图的形式做出来，然后口头讨论
7月10日	检查问卷调查表的草稿		书面总结
7月20日	是否联系了所有的被采访者		口头汇报
8月20日	是否访问完了		口头汇报
8月25日	检查最终报告的草稿		书面总结

当琼斯完成这张表格时，她复印了一份给杰克。这样他们就可以按照这个定期检查的日程来开展各项工作。

你有很多方式可以监控授权：口头会议、书面总结、正式报告、流程图、核对表、日历等，但无论何种方式都必须注意的关键因素是：你必须有个时间进程表。你要以此进程表作为控制授权工作以避免员工可能发生重大的失误。如果真的出现失误，这个责任要由你来负。

谨慎对待员工的越权行为

领导在授权的同时，必须进行有效的指导和控制。如果领导听任员工越权行事，这种控制就难以驾驭。

对待员工的越权可采取以下三个措施：

（1）先表扬后批评。有的下属越权，是做了本来应该由领导决定的事。这和他较强的事业心、责任心有关。这种越权精神还有可以原谅的地方，对这种出于正当动机而越权的下属，应该又表扬又批评，先表扬后批评。这样员工才既能为领导的公正、体贴、实事求是所感动，又会领悟到什么该做，什么应该克服。

（2）强调下不为例。有时员工的越权决定，可能是正确的，甚至干得很好，但领导一定要指出这种行为下不为例。

（3）因势利导，纠正错误。有时下属越权，对问题的处理是错误的，这时领导要根据情况及时补救、纠正，"亡羊补牢"，力争把损失减少到最小，并及时教育员工吸取教训，警诫其越权行为。

要减少员工的越权，还要注意在授权中做到以下两点：

第一，尽量减少反向授权。员工将自己本来应该完成的工作交给领导去做，叫做反向授权，又叫倒授权。发生反向授权的原因一般是：员工不乐意冒风险，怕挨批评，缺乏信心，或者由于领导本身对任务"来者不拒"。除去特殊情况，领导一般不能允许反向授权。解决反向授权的最好办法是在同员工谈工作时，让其把困难想得多一些、细一些，必要时，领导还要主动帮助员工提出解决问题的方案。

第二，学会分配"讨厌"的工作。分配那些单调乏味的或人们不愿意干的工作时，领导应开诚布公地讲明工作性质，公平地分配繁重的工作，但不要讲好话或道歉，要使员工懂得工作就是工作，不是娱乐游戏。

第9章
启动激励的引擎，营造万马奔腾的竞争风气

目标激励：让期望产生动力

在实行目标激励的时候，要求企业领导能够将大家所期待的未来着上鲜艳的色彩，同时也要对实现目标的过程进行规划。在实施激励的过程中，应该避免只是空谈目标、在日常工作中将其弃之一边的情形发生。若要把企业目标真正地建立起来，就要将崇高远大的情感传达到员工那里，并从员工那里得到发自内心的回应，使员工真心诚意地投入到工作中去。

在激励过程中最重要的是重视灌输目标的整个过程，这需要企业上下开诚布公地全面参与，使员工自觉将个人理想与企业目标联系起来。

企业提出明确的目标，并由领导有效地与员工进行沟通和传达，让每一个员工都明白自己所做的工作，这对于实现企业的目标具有极其重要的作用。要以明确的奋斗目标来激发员工的斗志，并让员工把个人目标和企业目标良好地结合起来，从而增强员工的责任感和主动意识，让每个员工都为同一目标而不断努力奋斗。

在企业组织中，每个员工都或多或少地有所期望，但这种期望并没有形成一种动力，就如同每个人都希望拥有漂亮的房子但却没有设计蓝图一样。因此，成功的领导就是要发掘员工的期望，并把这种共同的期望变成具体的目标，一旦这个具体的目标或理想生动鲜明地体现出来，员工就会从思想上产生一种共鸣，就会毫不犹豫地追随领导。形象地说，领导利用明确而具体的目标

激励员工，就是充当一个"建筑师"的角色。"建筑师"把自己的想法具体地表现在蓝图上，让"建筑"的形象生动鲜明地体现出来，以此激发员工为之努力工作。

当然，即使有行动的蓝图，如果没有清楚地规划实现的过程，也无法使员工产生信心。因此，规划远景的同时，还必须规划出实现远景的具体步骤。这是一个必经的过程，指的就是从现在到实现目标所采取的方法、手段及必经之路。

我们可以将目标的实现分成若干阶段，这样既不至于使目标太大，难以激起员工的兴趣，也不至于使目标太小，让员工觉得没有意义。

要让员工和企业有一个共同目标。在成功企业中，通常用塑造一个共同目标、创造共同的价值理念来激励员工。

美国电报电话公司前总裁鲍伯·艾伦发现，该公司过去的想法和做法都像是受保护的公用事业，必须改变，而且是在行业动荡不安时进行改变。公司的规划部门为关键性的战略任务提出一个定义，也就是让现有的网络承载更多的功能，开发新产品，从而符合新兴信息事业的需求。艾伦决定不用这样理性和分析性的名词来谈公司的目标。他也不谈论以扩张竞争态势为重点的战略意图。他选择了非常人性化的名词，他说："公司致力于让人类欢聚一堂，让他们很容易互相联系，让他们很容易接触到需要的信息——随时、随地。"这个陈述表达了公司的目标。但他用的都是非常简单而人性化的语言，使人人都能理解。重要的是，员工能对这样的任务产生共鸣并以此为骄傲。

明确的企业目标是正当可行的，它不是公关惯用的华丽词藻，也不是鼓舞士气的夸大宣传。所以，领导对定义恰当的目标应作出具体的承诺。

美国康宁公司总裁哈夫顿曾委派公司最能干、最受尊敬的资深经理人负责康宁公司的品质管理。尽管经历了一次严重的财务紧张，哈夫顿还是拨出500万美元，创立了一个新的品质管理学院，用以实施康宁公司大规模的教育和组织发展计划。他还承诺将每个员工的训练时间提高到占工作时间的5%。康宁公司的品质管理计划很快就达到了哈夫顿的目标。正如一位高层经理所说："它不只改善了品质，更为员工找回了自尊和自信。"

总之，让企业上下都愿意为企业目标奉献力量，并让这样的努力持之以恒，应该是领导追求的目标。

赞赏激励：有效调动员工情绪

美国玫琳凯公司总裁玫琳凯·艾施女士曾说过，世界上有两件东西比金钱和性更为人们所需，那就是认可与赞美。金钱在调动员工的积极性方面不是万能的，而赞美却恰好可以弥补金钱在这方面的不足。

韩国某大型公司的一个清洁工，本来是一个最容易被人忽视、最容易被人看不起的角色，但就是这个人，在一天晚上发现公司保险箱被窃时，与小偷进行了殊死搏斗，最后保护了公司的财产。事后，大家为他庆功时，问他的动机，他的回答却出人意料。他说当公司的总经理从他身旁经过时，总会赞美他："你扫的地真干净。"

这么一句简简单单的话，使员工深受感动，把自己全身心奉献给了公司。这也正合了中国的一句老话："士为知己者死。"

生活中的每个人都有自尊心和荣誉感。你对他们真诚的表扬与赞同，就是对其价值的最好承认和重视。能真诚赞美员工的领导，能使员工的心灵需求得到满足，并能激发他们潜在的才能。打动人最好的方式就是真诚的欣赏和善意的赞许。

李先生手下有一支稳定的销售团队，这个团队大概有二三十人。长期以来，这个销售团队的业绩一直不错，可是想要成为公司最佳销售团队，却似乎总是差一点。李先生经常思考其中的原因，总是感觉这个团队好像缺点什么。

一个偶然的机会，李先生带着他们参加了一个团队拓展训练，当时大家都玩得非常开心，以前所未有的合作精神完成了很多高难度的项目。训练回来后，李先生辗转难眠，他意识到，团队缺少的就是一种信念，一种相互扶持、相互帮助的氛围。

于是，李先生给大家下达命令，每天最少要夸一名同事，要努力地帮助每一名需要帮助的同事。李先生自己也以身作则，一改以前的不苟言笑的作风，将赞美的话语挂在嘴边，甚至对于那些工作不理想的员工，也由以前的批评变成了鼓励。办公室的笑声渐渐多了，每个人的声音都开始充满了信心和力量，一股勃勃生机荡漾在每个员工的身边。

要使人们始终处于施展才干的最佳状态，最有效的方法之一就是表扬和奖励——没有什么比受到领导批评更能扼杀人们的积极性了。

在员工情绪低落时，激励奖赏是非常重要的。身为领导，要经常在公众场合表扬有佳绩者或赠送一些礼物给表现特佳者，激励他们继续奋斗。一点小投资，可换来更好的业绩，何乐而不为呢？

竞争激励：让员工主动展开竞争

不服输的竞争心理人人都有，强弱则因人而异。即使一个人的竞争心很弱，但他的心中也总会潜伏着一份竞争意识。因为每个人都希望出人头地，其潜在心理都希望站在比别人更优越的地位上。

从心理学上来说，这种潜在心理就是自我优越的欲望。有了这种欲望之后，人类才会积极成长，努力向前。当这种自我优越的欲望出现了特定的竞争对象时，其超越意识就会更加鲜明。

明白了这一点，企业领导只要利用员工的这种心理，并为其设立一个竞争的对象，让其知道竞争对象的存在，就能够轻易地激发其工作热情，从而让其主动展开竞争，工作效率自然就会提高。

查尔斯·施瓦斯是美国著名的企业家，他管辖下的某个子公司的职工总是完不成定额。该公司经理几乎用尽了一切办法——劝说、训斥，甚至以解雇相威胁。但无论采用什么方法，都无济于事。也就是说，这些工人还是完不成定额。有鉴于此，施瓦斯决定亲自到该公司处理这件事。

施瓦斯在公司经理的陪同下到公司巡视。这时，正好是白班工人要下班、夜班工人要接班的时候。

施瓦斯问一位工人："你们今天炼了几炉钢？"

"5炉。"工人回答说。

施瓦斯听了工人的回答后，一句话也没说，拿起笔在公司的布告栏上写了一个"5"字，然后就离开了。

待夜班工人上班时，看到布告栏上的"5"字，感到很奇怪，不知道是什么意思，就去问门卫。门卫将施瓦斯来公司视察并写下"5"字的经过详细地讲述了一遍。

次日早晨，当白班工人看到布告栏上的"6"字后，心里很不服气：夜班工人并不比我们强，明明知道我们炼了5炉钢，还故意比我们多炼1炉，这不是明摆着给我们难堪，让我们下不了台吗？于是，大家劲儿往一处使，到晚上交班时，白班工人在布告栏上写下了"8"字。

智慧过人的施瓦斯用他无言的"挑拨"，激起了公司员工之间的竞争，最高的日产量竟然达到了16炉，是过去日产量的3.2倍。结果这个平日落后公司的产品产量很快超过了其他公司。

施瓦斯利用人们"好斗"的本性，成功激起了公司员工之间的竞争，不仅巧妙地解决了该厂完不成定额的难题，还使工人们处于自动自发的工作状态。

竞争意识是人们渴望认同、渴望卓越的心理体现。企业领导要充分利用员工的这种竞争意识，有目的地为他们设立竞争目标，让他们与自己的内心设计相符，不断激发其自身潜能，让其为企业作出更大的贡献。在具体实施时，可以参考如下做法：

（1）做好岗位备份，让员工时刻感到竞争的压力。给每个员工以公平竞争的机会，每个岗位都要有一个或多个备份，不能一个岗位只有一个人能做，让员工们时刻感受到竞争的压力，要想比竞争对手做得好，就要更加努力工作。

（2）向特殊员工暗示竞争对手的存在。如果某位员工身份特殊（如有高层关系或裙带关系时），工作不积极，却又不好直接给其设立竞争对象，不妨用言语暗示他，让他知道竞争对手的存在，从而激发该员工努力工作。比方说你只要告诉他："你和××两个人中的一个，晋升是指日可待的。"这就等于对他暗示了竞争对手的存在，如果再不努力，晋升机会就会失之交臂。

（3）为需要激励的员工设立一个竞争对象。当竞争对象不容易找到时，企业领导不妨设一个竞争对象，让员工彼此竞争，如跨部门设立或寻找同岗位的兼职等。

（4）引入外来竞争对象。如果员工不思进取，而该部门的效益又不错，就果断地招聘新员工，为其设立竞争对手。如果员工在有新的竞争对象后依然不思进取，留之无益，不如辞退。

（5）用裁员威胁逼迫员工主动展开竞争。对于经营状况不理想、而员工又不愿努力工作的部门，不妨向他们挑明企业裁员的打算，让他们主动展开竞争。在使用这一策略时，企业领导需要根据企业实际情况谨慎为之，不可草率行事。

参与激励：每个员工都是决策者

日本松下集团从不对员工保守商业秘密。新员工第一天上班，松下集团就会对员工进行毫无保留的技术培训。

也许有人会心存疑问，松下集团难道就不怕泄露商业机密吗？

对此，其创始人松下幸之助认为，如果为了保守商业秘密而对员工进行技术封锁，员工就会因为没掌握技术而生产出不合格的产品，从而加大集团的生产成本。这种负面影响比泄露商业机密所带来的损失更严重。

在很多企业，尤其是以脑力劳动为主的企业，其生产根本无法像物质生产那样被控制，信任是唯一的选择。

优秀的企业领导必须摒弃老一套的管理方式，要增强员工的积极性和创造性，不能局限于口头上的信任，而是要尽力做到让全体员工都参与到决策中来。通过参与，凝聚其心，激励其人，发挥其力。如果领导真正这样做了，一流的创意、强劲的竞争力以及令人瞩目的企业效益，都将是指日可待的事情。

位于美国佛罗里达州劳德戈尔堡的莫托拉生产线，是用来生产收音机接收器的。由于生产的需要，每个女工要在一个印刷电路板上安装大约10个零件，然后传给下一个女工。起初女工们出于新鲜干得十分起劲。但日复一日，单调重复的工作将她们的工作热情消磨殆尽。

公司总经理了解到情况后，决定亲自管理一段时间。他的第一个举措是：让每个员工组装和检测自己的接收器，并附上一张便条："亲爱的顾客，这台接收器是由我组装的，我感到骄傲，希望它使您满意，如果有什么地方不好的话，请通知我。"然后签上自己的名字，亲自将产品寄出。

不仅如此，每当公司要作一项新的决策或准备推行某种改革时，总经理都积极邀请员工参与到新决策的制定中，鼓励他们各抒己见，对自己的每个想法畅所欲言……新的管理措施试行仅1个月，旷工和缺勤的现象就奇迹般地消失了。员工的抱怨声也没有了，取而代之的是高昂的士气和高效的工作业绩。面对满脸迷惑的工厂经理，总经理解释说："新制度成功的关键就在于让员工参与，它使工人们为自己的工作感到自豪，让工人们感到自己是不可替代的而不是无足轻重的。"

所以说，一个企业在作一项新的决策时，如果做到不论职位高低、让员工平等地"走"进来参与制定，常常能让员工强烈地感受到企业对他的信任。参与的权利使员工感到自己受到了重视，无形中激发出他们的主人翁责任感。而当员工认为企业是"自己的"、工作是"自己的"的时候，他就理所当然地会全身心投入到工作中去。说白了，就是"做自己的工作总比替别人做事更有干劲"。这或许也是对"参与能激励员工"的最佳诠释。

让员工参与的激励方法虽然最经济、最有效，但真正做起来却并不容易。领导究竟如何实施员工参与措施，才能让员工的热情高涨起来呢？

通用电气公司前总裁韦尔奇要求公司定期召开一个为期3天的研讨会，地点设在会议中心或者饭店。公司的管理人员负责组织一个研讨团。研讨团的成员来自于公司的各个阶层。每个研讨团的组成人数多在40～100名。会议开始第一天，由一位经理拟定一个大体的活动日程，然后自行退出。下一步是将参加研讨的员工再分成5～7个小组，每组由一名会议协调员带队。每组选定一个日程，然后开始为期一天半的研讨。在第三天，原先那位经理重新回到研讨会，听取每位代表的发言。在听完建议后，这位经理只能作出三种选择，即：当场同意、当场否决或者进一步询问情况。研讨会操作时间不长就出现了良好的激励效果。通用电气公司的每个员工都在积极挖掘、释放自身的潜在能量，以百倍的热情努力地做好工作。

通用电气公司的一位高级主管曾无比兴奋地说："我实在想不出，还有什么能比参与更能提高员工士气的了。"

在对员工进行激励时，让他们参与进来，这本身就是对他们的一种认可，他们会因为自己的参与而更加努力工作。另外，这种激励方式会让领导的激励时效更长久。

危机激励：生于忧患死于安乐

美国旅行者公司首席执行官罗伯特·薄豪蒙曾说："我总是相信，如果你的企业没有危机，你要想办法制造一个危机，因为你需要一个激励点来集中每一个员工的注意力。"

员工除了有被重视、被信任、被尊重的需要外，还有猎奇好动、探索的需要。"危机"的出现可满足员工的这一需要，刺激员工试行自己新的工作思路，并且鼓励和支持他们去冒险，满足个人抱负。作为领导，可适当创造一点儿危机感，给员工提供一些动力。

试想，如果企业的一切都在平稳中进行，任何事情都平淡无奇，没有什么问题，那么工作自然也就不需要，更谈不上什么积极性和创造性了。这时，领导可适当地运用"危机"手段，将企业"搅拌搅拌"让员工"活"起来。事实上，人们很多时候是在承受着"危机"的巨大压力下获得成功的。

很多企业正是通过这一渠道，有效刺激员工的想象力，获得新的思路和方法的。

当然，制造一个危机并不意味着是去搅乱企业的现况，而是要去创造一个机会，将企业经营提升到更高的层次。

危机激励犹如一个人在森林中被猛兽追赶，他必须以超出平日的速度向前奔跑。对他来说，后面是死的危险，而前方则是生的机会。

在中文里，"危机"一词是由两个词组成的：第一个是"危险"；第二个是"机会"。

实践证明，危机作为一种压力，将促使人们利用他们全部的积极性和创造性解决领导交给他的问题，而且随着其处理复杂事物能力的提高，给他更多的自信，鞭策他不断地用他的积极性做好工作。所以，领导若想有效鞭策员工，开发其积极性和创造性，最好的方式之一是给予他们"危机"，激起他们的勇气。

对于那些具有冒险精神的人来说，"危机"的挑战是最强有力的激励力量。他们认为，领导所给予的"危机"是对自己能力的承认和最高的褒奖，让自己英雄有用武之地，从而精神倍增。因为，克服"危机"常需要员工有较高的能力和技巧。而对于那些故步自封者，"危机"将提醒他们：原地踏步一定会被击垮、淘汰的。

对企业而言，"危机"是一次疯狂的旅行，存在危机性。所以，"危机炸弹"也不可一味盲目地投掷，将员工狂轰滥炸。否则，一些员工可能会因为浩如烟海的"危机信息"茫然不知所措。须知，制造"危机"的目标是开发他们的潜能，而不是让他们走入死角。

作为企业的领导，你要不断地向员工灌输危机观念，让他们明白企业生存环境的艰难，以及由此可能对他们的工作、生活带来的不利影响。这样就能激励他们自动自发地努力工作。

在市场经济大潮中，企业的生存环境瞬息万变，自身资源状况也在不断变化之中，企业发展的道路因此充满危机。

正因为这样，华为集团总裁任正非才会警告员工："华为的冬天很快就要来临！"惠普公司原董事长兼首席执行官普拉特才会说："过去的辉煌只属于过去而非将来。"企业老总们对危机的感受是深刻的，但一般员工却未必能感受到，特别是不在市场一线工作的那些员工。很多员工都容易滋生享乐思想，他们认为自己收入稳定，便会高枕无忧，工作热情也会日渐衰退。因此，企业领导有必要向员工灌输危机观念，树立危机意识，重燃员工的工作激情。同时，这也有助于员工们理解和支持企业领导所采取的一些无奈之举。

今天，随着市场化进程的加快，各个行业的竞争都异常激烈，各个企业间更新、淘汰的速度也越来越快，呈现出了各种各样让人眼花缭乱的景象。正当一些原先名气非常大的企业逐渐衰败之际，很多名不见经传的中小企业却如日中天，光彩耀人。从某种程度上说，市场竞争其实就是一场只许前进不许后退的残酷竞赛。危机意识其实就是一种强烈的生存意识，作为一名企业员工，如果你不积极进取，不能认识到当前惨烈的竞争形势，那么你注定要被企业所淘汰。

　　一个具有强烈忧患意识的民族，是一个最有希望的民族。一个具有忧患意识的企业，也一定是一个充满着希望的企业。

　　对于企业来说，最大的风险就是没有危机意识。所有的成功企业，都是注重危机意识的企业。比如海尔集团以"永远战战兢兢，永远如履薄冰"为生存理念，使企业保持蓬勃向上的发展势头。小天鹅公司实行"末日管理"战略，坚守"企业最好的时候，也就是最危险的时候"的理念，因此做到了居安思危，防患于未然。

　　激励专家认为，通过以下措施，可以有效地树立员工的危机意识：

　　（1）向员工灌输企业前途危机意识。企业领导要告诉员工，企业已经取得的成绩都只是历史，在竞争激励的市场中，企业随时都有被淘汰的危险。要想规避这种危险，道路只有一条，那就是全体员工都努力工作，才能使企业更加强大，从而立于不败之地。

　　（2）向员工灌输个人前途危机意识。企业的危机和员工的危机是连在一起的，所以所有员工都要树立"人人自危"的危机意识，无论是公司领导班子还是普通员工，都应该时刻具有危机感。告诉员工"今天工作不努力，明天就得努力找工作"。如果员工在这方面达成共识，那么他们就会主动营造出一种积极向上的工作氛围。

　　（3）向员工灌输企业的产品危机意识。企业领导要让员工们明白这样一个道理：能够生产同样产品的企业比比皆是，要想让消费者对企业的产品情有独钟，产品就必须有自己的特色，这种特色就在于可以提供给顾客的是别人无法提供的特殊价值的能力，即"人无我有，人有我优，人优我特"。

　　总之，企业唯有不断地向员工灌输危机观念，让员工明白企业生存环境、企业要面对的问题及可能产生的不利影响，告知这种影响与他们的切身利益密切相关。如此一来，员工便会受到激励，会更加努力地工作。告诉那些充满恐惧感的员工：获取安全感的最好途径，就是帮助企业实现最为关键的目标。告诉员工，如果他们不努力工作，就不会有成功，就不会有企业的繁荣，也就有可能会失去工作。

金钱激励：调动员工积极性

优秀的领导会考虑给他的员工以较高的工资，因为高薪是招聘优秀人才的永不褪色的绝招。

一般来说，只要满足员工的物质需求，支付较高的工资，只要工作不是特别的辛苦，员工是很乐意努力的。高工资对于员工而言有着较大的吸引力（当然，我们并不否认有的企业工资不高，但员工也仍然勤勉工作）。

领导还应明白这样一个道理：真正的天才应该是无价的，即使是花费万金也应在所不惜。有这样一个故事：

一位瑞士研究生研制成功了一支电子笔及一套辅助器件，这些器具可以用来修正遥感卫星拍摄下来的红外照片。这项重大发明立即引起了全世界的注目。美国的一家大企业闻讯后，马上派人找到了那位研究生，以优厚的待遇作为条件，吸引这个研究生去美国工作、学习。同时，瑞士的一些公司也想留住他。于是各方展开了激烈的人才争夺战。这些公司都许诺给他高薪，人才争夺战打得不可开交。最后，精明而又大胆的美国公司代表说："现在我们不加薪了，等其他公司加定了，我们再乘以5。"

尽管薪酬不是最好的工具，但往往是最有效的激励员工和留住人才的工具。

有一位喜欢安静的老人独自生活了很多年，他已经习惯了这种生活，可是有一天这种生活被一群孩子的来临打破了。社区的一群孩子每当放学后都到这位老人的房子周围玩耍，他们大声地尖叫、嬉笑。老人被孩子们的吵闹声弄得寝食难安、坐卧不宁。但是，这位聪明的老人想出一个办法。他走出家门对那些孩子们说："如果你们每天都到这儿来玩，我就每人给5元钱。"那天，每个孩子真的都得到了5元钱。

在这以后，越来越多的孩子聚集到老人的房子周围玩耍。可是有一天老人没有出来，自然所有的孩子都没有得到钱，第二天老人还是没有出来，心急的孩子们终于敲开了老人的家门对老人说："既然你不再给我们钱，我们以后再也不到你这儿来玩了，并且告诉我们的朋友都不到你这儿来玩了。"老人和孩子们都"胜利"地笑了。

金钱能够满足人们的需求，5元钱可以让孩子们买到自己喜欢的东西。为了满足自己得到那些东西的渴望，孩子们就不断地重复老人要求的行为。而当有一天没有得到钱，自己的需求没法得到满足时，他们自然就认为应该中断那些行为。在孩子单纯的心灵里，金钱是行为的一种驱动，这恰恰证实了薪酬的内涵——薪酬最原始的形式就是金钱，薪酬是企业激励员工的原动力。

薪酬能提供一种保障，能够给员工一种宽慰，这就好比农民有一片好土地，在风调雨顺的时候，可以保证他能有一个好的收成。薪酬能够满足人们的基本生活的需要，能让人们买来所需要的生活必需品。在自给自足的社会里，人们可以自己生产绝大多数的生活必需品，而在现代高度商品化的社会中，我们需要钱财购买所需要的一切生存资源，我们需要钱财来支付我们的日常生活开支。只有能够满足员工的基本生活需要的薪酬才能让员工感到安全，才能把员工留在原有岗位上继续工作，否则，员工就不得不考虑另外的工作选择。

激励的形式分为精神的和物质的。精神激励用以满足"心理上的需要"，物质激励用以满足"生理上的需要"。由于物质是人类生存的基础和基本条件，衣食住行是人类最基本的物质需要，从这种意义上说，物质利益对人类具有永恒的意义，是个永恒的追求。

现代心理学理论认为，人类的行为是一个可控的系统。借助于心理的方法，对人的行为进行研究和分析，并给予肯定和激励，使有利于生产、有益于社会的行为得到承认，达到定向控制的目的，并使其强化。这样就能维持其动机，促进这些行为的保持和发展。

工资福利待遇是物质激励中最主要的一种形式，这是一种间接满足需要的方式。从某种意义上说，工资待遇不仅属于物质需要的满足，而且也是精神需要的满足。这是因为它还能作为地位的标志、自尊的依据和安全的保障。一些外国企业对物质激励是十分重视的，认为这是激发人的动机、调动积极性的重要手段。

在瑞典某调查机构"最受MBA欢迎的50家企业"的调查报告中，宝洁公司榜上有名。无独有偶，在一份"最受中国大学生欢迎的外企"的调查报告中，宝洁公司依然名列前茅。宝洁公司如此受雇员的青睐，其中一个重要的的原因就是宝洁公司为员工提供了比较有竞争力的薪酬。每年，宝洁公司都会请国际知名的咨询公司做市场调查，内容包括同类行业的薪酬水平、知名跨国公司的薪酬水平等，然后根据调查结果及时调整薪酬水平，从而使宝洁公司的薪酬具有足够的竞争力。

有位学者说过，企业不仅仅要事业留人、感情留人，更需要金钱留人、福利留人。某个外国民意调查组织在研究以往20年的数据后发现，在所有的工作分类中，员工们都将工资与收益视为最重要或次重要的指标。工资能极大地影响员工行为——员工会决定在哪家企业工作以及是否好好干。

因此，如何让员工从薪酬上得到满足，成为现代企业组织应当努力把握的课题。企业领导应该为员工提供有竞争力的薪酬，使他们一进门便珍惜这份工作，竭尽全力把自己的本领都使出来。支付最高工资的企业最能吸引并且留住人才。这对于行业内的领先企业尤其必要。较高的报酬会带来较高的满意度和较低的离职率。总之，一个结构合理、管理良好的绩效付酬制度，能有效留住优秀的员工，淘汰较差的员工。

晋升激励：为员工搭建"天梯"

晋升激励就是企业领导将员工从低一级的职位提升到新的更高的职位，同时赋予与新职位一致的责、权、利的过程。

人通常具有永不满足、追求向上的欲望。没有谁愿意永远生活在别人的光环之下，没有谁愿意躬身谦卑、经年累月地重复着昨天，没有谁愿意一个职位做到老。可以说，只要不是平庸之辈，他都会渴望有升职加薪的机会。

渴望晋升，能够最大限度地释放出生存价值，这是每一位职业人的梦想。所谓"人往高处走"，谁不希望出人头地、名利双收，能够在职场上稳步发展或步步高升？在企业晋升管理上，提拔得当，自然可以产生积极的导向作用，培养优秀员工积极向上的精神，能够激励更多员工努力工作和增强士气。

晋升，是对员工的卓越表现最具体、最有价值的肯定和奖励方式。晋升得当，可以产生积极的导向作用，培养向优秀员工看齐的、积极向上的企业文化精神。但提升还应讲求原则，注重评鉴方法，不能仅凭上级个人的喜好滥用人事权力。那么，晋升员工的依据是什么呢？在一般情况下，企业对员工的职位进行提升的标准是员工的工作业绩。这是最重要的晋升依据，其余条件都相对次要。一个人在前一个工作岗位上的表现情况，可以作为预测将来表现的指标。切忌将人的个性、是否受领导赏识作为晋升的依据。

晋升的目的是要发挥员工的才能。这也是最为公正和实用的办法，不但能堵众人之口，服众人之心，而且能堵住"小门或后门"，让众多"关系"失效，还可以避免员工有意无意间的勾心斗角。

这个道理虽然简单明了，可是许多企业的领导往往做不到。主要是因为领导在用人习惯上喜欢跟着感觉走，以致失去了判断力。很多时候，晋升一个员工往往是因为领导喜欢他的性格和作风。比如以下三种情况：

（1）领导是快刀斩乱麻型的人，他就愿意晋升那些做事干脆利落的员工。

（2）领导是十分稳当型的人，他就乐意晋升性格审慎小心的员工。

（3）领导是心直口快型的人，他就不喜欢提升那些说话婉转、讲策略的员工。

另外还有一点，领导普遍喜欢晋升性格温顺、老实听话的员工，对性格倔犟、独立意识较强的员工大多不感兴趣。这样的结果，很可能造成用人失当。现实情形是，被晋升者很听话，投领导脾气，工作却不会有多大起色，而且会让有真才实学的员工报效无门。

领导在晋升员工时，千万要记住：不管喜欢也好，不喜欢也好，员工的个性乖戾孤僻也好，温顺柔和也好，都不必过多地考虑。要把注意力集中在他们以往的工作业绩上，也就是谁的工作业绩好，谁就是晋升的候选人，这是最好的说服力基础。固然，在实际操作和权衡方面，还应考察员工的品格和相关项目及要素，但着重于业绩为导向晋升的考量，确实有更大激励性和引导力。

注重员工现在的工作表现，预测员工的未来，正是以业绩为导向晋升，但应注意在管理过程中要公正明确地系统考评，并以公正的考评为依据，以员工的需求为基础。这包括将员工的知识、技能、经历、态度等在工作岗位上加以价值量化，通过绩效考评，从而体现及形成内外持续激励。

另类激励：百度公司的期权激励

百度公司的股权激励计划是中国互联网公司中承诺给予员工待遇最优厚的激励计划之一。

一个成功的公司背后，总有一个成功的团队在支撑着它的运作。创业之初，百度公司是如何激励团队努力、如何让员工共享公司未来成长的？如何在竞争格局多变的搜索引擎市场中留住公司的核心管理人才？如何在激烈的行业竞争中留住核心技术人才？如何对百度公司创业团队的卓越贡献给予回报？答案在于百度公司总裁李彦宏特定的期权激励法。

李彦宏通过一次性授予管理层和核心员工期权来进行长期激励。随后，李彦宏开始分期授予管理层和核心员工期权。

期权是股权激励形式之一，这种形式给予期权持有者这样一种权力：持有者可以在规定时期（行权期）内以约定的价格（行权价）购买一定数量的本公司股份（此过程称为行权）。期权持有者的收益就是行权价与行权日市场价之间的价差。如果行权日的市场价低于行权价，期权持有者可以选择不行权。在行权之前，期权持有人不能从中获得任何收益。期权激励的对象适合高科技、创业公司等，已经成为现代公司激励机制中一种越来越重要的形式。

其实，对任何高科技公司而言，其发展严重依赖核心管理人员和技术人员效率的发挥，如果不能激励核心管理人员和技术人才发挥潜能，发展效率必然受到损失。

2005年8月5日，百度公司在美国纳斯达克上市。这家创办不到6年的中国互联网企业，首次公开募股共发行404万股美国存托凭证，每股27美元，融资1.091亿美元。发行当日涨幅高达354%，成为美国股市5年来新上市公司首日涨幅最大的股票之一。按照上市首日收盘价计算，百度公司市值已经达到39.58亿美元。百度公司CEO李彦宏拥有22.4%的股份，身价已达到9.2亿美元。百度公司的上市不仅使李彦宏一个人身价倍增，同时在百度公司内部还一下子产生了6个亿万富翁、51个千万富翁、240多个百万富翁。当时业界甚至还流传"百度公司连前台小姐都是百万富翁"的说法。

上市后的百度公司，其董事和执行官共同持股29.5%：总裁李彦宏持股25.8%、技术副总裁刘建国持股1.1%，首席财务官王湛生持股1.1%，首席运营官朱洪波持股1%，副总裁梁冬0.4%。同时，公司的其他员工共持有5.5%的股份。这样，管理层和员工持股形成一种持股文化，营造出公司内部平等和稳定的氛围。当然最重要的是，这能够促使百度公司管理团队和员工共同努力工作，以使将来期权行权时能将"纸上富贵"变成拿在手里的真金白银。通过期权计划，百度公司的核心管理层和核心员工能够在未来获得自己的股权，促使百度公司形成了一个核心团队。

李彦宏用几年的时间，缔造了数百位百万富翁。而李彦宏的个人身价，也已过亿。创业企业家得到了回报，创业团队的艰苦努力也得到丰厚回报。

无怪乎有人曾说：判断一个人未来的生活质量，仅根据他是否服务于股份制上市公司便能得出结论。这话虽然有些武断，但背后的潜台词正是指员工手中期权的力量。因而，期权对于员工的激励作用是明显的。百度公司的成功从某种程度上说是与其期权激励机制分不开的。

第10章
化干戈为玉帛，大事化小，小事化了

领导要敢于直面冲突和矛盾

从传统意义上讲，冲突是造成和导致不安、紧张、不和、动荡、混乱乃至分裂瓦解的重要原因之一。冲突破坏组织的和谐与稳定，造成矛盾和误解。基于这种认识，各层次的领导都应将防止冲突作为自己的重要任务之一，并将化解冲突作为寻求维系现有组织稳定和保证组织连续性、有效性的主要方法之一。毋庸置疑，传统的观点有其合理性的一面，但将冲突完全化解显然是不现实的，也是一种不够全面的理解。

美国西点军校曾对冲突的积极作用进行了深入探讨，并指出，群体间的冲突可以为变革提供激励因素。当工作进行得很顺利，群体间没有冲突时，群体可能不会进行提高素质的自我分析与评价，由此，群体可能变成死水一潭，无法发掘其潜力。通过变革促进成长与发展，群体间存在冲突反倒会刺激组织成员在工作中的兴趣与好奇心，这样其实反而增加了观点的多样化以便相互弥补，同时增强了紧迫感。

通用汽车公司发展史上有两位重要人物，由于他们对冲突和矛盾所持的不同看法和做法，给通用汽车公司的发展带来了不同的重大影响。第一位是威廉·杜兰特，其在作出重大决策时，大致上用的是"一人决定"的方式，他喜欢那些同意他观点的人，而且不会宽恕当众顶撞他的人。结果，由他领导的、由一些工厂经理组成的经营委员会在讨论任何一项决策时都没有遇到一个反对者，但这种"一致"的局面仅仅维持了4年。4年之后，通用汽车公司就出现了危机，杜兰特也不得不离开了公司。

对今天的领导来说，从这件事中引以为戒的是如何看待组织内的冲突和矛盾。既然冲突和矛盾是必然的和普遍存在的，就不应回避、抹杀或熟视无睹，更不要为暂时的"一致"所蒙蔽，甚至人为地营造"一致"的现象。

任何一个人的认识能力都是有限的，一个人的意见不可能永远正确。而有冲突和矛盾也许正是弥补这一不足的最佳方案，只要协调合理、沟通及时，冲突会为你的成功铺垫基础。

另一位对通用公司有重大影响的人是艾尔弗雷德·斯隆，他是迄今为止通用汽车公司享有最崇高声望的领导者之一，被誉为"组织天才"。他曾经是杜兰特的助手，并在后来成为杜兰特的继任者。他目睹过杜兰特所犯的错误，同时他也几乎修正了这些错误。他认为没有一贯正确的人。因此，他在作出决策之前，都会向别人征求意见，他会在各种具体问题产生时阐明自己的观点，但他也鼓励争论和发表不同的观点。这使他取得了极大的成功。

被誉为"日本爱迪生"的盛田昭夫则从自己的亲身经历中进一步说明了领导应正视冲突的问题。他认为：大多数公司一谈到"合作"或是"共识"时，通常意味着埋没了个人的意见。在索尼公司，鼓励大家公开提出意见。不同的意见越多越好。因为最后的结论必然高明。

在盛田昭夫担任副总裁时，曾与当时的董事长田岛道有过一次冲突。由于盛田坚持自己的意见不让步，使田岛很愤怒，最后他气愤难当地说："盛田，你我意见相反，我不愿意待在一切照你意见行事的公司里，害得我们有时候还要为这些事吵架。"盛田的回答非常直率："先生，如果你我意见是完全一样的，我们俩就不要待在同一公司领两份薪水了，你我之一应辞职。就因为你我看法不一样，公司犯错的风险才会减少。"

通过以上事例的分析，我们至少可以得出这样一个结论：没有冲突的组织是一个没有活力的组织，作为领导要敢于直面冲突和矛盾。

疏通协调消极冲突

有益的冲突对领导作决策能够起到促进作用，领导们应该避免的是消极冲突。

对于消极冲突，领导先要做的就是疏通与协调工作，主要从以下四个方面入手。

1. 学会尊重对方

无论是和上级、同级还是下级接触，都必须尊重对方，这是取得对方帮助和支持的前提。这种尊重，不应该用语言来"表白"，而应该用实际行动来"显示"。唯有这样，才能打消对方的疑虑，使对方深受感动。当然，尊重上级和尊重同级、尊重下级，三者之间从内容到形式都略有差异。尊重上级，随之而来的，就是"服从"；尊重同级，集中表现为"合作"；尊重下级，更多地需要"肯定"和"支持"。尊重有能力、有水平的上级、同级或下级，也许是不难做到的，但是，倘若遇到的是能力一般的上级、同级或下级，能照样尊重他们吗？同样的道理，尊重正确的上级、同级或下级，也许是不难做到的，但是，倘若遇到的是常犯错误的上级、同级或下级，能照样尊重他们吗？一个成熟老练的领导人才，他的交往"功夫"是否到家，恰恰表现在这一点上！

2. 学会满足对方的需要

人际交往，不可避免地需要"给予"。给予什么？怎样给予？其中大有学问。

先说"给予什么"。答案很简单：给予对方最希望获得的。上级最希望下属圆满完成自己交办的一切任务，尽力为本单位争光，当然也为自己争光；同级最希望互相之间建立起一种携手并进的融洽关系，在亲密无间的友好气氛中进行良性竞争；而下级呢，最希望获得的，当然是上级的"信任"，说得确切些，就是困难时刻的"有力支持"，受到挫折时的"热情鼓励"，以及取得成绩后的"及时奖励"。只要给予对方最希望获得的，就更易赢得对方的心！

3. 学会了解对方

友好相处，亲密合作，必须建立在充分了解的基础上。所谓了解，就是应该尽可能周详地了解上级、同级和下级的长处和短处，并在工作接触中，尽可能使对方展其所长，避其所短。这是使对方避免感到"为难"，并能更加有效地给予帮助和支持的重要一环。

当然，了解最好是相互的。在确信对方没有"恶意"的情况下，领导也不妨将自己的长处和短处无保留地告诉对方，以求得到对方更好的支持和配合。

4. 该索取的就索取

在人际交往中，和"给予"相对应的，就是"索取"。复杂的现代领导活动，使再有才干的领导人才，也不可能单枪匹马去开拓新局面。他必须尽可能取得上级、同级和下级的支持、帮助和合作。也就是说，在"给予"的同时，势必要进行"索取"。于是，索取什么？怎样索取？这就作为疏通、协调工作中的重要一环，摆在每个领导的面前。

到底索取什么？回答很简单：索取对方"能够"给予的、"愿意"给予的。在从事创造性领导活动时，每个领导当然都希望获得上级的有力支持。然而，在请求上级给予支持之前，最好先了解一下，上级能够提供什么支持，愿意提供什么支持，切忌强人所难，招致被动。同样道理，当希望获得同级的密切配合时，也最好先了解一下，这种配合，对同级是否"有利"，是否超出了同级"力所能及"的最大限度。在要求下级圆满完成某项任务之前，最好斟酌一下：这项任务，可能遇到哪些困难，单凭下级的力量，能否顺利完成？总之，唯有弄清对方"能够"给予什么，才能摸清对方"愿意"给予什么；而唯有摸清对方"愿意"给予什么，才能恰到好处地进行"索取"。

至于怎样"索取"，情况就比较复杂，索取的方式也多种多样。总的原则是：适时、适度，尽量避免使对方感到"为难"。

上述几项，是做好疏通、协调工作的关键。

调节部门冲突的艺术

我们已经知道，组织是由若干个部门或团体组成的。组织中，部门与部门、团体与团体之间，部门、团体与组织之间，由于各种原因也常常发生冲突。组织理论认为，组织中团体之间的冲突产生一般有如下几种原因：

（1）各团体之间目标上的差异。组织由于分工划分成不同功能的各个部门、单位，每个部门、单位在组织设计时就已确定目标，各个目标的组合就构成组织大目标。但在执行过程中，各部门和单位的工作行为常以本部门、本单位利益为中心，可能会忽视组织大目标以及与其他部门和单位的协调，使各部门和单位相互隔绝，致使产生冲突。

（2）各团体之间认识上的差异。例如，甲单位的领导认为实施 A 方案最好，乙单位的领导则认为实施 B 方案最好，由于彼此认识上的差异，致使两个单位意见一时难以协调，有可能引起部门间的冲突。

（3）各团体之间的职责权限划分不清。如权力交叉或职责缺漏等。

（4）各团体的利益、需要没有获得满足。组织中的部门或单位为了完成各自的任务，总需要一定的资金、原料和人力。而组织领导一般要从大局考虑，根据该部门或单位对整个组织的贡献大小来分配资源，这就难免造成某些部门没能获得利益，可能导致部门或单位之间的指责、争吵甚至攻击。

（5）不健康的思想意识或不良的团体作风。由上述原因而酿成的冲突，不仅会造成各部门之间关系失调，还会给整个组织系统工作带来不良影响。因此，处理好组织内部各部门之间的关系，对于形成组织系统的合力，发挥组织系统的整体效应，具有重要意义。

组织系统部门之间的关系，在很大程度上是部门领导之间的关系问题。领导能否顾全大局，他们之间的人际关系是否融洽，对部门关系影响很大。因此，作为领导来说，要处理好部门之间的关系，就要加强配合与协调。

这既是做好部门工作的需要，也是处理好部门关系的需要。沟通是双向的，也是多方面的，主要应当从目标上、思想上、感情上和信息上加强沟通，进而取得共识，这是协调各部门领导关系的重要基础。

（1）在目标上沟通。强调整体目标，认识到各部门、个人对整体目标作贡献的重要性，以及相互配合、协调的必要性，力争把部门利益与共同目标联系起来，进而增强各自对组织目标的关切感，减少部门之间不必要的冲突。

要在具体目标上取得沟通和共识，各部门领导在目标的确立上要相互理解和关注；在目标的实施上要相互支持和推进；在目标的冲突上要相互调整和适应；在目标的成功上要相互鼓励和总结。

（2）在思想上沟通。各部门领导应避免单纯以本部门的利益得失考虑问题，而应当从各部门利益的互相联系上，也就是全局上考虑问题，包括设身处地地替其他部门着想，达成彼此可以共同接受的意见，以防止思想认识上的片面性。各部门领导在思想观念、思想方法、思维方式上也是互有差异的，由此而形成的观点上的争鸣和分歧，可以通过平等的交流、启发，缩小认识上的差距等方式以达到统一。对于因工作关系而引起的误会、隔阂，各部门领导之间应严于律己、宽以待人，必要时多作自我批评，求得谅解。

（3）在感情上沟通。感情上的联络和加深，对部门领导来说是很重要的。因为很难设想，没有任何感情交流的部门领导之间，工作上可以融洽。要增加感情上的沟通，除了目标思想上的认同外，还可通过工作交流、参观访问、文体活动、公共关系活动等不断加深，从而创造一种和谐共事的情感环境。

（4）在信息上沟通。沟通也是传达交流情报信息的过程。部门之间的矛盾与隔阂，都可以从信息沟通中找到原因。一般而言，凡缺乏沟通的部门，信息传递必然不畅，极易造成部门之间的不了解、不理解和不协调，甚至造成某些冲突，既影响工作，又影响团结；凡主动沟通的部门，必然信息流畅，往往容易赢得对方好感，取得信任，形成部门之间的良好关系。

领导化解矛盾的策略

矛盾无时不在，无处不有。领导解决矛盾的过程，便是建立威信的过程。领导的思想水平、个性品质、领导才能、领导艺术，恰恰就体现在这里。

把隔阂消灭在萌芽状态。上、下级相交往，贵在心理相容。彼此间心理上有距离，内心世界不平衡，积怨日深，便会酿成大的矛盾。把隔阂消灭在萌芽状态并不困难，方法如下：见面先开口，主动打招呼；在合适的场合，适机开个玩笑；根据具体情况，作些解释；对方有困难时，主动提供帮助；多在一起活动，不要竭力躲避；战胜自己的"自尊"，消除别扭感。

允许下级尽情发泄委屈。上级工作有失误，或照顾不周，下级便会感到不公平、委屈、压抑。不能容忍时，他便要发泄心中的牢骚、怨气，甚至会直接地指斥、攻击、责难上级。而对这种局面，上级领导最好这样想：①"他找到我，是信任、重视、寄希望于我的一种表示。"②"他已经很痛苦、很压抑了，用权威压制他的怒火无济于事，只会激化矛盾。"③"我的任务是让下属心情愉快地工作，如果发泄能令其心里感到舒畅，那就让其尽情发泄。"④"我没有好的解决办法，唯一能做的就是听其诉说。即使话很难听，也要耐着性子听下去，这是一个极好的了解下级的机会。"如果你这样想并这样做了，你的下级便会平静下来。第二天，也许他会为自己说过的话或当时偏激的态度而找你道歉。

敢于主动承担失误责任。领导决策失误是难免的，因决策失误而使工作出现不理想的结局时，便需警惕，这是一个关键时刻。上、下级双方都要考虑到责任，都会自然产生一种推诿的心理。上级领导把过错归于下级，或怀疑下级没有按决策办事，或指责下级的能力，极易失人心、失威信。面对忐忑不安的下级，上级领导勇敢地站出来主动担责，紧张的气氛便会缓和。如果是下级的过失，而上级领导却责备自己指导不利，变批评指责为主动承担责任，更会令下级敬佩、信任、感激。

要做到得饶人处且饶人。假如下级做了对不起你的事，不必过于计较。在他有困难时，还不能坐视不管。上级领导对下级应做到：尽力排除以往感情上的障碍，自然、真诚地帮助、关怀；不要流露出勉强的态度，这会令下级感到别扭。不能在帮助的同时批评下级。如果对方自尊心极强，他会拒绝你的施舍，非但不能化解矛盾，还会闹得不欢而散。得饶人处且饶人，很快忘掉不愉快，多想他人的好处，才能团结、帮助更多的下级，他们会因此而重新认识你。

发现下级的优势和潜力。为上级者，最忌把自己看成是最高明的、最神圣不可侵犯的，而下级则毛病众多、一无是处。对下级百般挑剔，看不到长处，是导致上、下级关系紧张的重要原因。领导研究下级心理，发现他的优势，发掘他自己也没有意识到的潜能，肯定他的成绩与价值，便可消除许多矛盾。

要排除自己的嫉妒心理。人人都讨厌别人嫉妒自己，都知道嫉妒可怕，都想方设法要战胜对方的嫉妒，但唯有战胜自己的嫉妒才最艰巨、最痛苦。下级才能出众，气势压人，时常提出高明的计策，把领导置于次等重要位置。这时领导越排斥他，双方的矛盾越尖锐，最终可能导致两败俱伤。此时，领导只有战胜自己的嫉妒心理，任用他，提拔他，任其发挥才能，才会化解矛盾，并给他人留下举贤任能的美名。

在必要时候可采取反击致胜。对于不知高低进退的人，必要时，领导必须予以严厉的回击。和蔼不等于软弱，容忍不等于怯懦。优秀的领导精通人际制胜的策略，知道一个有力量的人在关键时刻应用自卫维持自尊。唯有弱者才没有敌人，凡是必要的交锋，都不能回避。在强硬的领导面前，许多矛盾冲突都会迎刃而解。伟人的动怒与普通人的区别，在于是理智地运用它。

要战胜自己的刚愎自用。出于习惯和自尊，领导喜欢坚持自己的意见，执行自己的意志，指挥他人按自己的意愿行事，而讨厌"你指东他往西"的下属。上、下级出现意见分歧时，上级用强迫的方式，要求下级绝对服从，双方的关系便会紧张，出现冲突。领导战胜自己的自信与自负，可用如下心理调节术：①转移视线、转移话题、转移场合，力求让自己平静下来。②寻找多种解决问题的方法，分析利弊，让下级选择。③多方征求大家的意见，加以折中。④假设许多理由和借口，否定自己。

协调自己与下级关系的法则

作为领导，只有与下级之间形成良好的信任关系，才能使自己的工作得到有效的开展。如何协调与下级之间的关系，以下的几个法则是要掌握的：

一要信任。凡属下级职权范围内的事情，要充分信任他们，放手让他们大胆去工作。对下级最忌半信半疑，让他干活，还总不放心，这会影响下级积极性的有效发挥。

二要体谅。遇到下级工作失误时，要给予充分的体谅，主动为下属承担责任，推功揽过，切不可推过揽功。有了成绩是自己的，有了错误是下属的，这种领导，不仅不被信任，而且会被人防范。

三要尊重。尊重是一种巨大的力量。上级与下级，系领导者与被领导者的关系，两者只是分工的不同，在人格上是一律平等的，没有高低贵贱之分。有些领导由于修养比较差，加之性格方面的原因，遇上不合自己心意的下级，常常说出一些有伤下级自尊心的话。在这种情况下，即使领导的话是正确的，也不会产生好的效果。

四要支持。对下级提出的意见和设想要重视。只要对事业和工作有利，即使与自己的想法相悖，也要给予积极支持，尽量使下级的意见早日实现。如不能采纳，也要做好说服解释工作，以免挫伤下级的积极性。

五要鼓励。对下级应多进行表扬，即使是很小的成绩，也应及时地肯定，使下级感到上级对他的注意和赞赏，从而增强工作的积极性。

六要商量。对下级布置工作，一般要采取商量的口气。不要以为自己是领导，就采取下命令的方式。商量，可以调动下级的积极性，引导他们谈出自己的想法和意见；命令，意味着下级只能服从和执行，不利于集思广益。

七要冷静。如与下级发生争执时，作为领导头脑一定要冷静，要用理智控制住感情，先让下级把话讲完，然后再根据具体情况，心平气和地妥善处理。

八要体贴。情感是一种巨大的力量，领导对下级的工作、学习和生活要关心体贴，要经常了解下级的思想：他目前在想什么？他最关心的问题是什么？他有什么困难需要帮助解决？等等。如果领导真正这样做了，上、下级之间的关系相对亲密很多。

九要带头。领导要严于律己，处处起表率作用。要求下级做到的事情，自己必须先做到；自己必须做到的事情，不一定要求下级都做到。不能完全用衡量自己工作好坏的标准去衡量下级的工作，也不能用领导应达到的标准去衡量一般职员的行为，在这方面如不注意，也会影响上、下级关系。

十要帮助。对下级的工作要以诚恳的态度给予热情的帮助。下级工作有了失误，要帮助分析具体原因，总结经验教训，并找出解决问题的办法。对下级需要批评时，也要有分寸，如他已经认识到了自己的错误，就不要抓住不放。

学习联想集团协调冲突的艺术

一个企业要持续发展就要不断地创新、完善，到了一定阶段还需要较大的变动和转型。然而伴随着企业内部的变动，组织冲突也不可避免地萦绕在企业转型期周围，渗入到企业组织内部。破坏性冲突对组织是不利的，是导致组织不安全、不和谐乃至瓦解、缺乏战斗力的主要原因，应当防止和消除，万事"以和为贵"。但如果领导对组织冲突过于放纵，"以和为贵"回避了组织内部的矛盾和不满，问题没有得到真正的解决，错误仍会大行其道。人们的不满被长期压抑，找不到发泄的渠道，会不断积累和膨胀，这种负面情绪一旦爆发，将给组织带来极大的破坏力。"以和为贵"以牺牲组织效率为代价，虽然换取组织暂时的、表面的"和谐"，却埋下了更大的祸根，使组织成员人心涣散、人人自危，使组织最终丧失凝聚力和战斗力。这对企业持续发展是极其不利的。

在这方面，联想集团一直以其牢固的"斯巴达克方阵"而著称。在联想集团的发展转型历史上也存在了很多组织冲突，联想集团以其独特的方法把这种冲突化解于无形，以联想集团的长远利益为指导，采取冲突挽救与冲突处理果断决策相结合的方法，保持了组织的凝聚力和战斗力。这里我们分析一下联想集团如何处理发展过程中出现比较具有代表性的组织冲突，从中感受联想集团不一样的协调艺术。

"一山不容二虎"。如果企业组织内部管理出现"一山二虎"的现象，处理不好会导致组织内耗增加，导致企业发展也无从谈起。但联想集团关于"一山二虎"的问题处理得很好，先有柳传志和李勤的成功搭配，后有分拆联想集团后的杨元庆和郭为组合。

柳传志和李勤意见不一致时，双方采取的办法是面对面地说理，举好多例子说服对方，说着说着，当一方的声音越来越小时，意见也就统一了。在李勤看来，一二把手能不能合作好，不在于性格上是否可以互补，而在于一二把手的目标和方法论是否一致。"一山不容二虎"的假设是"二虎"的目标和方法论不一致。但如果"二虎"的目标和方法论一致，顺着一个目标发展下去，则更能够快速有效地推进工作贯彻执行。

在联想集团年轻一辈的副总裁中，杨元庆及郭为是柳传志心目中较理想的接班人选。他们都在联想集团创业的艰难时期立下汗马功劳，可以说是柳传志的左右手。

郭为的长处在于曾在联想集团的很多部门任过职并都有出色表现，这样的经历对统领整个集团有很大的帮助，且他的包容度很好。而杨元庆的优势在于个人的推动力强，业绩较好，更重要的是杨元庆的身后已成长起一股实力雄厚的中坚力量。杨元庆与郭为在领军上各有千秋，如何处理这"一山二虎"的关系，如何处理好接班人的问题，无疑是联想集团面临的最大挑战。在郭为和杨元庆的能力和声望不相上下的情况下，如果联想集团不能处理好交接班的问题，肯定会阻碍自身的发展。

事情的第一步是按照典型的中国方式来解决的。柳传志希望把两个年轻人撮合在一起，"以杨元庆为主，郭为积极配合杨元庆，杨元庆好好对待郭为。"从集团业务的立场上考虑，郭为率领的"联想科技"有3 000人，占有公司30%的销售额和20%的利润；杨元庆统帅的"联想电脑"有7 000多人，承担着集团70%的销售额和80%的利润。毫无疑问，"联想电脑"是集团的主要业务，而杨元庆对电脑业务流程的熟悉程度较郭为更深。此外有一个不为人注意但却更加重要的因素：杨元庆擅长于在漫长的岁月中只做一件事，善始善终；而郭为善于在1年之中做很多事情，总是在关键的时候出现在关键的地方。

杨元庆和郭为虽说同为公司副总裁，可是过去几乎从来没有在一起工作过，在心理上也是竞争的感觉更多些，彼此都对合作毫无准备，现在说要"试验半年"，两人嘴上答应，心里别扭，很快便意识到两个人无法在一起工作。杨元庆一心只想把联想微机卖得更好，而郭为扛着一大堆"最佳代理"的牌子，一心只想做"代理"。

两人各自为政，彼此都不开心。柳传志知道这种情形下即使劝和也是徒劳，还会导致集团业务出现难堪的局面。他和董事会里的其他成员想来想去，最后得出结论：这两人的摩擦是必然的，不是他们的品格太低，勾心斗角，而是各自有着完全不同的目标，所以只好分开。

如果能使杨元庆、郭为一个为正，一个为副，成为柳传志和李勤那样的好搭档是联想集团最好的结果，也是柳传志感到最欣慰的结果。然而最终柳传志选择了一分为二，让两人各领人马，重起炉灶，引导他行动的不是他和哪个人的感情，而是集团的利益。分拆联想，这在一定程度上给杨元庆、郭为这"二只虎"提供了充分的发展空间。巨舰分拆好远航，在新的发展形势下，杨元庆、郭为各自带领着自己的团队继续前进。

现在，由原联想集团分拆而来的神州数码控股有限公司在郭为的带领下已成为中国领先的整合IT服务提供商，开拓出了一片新天地。

中篇
管人要管出水平

第11章
找对人做对事，求贤若渴网罗天下英才俊杰

先找对人，再决定做什么

著名管理专家柯林斯强调，必须在你想清楚要把车子开往何方之前，先把适当的人请上车（并且把不适合的人都请下车）。此外，要让企业从"优秀"变成"卓越"，在用人时必须精挑细选，非常严谨。

"先找对人"是个非常简单的观念，但很难做到——而且大多数的企业都没有做好。很多人都说选才很重要，但是有几个人能够做好？

"从优秀到卓越"的企业都有坚强的经营团队，反之，许多企业采取的却是"众星拱月"的模式，整个企业为伟大的天才搭建了表演的舞台。高高在上的天才是推动企业成功的主要力量，只要他还在位一天，就是企业的宝贵资产。天才几乎很少建立起卓越的经营团队，原因很简单，他们不需要也不想有卓越的经营团队。如果你是天才的话，你根本不需要个个可以独当一面的顶尖将才，你只需要大批优秀的士兵来执行你的伟大构想即可。然而当天才离开后，经营团队往往不知所措。

艾克德公司的领导人很懂得找出应该"做什么"，却没有能力"找对人"来组成优秀的经管团队。杰克·艾克德素来精力旺盛（他一面经营企业，一面竞选佛罗里达州州长），对于市场有天生的洞察力，也是谈生意的高手，原本只在德拉维尔州拥有两家小店，后来通过不断购并，建立起了连锁药房的王国。艾克德旗下的连锁药房遍布美国东南部。到了20世纪70年代后期，艾克德

公司的营业额已经和华尔格林公司不相上下，眼看艾克德很可能脱颖而出，成为同业中的卓越公司。但就在这个时候，一向热切向往从政的艾克德离开了公司，竞选参议员，同时进入福特主政时期的美国政府。失去了艾克德的领导后，艾克德公司从此一路走下坡路，最后终于卖给了杰西潘尼百货公司。

　　艾克德和华尔格林的对比十分惊人。比如艾克德很懂得挑对药房来买；华尔格林则很懂得挑对人才来用。艾克德能看出哪一家店开在哪里最适当；华尔格林则能看出哪个人应该放在哪个位置最能发挥其才能。企业领导人最重大的决定莫过于挑选接班人了，艾克德在这方面完全失败，华尔格林却培养了好几位优秀的接班人选，最后挑选了其中最优秀的一位来接他的棒子。艾克德根本没有经营团队，只有一批能干的助手围绕在身边，策略中最主要的指导机制全藏在艾克德的脑子里；华尔格林公司的策略则是由优秀的管理人才分享洞见、共同讨论出来的。

找到企业所需要的人才

　　你也许已经给了你的员工很优厚的待遇，或是为了培养他们而花费巨大的心血和财力。而他们却弃之不顾，甚至将你的客户、内部资料乃至员工都席卷而去，这不仅对你的企业造成重大损失，还对你本人的自尊造成莫大的伤害。为了尽可能减少这类事的发生，你应该做些什么呢？

　　在一开始找到优秀的人才，对企业来说是至关重要的。而且这显然比以后解雇差的人员要容易一点。但是由于某些原因，一些企业老板在招聘员工组成企业中最重要的第一线服务队伍时，往往忽视一些警示性的迹象。

　　曾经，在美国发生了一起工作场所恶性暴力案：一家快餐连锁店的老板要求他所雇佣的一名男子离职，这个男子拒绝了这个要求。最后，这位男子持枪在店里出现。当他发泄完怒气时，多人被击伤。调查此案的警察和店家管理者发现，该男子曾被同一街区的另外几家快餐店解雇，都是因为他曾经暴露过一些举止上的问题，而且就在这家雇佣他的连锁店的人事档案中还有一份"不推荐他重新受雇"的书面材料。由于该店管理不善，他的档案被搁在连锁店总部，于是他设法通过一种不引人怀疑的办法再次被雇佣。

在全美八大航空公司中，美国西南航空公司规模并不算大，但它多年来连续盈利，这在航空业中是十分难得的。它成功的奥秘在于招聘空姐的政策很特别：为保证乘客真的对空姐满意，请了20多位乘客来做评委，给应聘者打分。该公司认为，如果这些乘客不喜欢这些应聘者，那么她们长得再漂亮也毫无意义。而且由乘客自己挑选的空姐，至少在培训方面的成本会降低，因为她们本身就是乘客喜欢的。

只有找对人才能做对事。因为一般来说，合适的人较少犯错误，他可以让你的企业获得更高的生产率，更重要的是这种人能独立地解决工作中出现的问题。所以你要试着只雇佣那些素质足够高的，并能够了解你的工作系统的人。这种人的效率更高，会以自己的方式去提供良好的顾客服务。他们不仅比同业竞争者雇佣的员工工作得更出色，还不需耗费太多的精力来指导他们，能节约培训的成本。即使你多付些薪资也很值，因为你使自己的事业运作更有效率了。举一个汽车销售的例子：一位汽车销售商A手下的全部雇员每月能为他卖出100辆车，平均每人卖8辆车，就表示他大概需要12位业务员；而另一位销售商B的业务员平均销售量是每月12.5辆，如果每月售出也是100辆车，那么他只需雇佣8个人，其办公室里减少了4套桌椅、4部电话和4位支薪人员，他将省下4个人的工资作奖励金以吸引更杰出的业务员。如此一来，销售商B这里能赚到高薪的事实就会传遍业内，就能吸引业内最优秀的业务员来为他工作。这一切都归功于销售商B以较少的业务员就可达成销售目标，使每一辆汽车的销售成本降低，结果大家都是赢家。

择才的眼光很重要

走过了识人、纳才的最初的艰难阶段，领导有了自己的人才。这是择才的前提。所谓择才，就是领导按照一定的准则选择区分不同的人才，为随之而来的用才作准备。人常言"择才而用"，说明择才是任才的前提。

择才虽看起来是一个不易分辨的过程，因为随之而来的就是任长。但择才却是不可缺少的，在整个用人过程中是一个重要的环节。它是连结识才、纳才和任才的中间桥梁。招纳贤士为领导奠定了一个坚实的基础，若要任才就是"万事俱备，只欠东风"，差的是择才。若没有选择人才的过程，领导用人时就有可能一塌糊涂，最后用人不当致其失败。总之，择才有其存在的合理性、必然性。

领导择才不仅要从自身入手，还要遵循一定的准则。主观方面的因素可以适当注意，而客观方面的一些由前人经验总结而来的规则，则必须经常学习。择才就如同一场游戏，若不懂游戏规则，而空有一种美好的愿望和拼搏的精神，结果是不能如愿的。有一定的规则，还必须努力遵循"没有规矩，不成方圆"的道理，只有顺应规律才能确立择才的正确方向。

"唯才是举"是择才的一贯思想，但其中诸多领导更倾心于德才兼备。此外，领导择才还应灵活，规则是死的而人是活的，若为陈规旧习所束缚，则选不到多少人才，再说世上"人无完人"，一味地求全责备，只能是因噎废食，不能成事。

前面说到领导识人首先应注意一下主观方面的因素，这些因素包括爱才之心、识才之眼和择才之胆。有爱才之心，才会积极地去识才和纳才，这是最大的内在驱动力。伯乐因为有爱才之心，在千里马遭受磨难时，他才会"下车攀而哭之，解纻衣以幂之"，因此千里马也视伯乐为知己，也就"俯而喷，仰而鸣，声达于天"。领导有爱才之心就会大胆地选择人才并加以任用。爱才之心是否真的拥有，一个简单的方法就可以推知。领导不是爱才吗？如果有能力比你强的人你就想方设法把人家拒之门外，这还叫爱才吗？故领导择才应忌武大郎开店，不能只选择比自己能力弱的人才。

领导通过识才知道了一个人是人才，那这个人是什么样的人才呢？又该把他用到何处？这或许不是光靠识才就能做到的。要更深层次地了解人才，领导就必须在择才时独具慧眼，否则就是"盲人骑瞎马——方向不明"。选择人才既要看其本身的素质又要考虑今后的潜力发挥。

我国著名运动员李宏平，最初到粤剧团就被刷了下来，到省体操队又没能如愿，到省跳水队还是没有选中，而这时国家跳水队教练梁伯熙慧眼识才，看准了其体形、腿形和脚形，终于把他培养为一个"水上芭蕾王子"。

另外，领导还应有择才之胆。要选择自己满意的人才而加以任用，有时会遭到外界的反对，要不为外界压力所动摇，坚持自己的选择，领导必须具有一定的胆量和魄力。而且，领导具备了主观方面的一些因素，还必须遵循择才的一些客观准则。

招人三步到位

如果一位企业领导所作的决定中有一半以上是正确，这样的成绩已经算不错了，这已成为一种共识。经营业绩优异的企业的领导用人水平一般较高，这大概是他们的企业能够一枝独秀的原因吧。

然而，在选择员工时，很多企业作出正确选择的机会甚至达不到50%。选择员工的程序不完善，往往根据没有事实基础的个人想法来进行，与感情、猜测、臆断及偏见相互纠缠。

"三步法"是一套选择员工的正确程序。掌握它，在选择合格人才以及提高企业绩效方面，定会胜人一筹。

在运用"三步法"招聘之前，首先必须做的工作是归纳填补职位空缺后希望获得的成效，然后分析能够取得这些成效的人选。这一阶段所做的一切面试和评价至关重要。其结果为要求候选人所具备的素质提供了基本依据。

这个过程使领导在招人前就知道什么人最适合填补这个空缺。这是整个选才过程最关键也是最容易被忽视的环节。

"三步法"的第一步是列出你对这个员工的表现有何期望，填补这个空缺会给企业带来的成效能满足的需要希望达到的结果等。

所有工作都可以定量。即使像研究工程师从事的看似难以衡量的工作，也可以评定其表现。比如，为其确定一个目标：在12个月内设计出3个新方案。如果他干了1年却拿不出一项新产品，你就该质问自己为什么要聘用他。

因此，审查实现的结果是得出合理期望的最简单、最直接的办法。我们可以假设这样一种情况：如果去年聘了这个人，他应该已经取得了什么成果？为此，可以分为下几个阶段进行考察：

第一步是在需要形成阶段，你会问自己是否真需要人。

你可能会发现，你所需要的人才素质已经存在于企业内部，在某个人甚至几个人身上能找到。

有时你也会发现自己的期望不现实，如扩张的决定可能与企业的现实能力不相符等。这种情况下就要对期望进行调整。

期望一旦形成，就可以准备这一阶段的下一步工作了。你期望的此人是否具备？答案来自两个方面：成功模式和个性特点。

成功模式由经验、成就和技巧组成。它不取决于有多少年的经验，重要的是应聘者在相关经历中取得过什么成就。只有1年工作经验的人很可能在能力上并不亚于一个把1年经验重复了10遍的人。另外，在归纳分析阶段，最好把所有中层管理者召集起来，共同商讨加入本公司的职员必须具备的个性特点。

每个企业都应该对员工有一个普遍的个性要求，这会决定企业的个性。这包括：企业拥有的个性，展现给外界的形象。如果你的企业是个充满活力、行动迅速的机构，那么应聘人也要具备这些特质。

研究本企业的成功者是最佳途径。一旦发现本企业最重要、最有成绩、最富效率的人的共同个性特点，你就找到了评估优秀求职者的标准。

第二步是面试。

面试的基本假设是求职者将来的工作表现会跟过去相同。在通常情况下，这个基本假设是成立的。如果了解了候选人过去取得过什么成绩以及如何取得这些成绩，对他今后的工作表现就会有一个大体的了解。

面试前，应该分析个人简介、申请表以及你听来的信息，深入挖掘被面试人的背景，获得有关他们的成绩、他们对未来的设想等方面的第一手资料，然后对照自己的需要，准确评估这些资料。

成功完成面试的最好办法是结合归纳分析阶段的结果，即明确对候选人的要求，他们应对企业作出何种贡献以及他们将来如何与企业协调一致。如果没有归纳分析阶段，面试就成了一般对话了。

面试前，你要决定将花多少时间调查候选人各方面的经历。对经验丰富的招聘人员来说，跟年轻人谈话时应该更注重他们的教育背景；与经验丰富的专业人士交谈，则应深入了解其最近几年取得的成绩。

在面试过程中，要让候选人不断说话。因为，你的兴趣在于候选人说什么，以及他们所说的是否符合你所要求的成功模式以及个性特点。

面试的成功建立在"八二原则"上，即80％的时间是候选人在说话，而20％的时间是你在说。遵守这一原则，你才能提出正确的问题，恰到好处地得到对方的回答，了解到所需的关于对方的情况。

不要问能用"是"或"不是"来回答问题。开放的、需要展开讨论的问题效果会更好。诸如"你喜欢上一份工作吗"这类问题是封闭性的。你很可能只会得到一两个字的答案，从中几乎得不到任何有关候选人的有用情况。而这样问就好多了："你为什么喜欢这份工作？"

第三步是评价。

在面试后，就应该对候选人作更为详细的评价。把最后的人选与分析阶段得出的要求进行比较，然后在候选人之中进行选择。

分析在面试阶段得到的信息，确定该人选是否具备你所期望的成功模式和个性特征（是完全具备，或不太具备，还是不能确定）。

在决定谁是最佳候选人时，可以先综合一个候选人的所有评价结果，由此得到这个人的整体印象，与另一个候选人所有评价结果进行比较，判断其中一位强于另一位的诸多方面。

招人要注意的八个问题

在选择人才时，即使是最精明的领导，也可能落入选才错误的陷阱。以下是在招聘中常犯的一些错误。

1. 仓促招聘

匆忙地进行招聘，一般容易使标准降低，或者忽略了应聘者的负面因素。由于招聘工作一般需要90~120天，因此，如果一位身处高位的要员突然辞职，招聘他的继任者的工作就应立刻进行。如要增设新职位，更应提前3~4个月进行招聘。

2. 依赖面试评价应聘者

常用的面试对于提高招聘的准确率贡献很小，仅仅能增加2%的准确性。换句话说，如果我们抛硬币，有50%的概率是正面朝上，如果加上面试，这个概率只能变成52%。

为什么面试的效率这么差，却依旧是常用的选拔手段呢？专家们提出了三种解释：第一种是绝大多数管理者在面试前没有规划好，也没有确定好何为合格；第二种是应聘者们比绝大多数的管理者要有更多的面试经历，对如何呈现一个好印象也更有技巧；第三种是面试的确能使管理者了解应聘者是否容易相处与合作，这也许是为什么面试对于应聘者未来工作绩效的预测力不高但管理者依旧采用的重要原因。

3. 用最好的人，而不是最适合那份工作的人

不要为了符合应聘者的能力，而把职位提高至超出本来的要求。为了避免聘用资历过高而最终可能厌倦或离开的人才，雇主需研制一份实际的要求细则，并在招聘时以此为范本。

4. 用成功员工做榜样

以一个成功员工的特点作为选择的标准，听上去似乎挺有道理，但问题在于区别成功与不成功员工特点常常是不清晰的。比如说，在一个对几十个企业近千名优秀推销员推销技巧的分析中发现，优秀的推销员都有三个相似的特征：①在被拒绝时具备高超的表达技巧。②外表整洁。③穿着相对保守、不新潮，特别爱穿黑色的鞋子。

但是，当研究者对这些企业中业绩最差的推销员进行分析时，发现他们也具有上述相同的三个特点。这表明：在对业绩优秀者与业绩不佳者的特点进行区分过程中，必须验证这种区分方法与技术的有效性。否则，管理者可能会挑选出貌似优秀实际上却很差劲的应聘者。

5. 采用归纳法

询问应聘者一些能具体以数据表示的成就，以证实他的自我介绍。采用计分法也可有效地对应聘者作出测试。以10分为满分，看他如何作自我评估。通常认为，如果自己有某方面的弱点，而又不希望被发现，他会给自己打7分；而充满信心的人，则会给自己打8分或9分。但事实上，自己有某方面弱点的应

聘者都会给自己打8分或9分。

6. 提"无意义"问题

与年龄、性别、婚姻、种族或宗教有关的问题，可被视为对应聘者的歧视。所提问题应与这项工作所需的能力有关，如"你是否可以加班工作和出差"等。

7. 忽视对应聘者过去经历的查证

对招聘者而言，这会是一个致命的失误。向推荐人查证，可获悉应聘者过去的表现，并发现他潜在的弱点。如果获得的材料对候选人是负面的，便应对提供者作出解释，表示他所提供的信息有助于评定候选人，使他发挥最大潜力。而在这样的情况下，秉着对候选人的负责，提供者本人坦诚的态度是最重要的。

8. 评价依据个性

不少人力资源管理者都持有这样一种观点：传统的个性因素对于管理上的成功或其他职业的成就是十分重要的。但是统计研究发现，个性因素与特定职业绩效间的相关程度很低。个性测验对于我们认识或培训员工可能是有用的，但对于雇佣员工来说却可能并不适合。技能测验或职业知识测验已愈来愈多地被证明对于工作绩效有较高的预测力。所以尽管了解应聘相关岗位的人员是否自信或精力充沛是必要的，但更重要的是要了解他们是否具有必备的职业技能。

识才不拘一格

常见许多新上任的领导抱怨自己现在的员工不如以前的优秀，于是找种种借口调动自己以前的员工，但这往往起不到更好的效果。一方面使过去的员工的工作增加了不稳定性，又使现有的员工对新上任的领导产生反感。

其实，造成这种现象的最终原因还是有些领导抱着"一朝天子一朝臣"的用人理念，往往拿现在员工的各种素质与以前员工相比较，因而更多地看到的是现有员工身上的短处。

人无完人，若只识其短，则不能知人；若能看重人之优点，则能发掘更多的人才。"天生我才必有用"，每个人都有自己的优点。而能否识人之长，关键还是要解放自己的思想，打破陈规陋习的束缚，排除个人主观的爱憎，即不拘一格地去发现人才。"不拘一格"的"一格"，指的是前人已有的规范或是自己的习惯。唯有破除"一格"，大胆地用人，才能用好人、办好事。

春秋时期秦穆公起用奴隶百里奚，至今传为佳话。

百里奚曾作为秦穆公夫人的陪嫁臣进入秦国。之后，他逃到楚国宛县，被楚国人抓住做奴隶。秦穆公知道百里奚是个贤人，想用重金去赎，又怕楚国知其身份不给，便按奴隶价格去赎，派人对楚国说："我的陪臣百里奚在你们那里，请允许我用五张羊皮赎回他。"于是楚国人就把百里奚给放了。这时百里奚已是一位老人。秦穆公派人打开枷锁，欢迎他回来并向他请教。秦穆公与他谈了3天，敬重其才，把他封为大夫。"五羊大夫"就是这样叫起来的。后来，他辅佐秦穆公建立霸业。

秦穆公破除陈规，任用奴隶成就一番大业。而在第二次世界大战中，罗斯福在诺曼底登陆战中任用年轻的艾森豪威尔更是一绝。

1943年，盟军决定在1944年实施代号为"霸王行动"的诺曼底登陆作战。这一计划在1942年开始拟订时，就受到英美领导人的高度重视，并商定这一战役的最高统帅由一位美国人担任。而最高统帅一职，马歇尔被有关人士普遍看好，因为他对世界六大战场的美军指挥有方，声名显赫，赢得国内国外的充分信任。这时，英美的重要人物都作出了表态。早在1942年7月31日，丘吉尔就在电报中致罗斯福："如果任命马歇尔为'霸王行动'的最高统帅，我们定会同意。"

1943年8月，美国陆军部长也表示："马歇尔凭着他的声望、素质和能力，一定能胜任……我看再也没有比他更合适的人选了。"

1943年秋，盟国首脑们在魁北克会议上，一致同意马歇尔担任这一职务。

但出人意料的是罗斯福最后却选择了马歇尔麾下的一位陆军作战计划处处长，而他的上面有366位比他职位高的将领都没被任命。作出这样的决定，主要是罗斯福需要马歇尔在自己身边出谋划策，但更重要的是艾森豪威尔头脑冷静，目光远大，军事战略思想明确而坚定，并能果断决策，能排除各种困难的干扰。他还善于发挥诸兵种协同作战的优势，而且开朗乐观，善于团结部下。

基于这些原因，罗斯福排除资历、年龄的影响，郑重地任用了艾森豪威尔，终于取得诺曼底登陆战的胜利。

识人在"活"，而要"活"就不能拘泥于陈规。否则，就没有创新，也不能发现更多的人才，不能在事业上一帆风顺、蒸蒸日上。

从实践中观察、鉴别人才

真正的人才不是用来"纸上谈兵"的，而是关键时刻要看其实在能力。时代需要的是实干家而不是空谈家。怎样判断一个人是空谈家还是实干家？方法不过是让谈话者去干实事。用一句很简单的英文谚语即可道明实干与空谈的差别："Actions speak louder than words."这即是说事实胜于雄辩。

"路遥知马力，日久见人心。"领导往往很难一时察觉某个人是否有才，但直觉上领导又不忍放弃选才的机会，于是不得不抱着一种试试看的心理，兴许试用之后贤庸自明。但试用是要担风险的，万一试用不成功，不仅没有觅到自己需要的人才，反倒把自己的秩序给打乱了。聪明的领导便生一计，让其到基层去办事，通过对其"业绩"的考察来决定是否给予升迁。这确实是一种好方法。现代的多数企事业单位在招聘人才后大都有一个试用期，试用期满，老总就会对下属的成绩作一个评价，能够留下来的当然是为领导所满意的、被认为是人才的下属，有时领导还会从其中的特别优秀者中选出一部分委以重任。这便是领导以政试之、察其真才的做法。

有时，领导没必要让所有的人都去做类似的事情，而是在较为器重的人中让他们去做特定的事，通过他们的处世技巧，从而判断其是大才还是小才。这一部分人往往是领导考察的对象，如果干得令领导满意，极有可能成为领导的接班人。而领导要选择接班人更要谨慎行事，委之以政，时时考察。往往选择接班人的结果如何，恰恰反映了一个领导的识才能力，是一个领导有无识才艺术的标准。

与谋略比较起来，后者更注重于识大才，而前者可适用于不同的人群，而且操作性极强，领导可以随心运用。

　　三国时，"卧龙"与"凤雏"齐名，但最初"凤雏"庞统没有得到重用。于是他带着鲁肃和诸葛亮的推荐信去投刘备，但去后并没有把推荐信拿出来。刘备不了解庞统的才能，就把他派到耒阳当县宰，但他到任后不理政事，终日饮酒作乐。有人将情况报告刘备后，刘备就派张飞去察看。张飞去后，果如所言，就责备庞统说："你终日在醉乡，怎么会不耽误事呢？"庞统便让下面的人把所积公务都拿来，不到半日，便批断完毕，而且曲直分明，毫无差错。张飞大惊，回去向刘备具说庞统之才。这时庞统才将推荐信交上。信中鲁肃称庞统不是个只能管理小县的人才，建议刘备重用。诸葛亮这时回来也称庞统是"大贤处小任，以酒糊涂"。刘备这才认识到庞统是有杰出才能的人，便委以重任，作为诸葛亮的副手，共同参与军机大事。

　　在刘备委任庞统，察其才能，再加上鲁肃、诸葛亮两位的推荐，终于找到了贤人。

　　在现实中，委之政事来察其真才实学为多数领导所青睐。这里有一个典型的例子：

　　一次招聘会上，一位应聘者自己有足够的"硬件"，更重要的是还做过学生会干部，有一定的工作经验和管理能力，直说得天花乱坠，把该用来形容自己优点的词几乎都用上了。他以为这是外资企业，老板一定会喜欢这种大胆且敢于自我推销的下属，但招聘的老板并没有被他的话所迷倒，先是把他派到一个小车间管理生产，试用期3个月。结果试用期满，这位应聘者把那个车间弄得一塌糊涂，不得不灰溜溜地逃之夭夭。

　　这位外资企业的老板是聪明的，他知道现实中许多人喜好说大话，吹捧自己，但一到实干的时候就露馅了，因此他就安排一个棋局让这个应聘者去走一遭，能与不能自然就反映出来了。

　　真金不怕火炼，真才不怕检验。如果是人才，在领导委以重任时，发挥自己的才干，从而为人所识；而在领导方面通过让下属办事，从而知晓下属才能的大小，进而判断该给予的任务。委以责任，既是领导识人艺术的体现，也是领导识人、用人的关键。要不为市场上种种的人才所蒙蔽，领导何不试试"委以责任"这把"杀手锏"。

借鉴海尔集团的人力资源模式

海尔集团的员工人数从成立时的800人增加到后来的5万人，为企业的人力资源管理提出了新的课题，如何调动全体员工的积极性和创造性，为企业的发展提供不竭的动力，成为关系到海尔集团发展前景的重要问题。海尔集团在多年的发展过程中，结合企业的实际，总结出了一整套人力资源管理制度和措施，为企业的发展注入了无穷的活力。

海尔集团主要通过以下三种方式来选拔人才。

1. 外部引才

为丰富企业的人力储备，适时补充新鲜血液，海尔集团每年都会根据人力资源中心下达的人力资源规划，从全国各名牌高校的毕业生中挑选部分优秀分子，加入海尔集团。海尔集团新员工招聘录用通常会采用以下原则：

（1）因事择人，知事识人。因事择人，指招聘员工通常是根据工作的需要来进行，严格按照人力资源规划的供需计划来吸纳每一名员工，谨防产生"帕金森现象"，造成人员配备上的误区；知事识人，是要求人力资源中心人员对每一个工作岗位的责任、义务和要求非常明确，学会对人才的鉴别，掌握人才测试、鉴别、选拔的方法，懂得量才所用。

（2）任人唯贤，知人善用。任人唯贤，强调用人要遵守"三公"原则，以事业为重，做到大贤大用，小贤小用，不贤不用；知人善用，是指能及时发现人才，使用得当，"你有多大本事，就给你搭多大舞台"。

（3）严爱相济，指导帮助。海尔集团新员工在试用期间，管理者对其进行必要的考核。考核通常从几个方面进行：能力及能力的提高、工作成绩、行为模式及行为模式改进等；对员工在生活上给予更多的关怀，尽可能地帮助员工解决后顾之忧，在工作上要指导帮助员工取得进步，用情感吸引他们留在组织中；同时，从制度上保证员工享受应有的权利。

2. 内部选才

除了企业"新鲜血液"的必要补充，海尔集团的"求才"主要是通过内部招聘来获得的。海尔集团之所以选择这种以内部选才为主的人力资源管理办法，是基于对现代管理理论的正确理解。实际上，绝大多数成功的企业均采取的是内部招聘的人才选拔形式。据统计，20世纪中叶，美国企业有一半以上的管理职位由内部人员填补；而进入20世纪90年代以后，这一比率已经上升到了90%。

在人力资源管理制度上，海尔集团有很多创举：大学生不受专业限制，可以在全厂范围内自由择岗；员工可以直接与干部竞争上岗；干部可以不受部门约束自由选择想去的地方；为集团各部门人选统一制定标准，考试上岗……一系列公正合理的竞争制度，给了每个人平等的竞争舞台，增强了员工的工作热情，从而真正保证了用人制度的合理、高效实施。

在内部选才过程中，海尔集团的升迁机制设定是根据强化理论进行的。"发展才是硬道理"，能否推动企业高速稳定发展，是衡量干部人事工作成效的最终标准。海尔集团坚持在建立竞争激励机制上下工夫，形成了有利于优秀人才脱颖而出的人才选拔环境。

海尔集团的人力资源开发理念是"人人是人才"。集团80%以上的员工是年轻人，他们的成长有其自身规律，思想活跃、竞争意识强。但发挥年轻人的潜能关键是要有良好的环境，为每一个青年人施展才华创造平等机遇。海尔集团坚持"赛马不相马"，就是给所有的人一个参赛的机会，每个人都有权力参加竞赛。

在具体操作上，海尔集团实行"公开招聘，竞争上岗"的赛马规则，每个月由人力资源开发中心公布一次招聘条件、工作目标和招聘程序及动态激励情况，符合条件的人员都可以领到一张表，参加竞聘的人根据自己的能力与条件选择竞争方向，大家机会均等。竞聘会上，在竞聘人演讲、回答评委提问后，由评委打分，员工代表民主评议。会后由监督小组负责对评分和民主评议情况汇总进行监督，各项得分在内部网上公布，按规定程序任命。与此同时，海尔集团对全员实行"三工并存、动态转换"的激励制度，即在全员合同制的基础上，将所有员工分为优秀员工、合格员工、试用员工三个等级，根据工作绩效，"三工"之间进行动态转换，并与个人报酬相挂钩，不同的状态享受不同的待遇。此外，海尔集团的"农民合同工升迁之路"、以市场为中心的业绩衡量标准也都坚持"三公"原则，有效地避免了任人唯亲等不良现象的发生，确保优秀人才能够及时被选拔到重要岗位上来。

3. 向外借才

海尔集团在实施和深化技术创新过程中提出了"整合力"的概念，认为企业最重要的是利用多少资源，而不是拥有多少资源，企业要具备整合各种科技资源为自己所用的能力，并进一步提出"借力"的观念。市场的整合力就是海尔集团的核心竞争力，它是一种使名牌不断升值的能力。企业的核心竞争力要通过两种整合来体现：一种是企业体制与市场机制的整合；另一种是产品功能与用户需求的整合。

现在国内许多企业强调企业自身拥有多少博士，而海尔集团认为人力资源不在于拥有多少，而在于借用了多少，因为最重要的是出成果。

海尔集团和中科院合作了两个比较好的项目：一是与控股抗菌塑料研究中心合作，这个国家级研究中心有很多博士和研究生，拥有在塑料方面的顶级人才，目前海尔集团产品使用的抗菌塑料就是他们研究的；二是和中科院在沈阳的机器人研究所搞合作，如果搞好这个项目，在21世纪就会有很大的发展。此外，海尔集团还和国外大公司搞了一些大的战略合作，在硅谷设立了研究所。面对数字化的冲击，海尔集团与荷兰飞利浦公司建立技术联盟，与国家广电总局广播科学研究院控股成立"海尔广科数字技术开发公司"，与德国迈兹公司联合成立"德国海尔数字技术研究中心"，共同进行数字产品的开发。这些资源都是别人的，但核心竞争力是海尔集团的，牌子是海尔集团的，最后占据的市场是海尔集团的，这就是一种"借力"做法。

在人力资源方面，海尔集团同样实施了以资本和经济利益为纽带的"借力"办法。以资本和经济利益为纽带，就是投入一定知识资本，与科研院所、高等院校合作，进行产、学、研联合开发。海尔集团已控股经营多家科研公司，并与全国多所高等院校的多名教授建立联合性质的开发网络、信息网络，还与国际上著名的大公司如东芝、菲利浦、迈兹等建立了长期合作关系。海尔集团在世界各地建立的信息站、设计中心、经销网点以及在多个国家聘请的法律顾问构成了全球信息网，保证了企业能及时获取国际最新的科技信息、市场信息，并充分了解当地市场的设计趋势和法律动态。正是靠进入每一个新市场时踏踏实实的基础工作，靠对世界市场动态的准确把握，海尔集团能用最快的速度，生产出最符合各地消费者需要的产品，同时在销售过程中减少因对当地法律和各种社会问题不了解而带来的风险。海尔集团体会到，企业内部拥有人才固然重要，但同时还要善于开发利用人才资源，充分"借力"，使外部人才为我所用。

关于"借力"，张瑞敏是这样说的："企业说到底就是人，管理说到底就是借力。你能把许多人的力量集中起来，这个企业就成功了。如果他们愿意把力量借给我一起完成一个目标，这就是成功的管理。"

第12章
给员工"灌输"些大道理，培养员工的职业使命感

忠诚：只有忠诚的人才被重用

企业领导都喜欢忠诚的员工，没有一个企业欢迎不忠诚的员工。

我们都知道拿破仑曾经说过："不想当元帅的士兵就不是好士兵。"但他还说过，不忠诚于统帅的士兵就没有资格当士兵。"士兵必须忠诚于统帅，这是义务。"这是第二次世界大战时美国著名的将领麦克阿瑟的名言。作为企业中的一员，忠诚于自己所在的团体也是每个员工的义务。

一家在上海的外资企业，录用员工后的第一堂课就是"员工如何为企业服务"。随后，除了定期的业务学习外，企业还将"忠诚员工"课程分成"为何要忠诚于企业"、"频繁跳槽之优劣"、"国外忠诚员工"等系列讲座，定期开讲。企业与员工签订并让其高声宣读："作为企业的一员，我将与企业同生死共命运，忠心耿耿地为企业服务……"等誓言和保证。

越来越多的企业将员工的培养定位在"忠诚"之上，说明了企业在激烈的竞争常态之下，已经越来越体会到员工对于企业生存与发展的意义和作用。没有一个忠诚于自己企业的团队，没有这支团队的不懈努力，仅仅靠企业领导在市场激烈竞争中打拼，是难以取得竞争的主动权和制胜法宝的。

现在企业都面对世界级的激烈竞争，很多时候决定成败的往往是细节的

竞争。一个成功的企业不仅仅需要有才华的员工，还需要有比才华更重要的东西，一个员工忠诚的品质决定了他的位置。

小狗汤姆到处找工作，忙碌了好多天，却毫无所获。它垂头丧气地向妈妈诉苦说："我真是个一无是处的废物，没有一家公司肯要我。"

妈妈奇怪地问："那么，蜜蜂、蜘蛛、百灵鸟和猫呢？"

汤姆说："蜜蜂当了空姐；蜘蛛在搞网络；百灵鸟是音乐学院毕业的，所以当了歌星；猫是警官学校毕业的，所以当了保安。和他们不一样，我没有接受高等教育的经历和文凭。"

妈妈继续问道："还有马、绵羊、母牛和母鸡呢？"

汤姆说："马能拉车，绵羊的毛是纺织服装的原材料，母牛可以产奶，母鸡会下蛋。我和它们不一样，什么能力也没有。"

妈妈想了想，说："你的确不是一匹拉着车飞奔的马，也不是一只会下蛋的鸡，可你不是废物，你是一只忠诚的狗。虽然你没有受过高等教育，本领也不大，可是，一颗诚挚的心就足以弥补你所有的缺陷。记住我的话，儿子，无论经历多少磨难，都要珍惜你那颗金子般的心，让它发出光来。"

汤姆听了妈妈的话，使劲地点点头。

在历尽艰辛之后，汤姆不仅找到了工作，而且当上了保安部经理。鹦鹉不服气，去找老板理论，说："汤姆既不是名牌大学的毕业生，也不懂外语，凭什么给它那么高的职位呢？"

老板冷静地回答说："很简单，因为它忠诚而勇敢。"

这个世界需要秩序，而且是严密的秩序。这不仅仅是人类社会的法则，也是自然界的规则。在蜜蜂的世界里，所有的工蜂必须忠诚于自己的统帅。它们必须任劳任怨地供养着蜂王，忠诚于蜂王，只有这样，才能确保整个蜜蜂世界的和谐统一，才能保证它们是一个充满战斗力的团体，可以抵御外界的一切突发状况。

一个团体必须有严格的秩序，才能确保行动的一致性和协调性。忠诚于团队，忠诚于企业，则是整个团队实现自己目标的关键因素。领导只有依靠员工的忠诚，才能形成巨大的合力，才会无坚不摧、战无不胜。

对于一个企业而言，忠诚的员工是确保整个企业能够正常运行、健康发展的重要因素。员工的这种自下而上的忠诚对于企业来讲是必须的。你如果要玩某种游戏，就必须遵守游戏规则，否则很快会被淘汰出局。

很多领导都认为，最有价值的助手一个最基本也最可贵的品质就是忠诚。如果你足够优秀，自信能够得到重用，那么你需要让领导感受到你的忠诚。因为事实上领导正需要你这样一个优秀又忠诚的帮手。

领导应该这样告诫员工：作为企业的一分子，给予企业忠诚，你才能够得到你所需要的。因为只有企业发展了，你才能得到更多的回报。而你的个人价值，也可以通过工作成果来证明和实现。忠诚是造就你的职业声誉和个人品牌的最重要因素。

同时，还要让员工认识到：员工忠诚的受益者并不仅仅是企业，最大的受益者其实是员工自己。因为，一种职业的责任感和对事业的忠诚一旦养成，就会让你成为一个值得别人信赖的、可以被委以重任的人。

敬业：价值体现在敬业的态度中

什么是敬业呢？敬业就是对所从事的工作和事业从心底里充满着敬畏、尊重和努力追求的态度，以及把工作和事业做好做强的实际行动。具体表现为忠于职守、尽职尽责、一丝不苟、全心全意、善始善终等职业道德，其中糅合了一种使命感和责任感。这种道德感在当今社会得以发扬光大，使敬业精神成为一种最基本的做人之道，也是成就事业的重要条件。

任何企业都喜欢自己的员工对工作兢兢业业，都希望自己的员工具有敬业精神。具有敬业精神对员工自身的发展影响深远，一方面可以借此提高自己的业务能力，为未来的发展打下良好的基础；另一方面可以使企业满意，给其留下好印象。如果缺乏敬业精神，整天懒懒散散拖拖拉拉，只会加深企业对你的不满，有百害而无一利。

在工作面前，态度决定一切。没有不重要的工作，只有不重视工作的人。不同的态度，成就不同的人生。因为，有什么样的态度就会产生什么样的行为，而行为决定结果。员工们应该形成这样的认识：既然从事这种职业，就应该竭尽全力，积极进取，尽自己最大的努力，去做好它，去完成它。工作态度决定一切，积极地面对生活，敬业的工作态度会让你的成功很快来临。

对企业忠诚和工作积极主动是企业领导最欢迎的。因为一般来说，人的智力相差不大，工作成效的高低往往取决于对工作的态度，以及勇于承担任务及责任的精神。在工作中尽职尽责、满怀热情的员工，其成效必然较高，从而受到企业老板的器重和信赖。

具体说来，踏踏实实地工作是员工敬业精神的基本表现。企业领导可从以下几个方面来培养员工的敬业精神：

首先，对工作要有耐心、恒心和决心。任何事情都不是一蹴而就的，因此，在工作中要做到不计较个人得失，勇于吃苦耐劳，踏实肯干。不可只凭一时的热情来工作，也不能在情绪低落时就马马虎虎、应付了事。企业领导认为，有这种表现的员工是靠不住的。当领导吩咐你做一件事的时候，一定要坚持到底，再苦再累都要尽力把它完成好。

其次，要学会巧干。做事是要讲究效率的，虽然有时你在工作中踏实苦干，但是本来需要1个小时就能完成的工作，你却干了3个小时甚至更多，这同样也不会让领导对你有好感。对于工作，领导往往不看重你撒了多少次网，关键是注重你的网中有没有鱼，有多少鱼。因此，对工作不仅要苦干还要学会巧干。有很多人看起来工作很认真，每天都在兢兢业业、埋头苦干，但忙忙碌碌的就是没干出多少成绩。勤勤恳恳工作的敬业精神，并不是不要求工作的效率和方法。苦干是领导喜欢看到的，但领导更喜欢巧干、高效率的员工。

再次，还要学会说话。作为员工的你在埋头苦干的同时，不要像个"闷葫芦"一样一言不发。不但要会干，还要会说。要采取巧妙的方法让领导感到你在背后付出的努力和艰辛，也让领导感到你的确是一个勤奋敬业的好员工。

比尔·盖茨在被问及他心目中的最佳员工时，他强调了这样一条：一个优秀的员工应该对自己的工作满怀热情，当他对客户介绍本企业的产品时，应该有一种传教士传道般的狂热。热爱自己的职业，敬重自己的职业，把自己的职业当成自己的事业，始终以旺盛的精力、高涨的热情、扎实的作风投入到工作中去，真正做到敬业。你会发现自己的价值在工作中充分得到了体现，你会享受工作，享受自我。

　　企业领导要让员工明白：喜欢自己的工作，敬重自己的工作，才会全心全意地投入，才会不厌其烦地想要把它做好。只有全心全意、尽职尽责地工作，才能在自己的领域里出类拔萃，这也是爱岗敬业精神的具体表现。不能满足于普普通通的工作表现，要做就要全力以赴，做到最好，这样才能成为企业里不可或缺的人物，成为领导最青睐的人物！

主动：不是"要我做"，而是"我要做"

　　在工作中，企业领导要消除员工抱有的"企业要我做些什么"的想法，让员工多想想"我要为企业做些什么"。某些时候，对领导来说，员工全心全意、尽职尽责是不够的，还应该比自己分内的工作多做一点，做的比领导期待的更多一点，如此才可以吸引更多的注意，给自我的提升创造更多的机会。

　　许多企业领导都会这样说：作为一个员工，你没有义务去做自己职责范围以外的事，但是你也可以选择自愿去做，以驱策自己快速前进。率先主动是一种极珍贵、备受看重的素养，它能使人变得更加敏捷，更加积极。积极的工作态度能使你从竞争中脱颖而出。

　　世界著名的成功学专家拿破仑·希尔曾经聘用了一位年轻的小姐当助手，替他拆阅、分类及回复他的大部分私人信件。当时，她的工作是听拿破仑·希尔口述，并记录信的内容。她的薪水和其他从事相类似工作的人大致相同。

　　有一天，拿破仑·希尔口述了下面这句格言，并要求她用打字机打印出来："记住：你唯一的限制就是你自己脑海中所设立的那个限制。"

　　她把打好的纸张交还给拿破仑·希尔时说："你的格言使我获得了一个想法，对你、对我都很有价值。"

　　这件事并未在拿破仑·希尔脑中留下特别深刻的印象，但从那天起，拿破仑·希尔可以看得出来，这件事在她脑中留下了极为深刻的印象。她开始在用完晚餐后回到办公室来，并且从事不是她分内的而且也没有报酬的工作。她开始把写好的回信送到拿破仑·希尔的办公桌来。她已经研究过拿破仑·希尔的风格。因此，这些信回复得跟拿破仑·希尔自己所写的一样好，有时甚至更好。她一直保持着这个习惯，直到拿破仑·希尔的私人秘书辞职为止。当拿破仑·希尔开始找人来补这位秘书的空缺时，他很自然地想到这位小姐。

但在拿破仑·希尔还未正式给她这项职位之前，她已经主动地接受了这项职位。由于她在下班之后，以及没有支领加班费的情况下，对自己加以训练，终于使自己有资格出任拿破仑·希尔的秘书。

不仅如此，这位年轻小姐高效的办事效率引起了其他人的注意，有很多人为她提供更好的职位请她担任。她的薪水也多次得到提高，最后已是她当初时作为普通速记员薪水的好几倍。

一般人认为，忠实可靠、尽职尽责完成分配的任务就可以了，但这还远远不够，尤其是对于那些刚刚踏入社会的年轻人来说更是如此。要想取得成功，必须做得更多更好。成功者除了做好本职工作以外，还需要做一些不同寻常的事情来培养自己的能力，引起人们的关注。

如果你是一名货运管理员，也许可以在发货清单上发现一个与自己的职责无关的未被发现的错误；如果你是一名过磅员，也许可以质疑并纠正磅秤的刻度错误，以免企业遭受损失；如果你是一名邮差，除了保证信件能及时准确到达，也许可以提供一些超出职责范围的服务……这些工作也许是专业技术人员的职责，但是如果你做了，就等于播下了成功的种子。

如果不是你的工作，而你做了，这就是机会。为什么当机会来临时人们总是无法确认，因为机会总是乔装成"问题"的样子。当顾客、同事或者领导交给你某个难题，也许正为你创造了一个珍贵的机会。对于一个优秀的员工而言，领导的组织结构如何，谁该为此问题负责，谁应该具体完成这一任务，都不是最重要的，他心目中唯一的想法就是如何将问题解决。

个人的主动进取精神很重要，许多领导都努力把自己的员工培养成主动工作的人。所谓主动，就是没有人要求你、强迫你，你却能自觉而且出色地做好需要做的事情。一个做事主动的人，知道自己工作的意义和责任，并随时准备把握机会，展示超乎他人要求的工作表现。

"我要做"某件事情，初衷也许并非为了获得报酬，但往往获得的更多。

心态：快乐工作就是快乐生活

工作是人生不可或缺的一部分，一个人抱着什么样态度去工作，也就是抱着什么样的态度去生活。卡尔文·库艺说："人生真正的快乐不是无忧无虑，不是去享受，这样的快乐是短暂的。缺少一份充满魅力的工作，你就无法领略到真正的快乐。"

那么，什么样的工作才算是有魅力的工作呢？每个人心里或许都有自己的答案，但同时每个人也应该明白，这并不是最重要的。因为每个人心里明白，一份工作是否充满魅力，并不完全取决于工作本身，而是从事该工作的人对这份工作所持有的态度。

诗人弥尔顿说："一切皆由心生，天堂和地狱只不过一念之间。"你认为自己工作得很快乐，你就会工作得很快乐；你认为上班简直是一件苦差事，你从每周一到周五都会感到很痛苦。正如某位哲人所说，你选择了如此，你便如此。

其实，在一个人的人生旅程中，很多时候根本无从选择，比如父母、性别、出生环境；比如可以选择学校却无法选择老师，可以选择工作却无法选择上司和同事。但很多时候又充满了选择，比如面对困难是坚持还是放弃，面对逆境是哭还是笑，面对挑战是快乐还是忧伤，面对生活是乐观还是悲观。因为无从选择，我们学会了接受同时也经历了磨炼；因为可以选择，我们与命运相搏，追寻自身的价值，实现人生的理想。

这就是生活。如果你不能牢牢把握住自己的选择，你就会失去了主宰自己命运的机会。

企业领导要让员工明白：如果你不能在自己所从事的工作中创造出魅力，寻找到让自己快乐的东西，你也就失去从事这份工作的意义。

有位学者一日在外散步，他看见一名警察愁眉苦脸的，就问："怎么了？有什么事情让你烦恼吗？"

警察回答说："我一天到晚地巡逻只有10美元，这样的工作简直是在浪费时间。"

后来一个灰头土脸的扫烟囱的人走过来，学者觉得他很快乐，就问他："你一天能得到多少收入？"

扫烟囱的人回答："3美元。"学者又继续问："一天才拿3美元，你为什么这么快乐？"扫烟囱的人惊讶地说："为什么不呢？"警察鄙视地说："只有垃圾才爱干垃圾的工作。"

学者严肃地说："警察先生你错了，他在干着使自己愉悦的工作，但是你却每天被工作奴役着，他的人生一定比你更精彩！"

人生最大的价值，就是让自己活得精彩。苏格拉底说："每个人身上都有太阳，只是要让它发出光来。"很多人一生都在做着平凡的工作、平凡的事，都处在平凡的工作岗位上，但平凡并不意味着平庸，只要让自己所工作的每一天都充实而有意义，工作自然会对你显示出魅力，让你为之快乐。爱迪生曾说："在我的一生中，从未感觉是在工作，一切都是对我的安慰……"工作是一个人价值的体现，如果将它当成苦役，生活的乐趣从何而来！每天很早就起床，急急忙忙赶往公司，坐一天，或者跑一天，好不容易熬到下班再拖着疲惫的身体回家……这样生活有什么快乐？过这样的生活有什么意义？不要抱怨工作，如果觉得工作太枯燥，最容易和最简单的办法，就是改变一下自己对工作的态度，多投入一些热情。这才是最明智的选择。

有个英国记者到南美的一个部落采访。

这天是个集市日，当地土著都拿着自己的特产到集市上交易。这位英国记者看见一位老太太在叫卖柠檬，虽然并无多少人光顾，但她总是一脸笑容打量着从她摊前走过的每一个人。记者见老太太一上午也没卖出几个柠檬，动了恻隐之心，打算把老太太的柠檬全买下来，好让她能高高兴兴地回家。

当这位记者把自己的想法告诉老太太的时候，老太太的话却使记者大吃一惊："都卖给你？那我下午卖什么？"

是啊！你每天去工作，为的自然是能够赚足够多的钱来贴补自己的生活所需，但如果你因此而纯粹为钱去工作，工作自然也会变成生活的一种负担，怎能让你不为之感到厌烦、痛苦？

曾经在美国费城的大楼上立起第一根避雷针的、有着"第二个普罗米修斯"之称的富兰克林说过这样的话："我读书多，骑马少；做别人的事多，做自己的事少。最终的时刻终将来临，到那时我但愿听到这样的话'他活着对大家有益'，而不是'他死时很富有'。"

活着对大家有益，这就是工作赋予每个员工的意义——如果你能够积极地对待工作，并努力从工作中发掘出自身的价值，你就会像爱迪生、富兰克林、那位土著老太太一样，发现工作是生命的一种必须，是快乐最大的源泉，而不是一种惹人生厌的苦役。

一则关于巴顿将军的小故事生动地说明了什么是人生最大的快乐。

巴顿将军驾车去前线鼓舞士气，向众将士问道："什么是人生最大的快乐？"一位士兵回答："被尊重。""那太依赖了。"巴顿将军说。又有一个人说："爱。"巴顿将军笑道："太天真。"接下许多人都提出了自己的观点，巴顿将军都一一否定了，最后他提出了自己的答案："被需要。"

快乐的人生就是"被需要"，快乐的工作就是"被需要"，如果每个员工能以"被需要"的心境去工作，那么工作就会变成为其营造的快乐天堂。

有一个叫迈克的青年，在一家汉堡店工作。他每天都工作得很快乐，特别是在煎汉堡的时候非常用心。许多人对他如此开心感到不可思议，纷纷问他："煎汉堡的工作环境不好，又是件单调乏味的事，到底是为什么让你如此开心对待这份工作？"

迈克高兴地说："在我每次煎汉堡时，便会想到，如果点这个汉堡的人可以吃到一份精心制作的汉堡，他就会高兴。所以我要好好煎每一个汉堡，使吃汉堡的人能感受到我带给他们的快乐。因此煎汉堡是我将自己的快乐传染给别人一种使命，我必须愉快地、认真地做好它。"

迈克回答让许多不解的人十分感动，他们将这件事告诉了周围的同事、朋友和亲人。一传十，十传百，越来越多的人来这家店吃汉堡，同时也很想看看"快乐煎汉堡的人"。

总公司很快知道了这件事，派专人到这家店考察，结果有感于迈克这种热情积极的工作态度，对他进行了重点培养，并很快升他做了分公司经理。

迈克把做好每一个汉堡让顾客吃得开心当做自己工作的使命，那么对他而言，这自然是一件很有意义的工作，他工作着也就是快乐着，他工作的快乐也是他人生的快乐。

负责：有责任心才有将来

据统计，在世界500强企业中，近几十年来，从美国西点军校毕业出来的董事长，有1 000多名，而副董事长也有2 000多名，总经理一级的人才更是高达5 000多名。

于是我们不得不思考，为什么西点军校比世界上任何一家商学院培养出来的企业领导都要多呢？

当我们了解到西点军校对学员们的要求就会发现，"职责"、"荣誉"、"国家"这三个词一直是西点军校百年不变的校训，其中，职责被放在了最前面。而西点军校也正是通过准时、守纪、严格、正直、刚毅的纪律要求，把每个学员锻造成为勇于承担责任的人。这些品质，都是优秀企业对领导的最基本要求，也是最值得挖掘和培养的领导素质。

而商学院却把精力放在教授学员商业知识和技巧上，缺乏一种对人的最基本的素质的培养，特别是责任意识的培养。正因为如此，西点军校远比商学院培养出更多的领导人才。

优秀的成功者并非都具有渊博的知识、无与伦比的才华、天才般的大脑，但在他们身上却有一个最基本的共同点，那就是强烈的责任意识。

或许你每一天都在向往成功，想象事业有成时的辉煌情景，但是，你能在最基本的工作中，做到百分之百对自己负责吗？

什么叫百分之百负责呢？英国人的两封信为我们树立了榜样：

2002年的一天，位于武汉市中心的景明大楼的业主收到了一封来自英国某设计所的挂号信，信中写道："景明大楼为本建筑设计事务所设计，设计的安全年限为80年，现已超期服役，敬请业主注意。"

2005年的一天，广州市市政部门也收到50多年前为广州海珠桥提供钢材的一家英国企业的一封来信。信中说："修建海珠桥的钢材已经有100年的历史，接近使用寿命，建议进行检测，并根据测试结果进行加固。"

原来，海珠桥是1950年由广州市政府着手重建的，所使用的钢材是从当时英国的一座旧钢桥上拆卸下来的，所以就其寿命计算，估计快有100年了。

这两封非常有意思的陌生来信，体现了英国人强烈的责任意识。100年前，这两家英国机构参与了这两个建筑的建设，过了将近1个世纪，它们依然为此事负责，这就是百分之百的负责任。

责任是不分大小的，一丁点儿的不负责，就可以使一个百万富翁很快倾家荡产；而多一分责任心，却可以为一个企业挽回很多损失。

有一个主管过磅称重的小职员，由于怀疑计量工具的准确性，自己动手修正了它。这位小职员并没有因为计量工具的准确性属于总机械师而不是自己的职责，就不闻不管，听之任之。正是小职员的这种责任心，为企业挽回了巨大的损失。

企业在衡量一个人能否被委以重任时，除了考察他的能力以外，另外一个考察的重点，就是遇到问题的时候，他能否承担责任。

约翰和戴维是速递公司的两名职员，他们俩是工作搭档，工作一直很认真，也很卖力。上司对这两名员工很满意，然而一件事却改变了两个人命运。

一次，约翰和戴维负责把一件很贵重的古董送到码头，上司反复叮嘱他们路上要小心，没想到送货车开到半路却坏了。如果不按规定时间送到，他们要被扣掉一部分奖金。

于是，约翰凭着自己的力气大，背起古董，一路小跑，终于在规定的时间赶到了码头。这时，戴维说："我来背吧，你去叫货主。"他心里暗想，如果客户看到我背着古董，把这件事告诉老板，说不定会给我加薪呢。他只顾想，当约翰把古董递给他的时候，一下没接住，古董掉在了地上，"哗啦"一声，古董碎了。

"你怎么搞的，我没接你就放手。"戴维大喊。

"你明明伸出手了，我递给你，是你没接住。"约翰辩解道。

他们都知道古董打碎了意味着什么，没了工作不说，可能还要背负沉重的债务。果然，老板对他俩进行了十分严厉的批评。

"老板，不是我的错，是约翰不小心弄坏了。"戴维趁着约翰不注意，偷偷来到老板的办公室对老板说。老板平静地说："谢谢你，戴维，我知道了。"

老板把约翰叫到了办公室。约翰把事情的原委告诉了老板。最后说："这件事是我们的失职，我愿意承担责任。另外，戴维的家境不太好，他的责任我愿意承担。我一定会弥补我们所造成的损失。"

约翰和戴维一直等待着处理的结果。一天，老板把他们叫到了办公室，对他们说："公司一直对你俩很器重，想从你们两个当中选择一个人担任客户部经理，没想到出了这样一件事，不过也好，这会让我们更清楚哪一个人是合适的人选。我们决定请约翰担任公司的客户部经理。因为，一个勇于承担责任的人是值得信任的。戴维，从明天开始你就不用来上班了。"

"老板，为什么？"戴维问。

"其实，古董的主人已经看见了你们俩在递接古董时的动作，他跟我说了他看见的事实。还有，我看见了问题出现后你们两个人的反应。"老板最后说。

任何一位企业领导都清楚：一个能够勇于承担责任的员工对于企业有着重要的意义。问题出现后，推卸责任或者找借口，都不能掩饰一个人责任感的匮乏。

在工作中承担责任，并把它当成一种习惯去培养并固定下来，一旦出现问题，就敢于担当，并设法改善。慌忙推卸责任，只会伤害企业和客户的利益，同时，也会伤害到自己。绝大多数企业领导都不愿意让那些习惯于推卸责任的员工来做他的助手。在领导眼里，习惯于推卸责任的员工是不可靠的。

在工作中承担责任，就要说到做到，领导布置了任务，你一旦接受下来，就一定交给领导一个满意的答案，这就是承担责任最基本的要求。在执行中，不要以为自己不做会有人来做；也不要以为自己丁点儿不负责不会被人发现，不会对企业有什么影响；更不要只注意数量而不在意质量，草草地完成任务。

对自己的行为负责，就是对企业和领导负责，对客户负责，这才是真正成熟的员工。也只有这样的员工，才能在企业中有所发展。这是每一个企业都期望员工做到的。

质量：做好了，才叫做了

有一次，一位法国农场主驾驶着一辆奔驰货车从农场出发去德国。一路上凉风习习，路况良好，法国农场主不由哼起了小曲。可是，当车行驶到了一个荒村时，发动机出故障了。农场主又气又恼，他抱着试一试的心情，用车上的小型发报机向奔驰汽车公司的总部发出了求救信号。没想到，几个小时后，天空就传来了飞机声。原来，奔驰汽车公司的检修工人在工程师的带领下，乘飞机来为他提供维修服务。

一下飞机，维修人员的第一句话就说："对不起，让您久等了。但现在不需要很久了。"他们一边安慰农场主，一边开始了紧张的维修工作。不一会儿，车就修好了。

"多少钱？"看见车修好了，法国农场主问道。

"我们乐意为您提供免费服务！"工程师回答。

农场主本来以为他们会收取一笔不菲的维修金，听到工程师回答简直大吃一惊，"可你们是乘飞机来维修的呀？"

"但是因为我们的产品出了问题才这样的。"工程师一脸歉意，"是我们的质量检验没做好，才使您遇到了这些麻烦，我们理应给您提供免费服务的。"

法国农场主很受感动，连连夸赞他们，夸赞奔驰汽车公司。后来，奔驰汽车公司为这位农场主免费换了一辆崭新的同类型货车。

要么不做，要做就要做好。100多年来，奔驰汽车公司一直在购车人群中有着良好的口碑，使得他们销售产品成为一件水到渠成的事情。

做好了，才会让人印象深刻。一名员工只有不断对自己提出要求，高质量地完成工作，才能让他自己不断得到提升，领导对这名员工自然也会刮目相看。

当年，爱迪生全力以赴地投入了电灯的研制。他尝试用各种材料来做灯丝，比如稻草、麻绳、炭化的纸、玉米、棉线、木材、马鬃、头发、胡子以及

铝和铂等金属，总共达1 600多种。最后，经过1年多的艰苦研究，他终于找到了一种灯丝，这种灯丝能够使得灯泡持续发光45小时，但45个小时之后，看着灯丝慢慢熔化，他说道："如果它能坚持45个小时，再过些日子我就要让它烧100个小时。"

果然，2个月后，灯丝的寿命达到了170小时。当时的《先驱报》整版都用来报道他的研究成果，诸如"伟大发明家在电力照明方面的胜利"、"不用煤气，不出火焰，比油便宜，却光芒四射"、"十五个月的血汗"……

就在这年的新年前夕，爱迪生把40盏灯挂在从研究所到火车站的大街上，接通电源，让它们同时发光，以迎接出站的旅客。无数的人听到这样的消息之后，专门赶来观看奇迹，由于人们当时只见过煤气灯，所以对这么伟大的发明，大家用最热烈的欢呼来称赞爱迪生："爱迪生万岁！"。不但如此，最令人惊讶的是电灯不仅能发亮，而且说亮就亮、说灭就灭，爱迪生看起来简直就是一个神奇的魔法师。其中有个人盯着电灯看了许久许久，别人问他在看什么时，他喃喃说道："看起来蛮漂亮的，可我就是死了也不明白这些烧红的发卡是怎么装到玻璃瓶子里去的。"

面对这一切，爱迪生并没有太得意，他对欢呼的人群说道："大家称赞我的发明是一种伟大的成功，其实它还在研究中，只要它的寿命没有达到600小时，就不算成功！"

这次事件之后，源源不断的祝贺信、电报和礼物从世界各地飞来，关于他的传闻也各种各样。所有的这一切，爱迪生都置若罔闻，他还是默默地呆在自己的实验室，一次又一次地做着改进灯泡的试验。600小时的目标达到了，他又提出更高的目标。在他坚持不懈的努力下，他的样灯的寿命最后达到了1 589小时！

虽然当时的人都对爱迪生发明电灯这件事赞不绝口。但是如果灯丝一直保持在只能坚持燃烧45个小时，那么用不了多久人们就会抱怨的。领导要告诉员工：不要满足于身边的褒贬，你自己应该清楚你的能力怎样，能把事情做到什么样的程度，努力把事情做好。

一位叫丽莎的房地产推销员，她的工作十分出色，引人注目。顾客们都愿意找她帮忙解决问题。丽莎就是以优质的服务征服顾客的。

比如：她注意了解供水是否正常。如果前房主拆走了水管，便马上退一部分定金。她也帮顾主安装电话。丽莎做工作很仔细，她知道当地某学校某年级学生与教师的比例，甚至叫得出老师的名字。她能说出郊区火车月票的价格——精确到美分。她还告诉顾客快车上只有20分钟开空调的时间，等等。

每当新住户搬进新居前，她都会准备一份礼物，并在到来的第一天与他们共享一顿美餐——她知道刚搬家时做饭还不方便，第一天晚上她会邀请他们到自己家共进晚餐。她还安排新来者加入当地的俱乐部：她了解住户的宗教信仰，与当地教堂联系："这里有新教友，见见面怎么样？"这些事情听起来不可思议，但丽莎做到了这些，她从各方面尽力帮助新住户迅速融入社区生活。

企业领导在平时的工作中，要务必让员工清楚认识到：积极而有成效的行动不仅会让人收获一个完美的工作结果，还会让人自己感觉良好，更有自信，提升工作状态，让你产生继续工作的持久动力。

既然去做，就做好吧。这是对你自己的工作负责，更是对你自己的生命负责。这是企业对你的要求，也应成为你对自己的要求。

感恩：工作让你成长

有位父亲告诫刚踏入社会的儿子："若遇到一位好老板，便要忠心地为他工作。假如第一份工作就有很好的薪水，那算你的运气好，要努力工作以感恩惜福；万一薪水不理想，老板也不太好，就要懂得在工作中磨炼自己的技艺。"

这位父亲是睿智的，所有的年轻人都应将这些话牢牢地记在心底，始终秉持这个原则做事。即使起初位居他人之下，也不要计较。在工作中不管做任何事，都应将心态回归到零，学会感激工作中的一切：感谢工作环境，感谢每一次的工作机会，并积极地将每一次工作任务都视为一个新的开始，一段新的体验，一扇通往成功的机会之门。视工作为机遇，以快乐的心情投入其中，来换取最大的收获，而不是视之为难以忍受的苦差事。这才是你需要有的态度。

企业领导要让每个员工树立起自己梦想，绝不要员工单纯地为工作而工作，而是要清楚自己是在为自己的理想而努力着。工作固然是为了生活，但比生活更可贵的就是在工作中充分挖掘自己的潜能，发挥自己的才干。每个人如果将工作视为一种积极向上的学习经验，那么每一项工作中都包含着许多个人成长的机会。

要让员工珍惜他的工作经历。要让其努力看到工作背后隐藏的成长机会，看到他可以从工作中获得的技能和经验，看到这份工作对他自己的未来将会产生怎样的影响。

工作是否单调乏味，往往取决于每个人做它时的心境。人可以通过工作来学习，可以通过工作来获取经验、知识和信心。对工作投入的热情越多，决心越大，工作效率就越高。工作不仅是为了满足生存的需要，同时也是实现人生价值的需要。一个人总不能无所事事地终老一生，应该试着将自己的爱好与所从事的工作结合起来，无论做什么，都要乐在其中，而且是真心热爱自己所做的事。成功者都喜爱自己的工作，并且能将这份热情传递给他人，使大家也受到感染，乐于与他们相处或共事。

美国独立企业联盟主席杰克·法里斯年少时曾在父亲的加油站从事汽车清洗和打蜡工作，在这里工作期间他曾碰到过一位难缠的老太太。每次当法里斯给她把车弄好时，她都要再仔细检查一遍，让法里斯重新打扫。直到清除每一点棉绒和灰尘，她才满意。后来法里斯受不了了，他的父亲告诫他说："孩子，记住，这是你的工作！不管顾客说什么或做什么，你都要做好你的工作，并以应有的礼貌去对待顾客。"

当一个人选择了这个工作时，就必须接受它的全部，就算是屈辱和责骂，那也是这个工作的一部分。当感觉自己有些不习惯、有些紧张或者压力甚至恐惧的时候，起码要知道，你正在成长……

正是那些喜欢或者不喜欢的工作经历，在帮助每个员工成长。

每一份工作中都存有许多宝贵的经验和资源，如失败的沮丧、自我成长的喜悦、温馨的工作伙伴、值得感谢的客户等，这些都是工作中必须学习的感受和必须具备的财富。所以，每个人常怀抱着一颗感恩的心情去工作，在工作中始终牢记"工作让我成长"的道理，一定会有许多收获。

怀着感恩的心工作，你就会在意你的工作，在意你的老板、同事等。知道感恩的人，他的为人处世是主动积极、敬业乐群的，未来的前途不可限量，他们会成为企业的栋梁。

　　企业领导要时常告诫员工，用感恩的心态去对待工作，只有这样，才能迸发出极大的工作热情，才能为工作努力。感恩精神会激发员工的积极心态，在感恩心态之下而凸显出来各种优秀品质，会驱动着员工不断前进。

　　学会感谢你的工作，随着时间的流逝，你将在工作中成长。这是每家企业、每位企业领导对员工的热切希望。

第13章
能容人之长也能容人之短，容人是管人的超级艺术

没有缺点的人往往优点也很少

得人才者兴，失人才者衰。大到一个国家，小到一个企业都是如此。企业的竞争，归根到底是人才的竞争。当企业竞争的重点逐步从争资源、争市场、争技术转向争人才时，人才竞争已经成为每个企业必须面对的战略性问题。

人作为个体，各有短长，如果用之得当，人人都是人才。垃圾是放错了地方的资源，而天才是放对了地方的人才。清人顾嗣协写过一首诗："骏马能历险，犁田不如牛。坚车能载重，渡河不如舟。舍长以就短，智者难为谋。生材贵适用，慎勿多苛求。"历险用马，犁田用牛，这是人尽皆知的常识，但其中隐含着一条深刻的用人规律，就是知人善任，用其所长。

林肯说："我的生活经验使我深信，没有缺点的人往往优点也很少。"

德才兼备、能文能武、能说能做的完美人才古今少见。大多数有才华者不是恃才傲物就是缺点明显，让领导爱起来比较难。百事不成、既穷又老的姜子牙直钩垂钓，可谓傲慢至极，文王容而爱之，尊崇备至，终成灭商兴周大业；管仲与好友鲍叔牙合伙经商时爱占便宜，出征打仗时冲锋在后、退却在前，但管仲遇到齐桓公这位明主后，卓越的治国才能得以发挥，帮助齐桓公成就了霸业。

　　有的企业家就非常善于用人，他让爱吹毛求疵的人去当产品质量监督员，让谨小慎微的人去当安全生产监督员，让喜欢斤斤计较的人去参加财务管理，让爱道听途说的人去当信息员，让性情急躁、争强好胜的人去当突击队队长，让办事婆婆妈妈的人去抓劳保。结果，这个企业变消极因素为积极因素，员工各尽其力，企业效益倍增。

　　由此可以看出，只要安排到合适的位置，人人都是人才。如果领导苛求人才，希望人才十全十美，必定难以找到人才。作为领导，不应以找出人的短处来显示自己的聪明，而是要发现别人的长处，并通过合理搭配，把"有缺陷"的人才整合成完美的人才组合，发挥其整体优势。

　　因此，企业在"识人"的过程中，要在尊重人才、爱护人才、培养人才和使用人才上形成一种习惯，即人人都是人才。要相信人的潜能是无限的，相信人人都有才，相信人人都能成才，坚持人人平等的原则，为人才提供一个宽广的舞台，使他们能为企业作出更大的贡献。

择才要容其短

　　人无完人，即便是再有才能的人也会有这样那样的过错。常言道："人非圣贤，孰能无过，况且圣人也会有过错。"若领导只见其短而不见其长，一味地求全责备，则不仅得不到人才，弄不好还会致使人才外流。

　　不求完人就是不计较其细微的错误，也不在意其自身的缺憾，更不关心其出身是否高贵，只有一点，他有才德就应得以任用。"水至清则无鱼，人至察则无徒。"过分强调次要的方面必然会物极必反，造成意想不到的后果。而且过分地求全责备会使领导很难分清是非，有时只见外表而看不到本质，看到一个人丑陋，即使他有"八斗之才"也不加任用；员工犯了一点错误，即使他有很高的技能也弃之如敝履。这样的领导最终只能是众叛亲离，变成孤家寡人。

　　著名作家梁晓声曾在一次演讲上讲了这样一则故事：一个女青年被分配到一家搞设计的单位，领导及身边的同事一见女孩那么丑，心里就不大舒服，没多久那位女青年就走了。这听起来似乎有点不可思议，这可是一个搞设计的单位啊！怎么那么在乎人家的长相呢？这正是不善于容人的表现。

每个人都有自己的不足之处，这是不争的事实。领导不能"一叶障目而不见泰山"，如果过分地考虑人家的不足之处则会因小失大，既不能识得人才又不能很好地使用人才。大肚能容的领导总想把员工的不足置于一边，关注最多的则只是他们的实际能力。对于有缺点的人，聪明的领导的做法是"取大节而略其小过"。

一些领导事业的成绩往往在于善用有过错之人。这些人往往有很高的能力，因为才能发挥不了也不为人所知，一旦领导不计较其小过而加以重用，他们就会尽力地展现自己的才能，最终助领导一臂之力。台湾万有纸业股份有限公司总经理能够成功的一个重要方面就在于用人。他不用"老实""听话"的人，相反，对真正的人才，即那些既有真才实学又能开创新局面的人，尽管有点"毛病"，争议大，甚至还有人反对，也坚决要用，必要时还委以重任。

对事物一味的求全责备最终会一无所获。看见一根头发丝在一席佳肴中，于是便愤然倒掉所有的美味，当事人失去的就不仅仅是美味，还失去了一个人的良好品德。对人才，看见他们身上有"灰尘"便避而远之，结果失去的不只是人才，而是事业的发展前途。在当今社会，谁占有了大量人才，谁就占有了主动。发展的机会一瞬即逝，往往不经意的一次决策就注定了以后的失败。领导要在现代及未来的竞争中占有先机，就必须用高层次的人才，大胆地用有缺点的人才。

当年，北欧航联董事会为摆脱危机，聘任卢尔森为总经理。卢尔森上任后大刀阔斧地改革，在不到2年的时间里就扭亏为盈。但这位经营天才却有许多毛病，公司内部的好几位董事都不喜欢他。卢尔森自称是一个"有表现癖"的好出风头者，声称"天下三百六十行，行行都在表演亮相"。一些同事也对他的作风表示不满。但公司董事会还是留任他当总经理，因为他能为他们带来效益，这实质就是只用其长而弃其所短。

总之，领导在择人方面既要有一定的原则性，同时又要有一定的灵活性，这样才能选好人才，用好人才。

领导用人要有耐性

领导必须具有一流的耐性。他对人对事都应如此，即使追随者有许多缺点，麻烦不断，领导也应克制，在暂时的障碍与压力下，仍要保持前瞻性。总之，领导应有耐性，同时还应坚守自己的目标。

美国杰出的领袖林肯就是一个很有耐性的人。美国南北战争的头几周，年轻俊美的麦克里兰将军带着20门大炮和一架手提印刷机开入西弗吉尼亚，打败了几股南军。这只是几场小仗罢了，但却是北方第一次打胜仗，所以显得意义非凡。麦克里兰更特意造成这种声势，他以手提印刷机发出几十份精彩又夸张的快报，向国民宣布他的成果。

再过几年也许他的荒唐行径会被人耻笑，不过在当时，战争是一件新鲜事，人民心慌意乱，渴望领袖人物的出现，所以他们十分听信这位青年军官对自己夸张的评价。国会决定感谢他，人们也称他为"小拿破仑"。"牛径溪"之役惨败后，林肯把他请到华盛顿，担任"波多马克军"司令。

他天生是个领袖人物。每当士兵们看见他骑匹白色战马奔驰而来，总会鼓掌叫好。何况他勇敢地接下"牛径溪"的败兵残将，加以训练，恢复其信心，建立其士气。这种事没有人干得比他好。到了后来，军队的规模已在西方世界数一数二。他手下的将士们个个斗志昂扬，渴望一搏。人人都嚷着作战——只有麦克里兰例外。林肯一再催他出击，但是他不肯。他举办游行，大谈未来的计划，可是仅止于此——只是空谈而已。

他拖延、耽搁，找各种借口，硬是不肯前进。有一次，他说军队正在休息，不能进攻。林肯问他军队到底做了什么事，会累得需要休息。安蒂坦战役之后，李氏战败，麦克里兰手下的军队远比李将军部队多得多。如果麦克里兰肯追击，也许就能够俘虏李氏的军队，结束战争。林肯一连几星期催他追击李氏——写信催，打电报催，派特使去催。最后麦克里兰竟说马儿累了，舌头疼，他无法行动。

半岛战役中，马格鲁德将军仅以5 000兵力阻挡麦克里兰的10万大军。麦克里兰不往前攻击，只是筑起城垛工事，一再要求林肯加派人手。林肯说："如果我真的派10万人去增援，他就答应明天开向李其蒙。等明天到了，他又拍电报说他探知敌军多达40万人，没有后援他无法进攻。"战争部长史丹顿说："如果麦克里兰手下有100万士兵，他会发誓敌军有200万，然后坐在泥地上嚷着要300万人。"

麦克里兰对林肯十分无礼。总统来看他，他竟叫总统在前厅等上半个钟头。有一次，他晚上11点才回到家里，佣人告诉他林肯已经等候数小时，等着要见他。麦克里兰在林肯坐的房间门外走着，不理不睬地直接上楼，再派人对林肯说，他已经上楼睡觉了。这件事被报纸大肆宣传，华盛顿人人议论不休。林肯太太泪流满面，求林肯撤换掉"那个叫怕的空谈专家"。林肯答道："太太，我知道他不对，但是在这种时候，我不能只顾虑自己的好恶。只要麦克里兰能为我们打胜仗，我愿意替他提鞋子。"事实上，麦克里兰治军确有一套。

从中我们可看出，林肯对麦克里兰可以说是非常有耐性的了。也正因为林肯有如此大的肚量，才使他日后获得这么大的成功。同时还可看出，一个优秀的领导应该随时随地在不牺牲原则的条件下，对部下保持高度的耐性，这也是领导涵养的要点之一。

有一句经常说到的话："金无足赤，人无完人。"这是不争的事实。但现实中每个人往往期望一切尽善尽美：手下能将每项工作都做得无可挑剔；工作进度总是与计划保持一致；每个人都能按制度、按流程办事；供应商能晚2天来收款；经销商能将钱尽快打到账上……

其实，无数的管理实践证明：过分的要求总是行不通的，千万不要强迫他人改变你所不能接受的行为。作为领导，你所做的应是强调过程，即帮助他人检查他们的价值观念及行为与你所提倡的及企业要求的有哪些出入。在这一过程中，你要宽容些。

对员工失败的容忍与理解是作为领导的最重要的品质之一，这样可以让员工更加努力地去工作以弥补过失。

大肚能容，不抱成见

不能容人，对犯过错误的员工抱有成见就不能恰当地用人。由于领导以往的成见，也就不可能给这样的员工委以重任，长久地弃而不用是常见的事，即便对方有才有能。退一步说，即使领导要用这人，也会总是给他挑毛病，当然在这样的环境中员工要想工作好也是极难的，而恰恰这时就是领导要下属干事的时刻。

不能容人也就难以留住人才。一般人追求的就是一个好的工作环境，如果领导不能容人之过，因缺点对员工存在偏见，必然造成上下级合作的不愉快。而且由于领导的原因，自己迟迟得不到任用，这样发展下去前途渺茫，员工就会生出离开的念头。在国外，利伯容忍了欧文斯成为企业传诵的佳话。

爱德华·利伯是一家玻璃制造商，一次厂里的工人在欧文斯等人的鼓动下发动了一次罢工。这次罢工使利伯损失惨重，被迫作出迁厂的决定。迁厂时利伯带走了大批工人，其中就包括欧文斯。利伯发现欧文斯是一个难得的人才，于是就捐弃前嫌，重用欧文斯。3个月后，欧文斯的改革建议也被采纳。1898年利伯让他试验一种生产玻璃的机器，欧文斯经过努力于1903年获得成功，实现了自动化生产。随后，利伯还大胆地拨出400万美元作欧文斯20年的研究之用，在欧文斯的努力下公司又改进了平板玻璃的制造方法。

利伯的成功在于能够不计前嫌，重用有才之人。面对利伯一步一步的重用，欧文斯为自己曾经对利伯的伤害感到内疚，为报知遇之恩，就更加努力地工作。

之所以有容乃大，是因为容人之过太难，因一点儿差错在随后的接触中不抱偏见更难。但领导若是过了这一关，离成功就不远了。利伯因为容欧文斯之过而成功，可见能容人是多么重要。

当一个领导对某个员工有了"合不来"、"格格不入"的感觉时，对方一定对领导也有类似的感觉，这是不容置疑的事实。就领导的立场而言，一般说来，由于年龄都比员工大，应该主动与这种员工接近。

这方面的要领，可以按照下列步骤进行。

1. 改变你的观念

世上绝不可能人人都与你"投缘"，你也必须与不投缘、合不来的人共事、打交道。因此，对此类员工，你必须有下面的观念：

"好像与他合不来，但是，就为了这个缘故，我才有了与这种人打交道的修炼机会，在为人处世的经验来说，这不是极珍贵的机会吗？"

如此把观念做一百八十度的扭转，你对这个员工就不再有任何"偏见"，也等于冲破了你自己的"壳"，向另一种可能性挑战，意义之大，非同寻常。

2. 剖析对方

通常，与我们合不来的人，他的短处映在我们眼中会显得特别醒目。这是人性的弱点，除非你有克制的能力，否则谁也免不了。

你对合不来的员工，要养成"多看他的长处"的习惯，坦率地承认他的长处，客观对待他的短处。

最重要的是从他身上找出与你共同的地方，如此一来，你对他就更有一份"亲切感"，对拉近双方的距离有极大的好处。

3. 积极地接近

以双方共通的部分为"接触点"，并以此作为共同的话题，与他交谈。例如：

"听说，你很喜欢莫扎特的作品，真巧，我也是莫扎特迷呢。最近，市面上出现一套莫扎特作品集，你知道这个消息吗？"

4. 活用他人的长处

任何人若被置于可以发挥自己长处的状况下，都会情不自禁地奋发努力。

在"如鱼得水"的情况下，他的整个人都会变得开朗，能力也得以大展，人际关系也会变好。

另外，他对领导有如此"识人之明"更会怀抱"感激之心"，因而会更加努力以工作成绩回报。对他个人也好，对部门也好，这都是好现象。

5. 想通彼此的关系

人与人的交往，可以深到肝胆相照，也可以浅到"只认识而不打招呼"，其间的状态真是不一而足。

与你合不来的员工，你能努力接近到什么程度，难免有个"最后的界限"。只要你确实尽了心力，纵然效果有限，也不必懊恼。

仔细分析，我们不难发现，领导能容人之过才能用好人、留住人，而员工由于领导不计前嫌，自然不会生活在被责备的压力之中。"君让我一尺，我让君一丈。"员工为回报领导，就会更加努力地工作。

人无完人，不要求全责备

作为企业的领导，要有谦让之德、容人之智、纳人之量、大智若愚之风，能够高处着手，还能妥善处理细小问题，既能展现领导的高尚风格，又能赢得他人的尊重。这是一种大智慧的体现。

领导总是期待团队成员个个是优秀的人才，只有长处而没有令他担心的短处，但实际上这几乎是不可能的。因为每个人的长、短处参差不齐，或多或少皆有其不足的地方。领导若是一心期盼找到没有缺点者才予以任用，那恐怕就得永远孤军奋战了。所以，领导的任务就是让团队中的成员皆能将其长处充分发挥。

贞观年间，有关部门向唐太宗启奏，说凌敬（贞观中期因魏徵举荐而为官）向人乞求借贷。唐太宗听了之后非常生气，责备魏徵等大臣滥荐官员，欲加惩处。

魏徵听了之后回答："臣等每次承蒙隆下垂询，总是会列出被举荐者的长处，并且会讲出他们的短处。凌敬这个人，有学识，敢于谏诲，是他的长处；爱好生活享受，喜欢经营财利，是他的短处。现在凌敬为人撰写碑文，教人读《汉书》，藉此附带请托，彼此交换条件来谋求利益，这不就与我向陛下所禀报的相同吗？陛下没有用他的长处，却只看见他的短处，而怪罪我们欺君罔上，实在不能使我们心服。"唐太宗听了之后觉得有理，就采纳了魏徵的意见，没有作处分。

领导容易犯像唐太宗一样的毛病，当听到员工有不适当的言行时，总是很快地就作判断而直接怪罪责骂，而不去深入了解事实真相，作综合性考虑。这样欠缺思虑的处理模式极易造成彼此之间的误解，甚至造成人员的流失。

成功的领导在带领团队时，并不是不知道人有短处，而是知道他的最大任务在于发挥员工的长处。然而，若是一个人的短处足以妨碍其长处的发挥，或者妨碍到团队组织的纪律、正常运作与发展时，则领导就不能视而不见，必须严肃地处理。尤其是在品德操守方面，正所谓：人的品德与正直，其本身并不一定能成就什么，但是一个人在品德与正直方面如果有缺点，则足以败事。所以领导要容忍短处但也要设定判断及处理的准则。

不知你是否有这样的经验，当你只关注一个人的缺点时，你的注意力会集中在他是否犯错上，而不是关心他在哪里有更好的表现了。用人时若只是尽挑短处，不仅无法放心委任，还容易变得患得患失。那么我们该如何去做呢，不言自明。

第14章
铁腕治人挥起杀威棒，震慑人心是管住人的手段

千万不要纵容下属

纵容下属，自食其果，这是领导工作中铁的教训。现代企业领导推崇"以人为本"，是要把下属摆在主体的地位加以考虑，尊重他们的人格，体察他们的性情，重用他们的能力。但这绝不意味着以情感代替原则，以理解取消制度，因为这样只能纵容下属产生不合理的欲望和行为。要知道，这是领导工作的大忌。

作为一个领导，我们提倡对下属多宽容、少苛责，但是，也不能宽容得过了分，变成了姑息养奸。姑息养奸不但不能让下属对你服服帖帖，反而会让你威风扫地。某位充满自信的上司曾经说过："因为我对自己的工作充满热忱，因此对于下属我也严加指导。"但是，有人向他的下属询问情况时，他们却异口同声地回答我："他才不是严格，他只是喜欢挑下属的毛病而已，而且相当啰唆！"

叱责，一般是上司对下属的行为，是单方面的特权，但这并不表示上司可以随意叱责下属。作为上司，当你在叱责下属时，对方也并非一定都会从内心深处感到懊悔，并且向你道歉。表面上他认为不要忤逆上司较好，所以始终低着头，最后冷笑一声说："不！不！你的教训相当有道理，这全都是我不

好。"对于此种类型的下属，必须使他了解你叱责的缘由。或许你因此会花费较长的时间与精力，但是不可吝于付出这样的努力。对于会产生反抗行为的下属，则要详细解释到他能完全理解为止。

有的下属在将被叱责时，会很有技巧地支吾其词，或者将责任推到别人身上，然后逃之夭夭。对于如此狡猾的下属，必须严厉地叱责。假如对此种现象视而不见，则"赏罚分明"原则便会有所疏失。

对于可能产生反抗行为的下属，你必须使其了解错处。或许对方会提出辩解，必须静下心来倾听，然后在下属的辩解中发现他的误解之处，一旦有夸大其词、歪曲事实之嫌时，应马上指出并令其立即改正。有的下属一被叱责，便会提出冗长的辩解，可以听听看，但不可逾越一定的程度。辩解终究是辩解，必须命令其不可再犯相同的错误。如果碰到难缠的下属，则必须事先做好心理准备。有时因状况不同，必须分组彻夜讨论，此时你更不应该胆怯，必须具备拼搏的干劲才行。

完全不听下属的辩解是不近人情的。每个人都有自尊心，只是单方面地被叱责而无法提出解释的机会，对方必定会觉得不公平。若下属净说些毫无意义的理由，可见他的内心此时多少已有些纷乱了！即使下属一厢情愿地以为自己的辩解得到了认同。但此想法对他而言，可说是一大安慰。预留一点余地给对方是一种美德。《孙子兵法》中曾提到要事先给敌人预留退路，以免其殊死搏斗。就算是与你有深仇大恨的下属，也不可将其赶尽杀绝，片甲不留。否则不仅自己受到伤害，周围的人也会感到困扰。

有的下属会因为被叱责而显得意志消沉，也有的会吓得面无人色。然而叱责亦是一剂良药，你可以借此期待他从失意的泥沼中站起来。当叱责对下属而言是一个相当沉重的打击时，不妨在私下拍拍他的肩膀或握握手予以安慰，相信这剂药方将会发挥很大的疗效。

要想不姑息养奸，就必须学会叱责下属，使其时时注意自己的言行。

别怕杀一儆百

作为领导，如果不是一个下属在你面前为所欲为，而是一群——这时你该怎么办呢？不妨惩一儆百。

有的领导面对这种情况不知如何是好，想杀一儆百却又怕犯了众怒，如此犹豫不决，反而扩大恶劣影响！如果有一件事可以很明显地看出是小张的过错，同事认为经理应该会对他发相当大的脾气，然而经理却只是让他以后小心点便原谅了他的过错，为此大家颇感失望。"前有车，后有辙。"再有员工出现过错时，经理也就无法批评犯错误的人了。渐渐地你的刀口越来越钝，最后你会落得谁也不敢批评的下场，继而无法领导下属。所以在需要批评时，就必须大声地批评才行。

在众人面前批评某位下属，其他的下属亦会引以为戒。此即所谓的"杀一儆百"，即藉由处置一人来使他人反省。

当场被批评的人，宛如是众人的代表。在任何团体中，皆有扮演被批评角色的人存在。领导通常会在众人面前批评他，让其他人心生警惕。但是这个角色绝非每个人皆能胜任，必须选出一个个性适合的。他的个性要开朗乐观、不钻牛角尖，并且不会因为一点琐事而意志动摇，如此方能适合此项任务。应避免选用容易陷于悲观情绪或者太过神经质的人。若错误地选择了此类型的下属，往后将带来许多的困扰和麻烦。

虽然你只能对自己的下属批评，但有时你也会遇到必须批评其他单位员工的情况。这不仅越权而且有悖企业的准则，然而相信亦有例外的情形。

例如，某家服装公司的销售部主任，平时即对采购部科长的应付态度太过懒散颇为不满，但由于对方的身份是科长，因此无法当面予以指责。虽然这位主任曾经与自己的上司——销售部科长讨论过，然而由于上司是位好好先生，因此无法从上司那里得到任何解决的方案。就在思索如何利用机会与对方直接谈判时，分发部的某位员工因未遵守缴交期限而发生问题。销售部主任便借机大声批评那位犯错的员工。他特意在采购部科长面前批评。此时采购部科长并未表示任何意见，然而弊端在不久之后便改善了。

此项技巧采取的就是游击战术，若对下属采取正面攻击时比较麻烦，但是若你本身有理，就不会觉得那么可怕。遇到形式上的反攻时，只需稍微转身便可反击。对于无法与其正面争吵的人，若企图使其认同你的主张，则上述的方法不失为一则妙方。

上司借由批评下属的行为，亦能转换为本身的警惕。你在批评下属"不准迟到"时，自己也绝不可迟到。当你批评因喝醉酒而误事的下属时，自己也不可有喝醉酒的情形发生。对下属的批评，最终受益最多的人或许是自己。因此，你更不应该错失良机。必须谨慎地选择批评的机会。

总之，不能娇纵下属。

例如，某上司必须批评下属陈某。然而上司实在无法拉下脸来、当面批评，便想尽方法使陈某反省、改过。他做每件事都刻意妨碍到陈某的工作，他认为经由此，陈某的行为应该便会改善。事实上，这位上司的做法毫无意义，无论对其本身或陈某来说，这都只是不愉快的经历而已。

该扮红脸时不妨扮红脸，该扮白脸的时候也不妨扮扮白脸，让下属看看你的不可触犯的一面。

掌握批评下属的技巧

面对下属，必须坚守原则，该批评就批评，绝不姑息纵容！

批评的方式有多种：有像下大雨似地怒骂对方，也有像下梅雨般很有耐心地批评对方。批评的形式也各有特色，也因各人性格而有所差异。很多人主张批评时要冷静，千万不可意气用事，但是能够达到此种境界的人并不多。上司因为生气、发怒才会批评下属，若下属反省自己的失败，即不需责怪他；反之，若下属毫无反省之意时，才需要责骂。

事实并非这样，若你批评未达成任务的下属，他必不会重蹈覆辙。有时下属会觉得将被批评，但是此时你却未予以批评，只是温和地叮嘱他，则你的下属会深觉"失望"，觉得上司的反应令人不愉快，事后心里还留下疙瘩，反而觉得领导管理方式更讨厌。若被上司痛骂一顿，一切也就过去了。因此，遇到该批评时，你最好顺应下属的"期待"。

如果你突然对一位并不认为自己失败的下属大声批评，恐怕会令对方一头雾水。如果下属不明白自己为什么被批评，则此行为便毫无意义。如不能对下属说明批评的原因，只会令他垂头丧气。因此，对于不明了失败原因的人必须耐心地指导。

很多主管并不擅长批评下属，他们颇为在意的反倒是下属的情绪。他们认为毫不留情地批评下属是不好的，若批评无法使对方完全理解，那批评就毫无意义。如你一边批评，一边在意下属的反应，只会被下属看轻。此即所谓的"虚假的批评游戏"，当然不算是批评。有位科长向主管报告："我已经训斥过他了，他本人也在反省。"而那位被批评的下属却对他人说："我给科长面子，倾听他的埋怨。他好高兴啊！"

有人认为：在大声且一气呵成地批评下属后，要像狂风过后的万里晴空一样，不可拖泥带水。然而这种方式却也容易失去批评的意义。原因在于被批评的人刚开始通常"听"得进去，但往往不消5分钟，他就会表现出不在乎的态度，刚刚才被责怪的事早就忘得一干二净了。由于下属本身并不感到愧疚，因此同样的错误很可能重复出现。对待这种下属，必须采取紧迫盯人的方法。即使批评他"听好！不能再失败了"、"你应该为那些收拾善后的人想想看"、"你应当好好地反省反省"这类令人感到厌烦的话亦无妨。

在批评下属时要情绪性地批评，但必须注意措词，绝不可用粗俗下流的词句。在一个正派经营的企业里，是不宜听到"我怎么知道"、"别开玩笑了"、"笨蛋"等这些词句。也有人为了显示自己的地位，而胡乱地怒斥下属，像这种上司是无法得到下属的认同的。另外，有一点必须牢记，每个人必有其优点，我们要爱人、尊重人，这才是我们的生存力。

该奖一定奖，该罚一定罚

追求快乐、逃避痛苦是人的一种本能。鉴于此，管理制度的设计也分别引入了奖励和惩罚两种手段。奖励是一种激励性力量，惩罚是一种约束性力量，在奖励和惩罚之间的地带，是领导纵情驰骋的空间。但是，在近来人性化管理大行其道的影响下，很多领导十分重视运用奖励制度，冷落了惩罚制度。具体表现在相对于奖励制度，惩罚制度的数量、方式和力度都有减少，甚至有的惩罚制度竟变成了一纸空文，根本得不到执行。这种主动放弃惩罚的做法，无疑是一剂管理上的毒药，日积月累后，其危害不容小视。

某保险公司，在年终时距离完成年度任务指标还有不小的差距。为了完成任务，总经理下令，不但给一线的业务员施加压力，而且要求所有的内勤人员在做好本职工作的同时，每个人都要承担一定的业务指标，并且规定了每个人必须完成的指标下限。为保证任务的落实，总经理还制定了奖惩措施，对超额完成任务的人员视额度予以丰厚的奖励，对不能完成任务下限的下属，则要给予惩罚。最后，该公司"冲刺"成功，如期完成了任务。从整个情况来看，部分有能力的下属超额完成了任务，有的业绩还很不错。而很大一部分下属则在压力下仅仅完成了任务下限。还有一部分下属，由于种种原因，没能完成任务。少数几个下属甚至根本就没有采取任何行动，他们的业绩是"白板"。

总经理知道，如果不兑现奖励，一定会招致下属不满，虽然这一次例外奖励的支出，大大增加了公司的运营成本，但他还是论功行赏，按照事先制定的标准一一兑现了奖励。至于那些没完成任务的下属，总经理认为这毕竟不是大多数人，况且现在公司的总体目标已经完成了，从与人为善的角度出发，没有必要和下属过不去了，事先制定的惩罚措施就这样不了了之了。

这位总经理不想跟下属过不去，他的一部分下属却跟他过不去了。在这个案例中，超额完成任务而得到奖励的下属和未完成任务却逃过惩罚的下属都很高兴。但是大部分正好完成任务指标的下属却不高兴了。他们在公司高压政策之下，付出很多努力，克服很多困难才勉强完成了任务。但是他们的回报竟然和那些不思进取、偷奸耍滑者并无二致。许多人虽然不敢明着去向总经理提意见，却暗自作了决定，今后再有同类事情，一定要向这些未完成任务的同事学习。蒙在鼓里的总经理不知道，由于他的一个所谓"人性化"管理的失误，使他公司中的惩罚措施作为一种约束性力量已经在无形中失效了。而且，这种影响作为一种强烈的信号，即不完成任务者不受惩罚，将会在很长的一段时间内对组织产生负面作用。

事实上，这与领导的奖惩观有关。许多领导把奖励当成惩罚的对立面。上述案例中的总经理也是如此。在他的心目中，对未完成任务者不施加处罚，等同于不奖励。其实不然，奖励的反义词不是惩罚，而是不奖励。同样，惩罚的反义词是不惩罚。奖惩制度的层级应该是这样的：惩罚、不惩罚、不奖励、奖励。换句话说，奖励和惩罚都是相对的，该奖励时不奖励，就相当于惩罚，即隐性惩罚；而该惩罚时不惩罚就相当于奖励，即隐性奖励。领导一般能看到显性的奖励和惩罚，却看不到隐性的奖励和惩罚。上面这个案例中的总经理正是在无形中却"奖励"了偷懒耍滑的下属，从而引起了那些努力工作的下属的不满。

较多地采用激励性的奖励手段来管理，当然符合人性，这是无可厚非的。但是，这不应该以减少或弱化使用约束性的惩罚手段为前提。两者并不矛盾，而是相辅相成的。领导只有正确地理清自己的奖惩观，才能在奖惩之际游刃有余，建立合理的奖惩制度，做到赏罚分明。

另外，要想使奖惩的效果更好，一定要做到"赏不逾时"，并在惩罚时注重"热炉法则"。

所谓"赏不逾时"，即一种行为刚刚做出以后，人们对其感触较深，这时即予以表扬和奖赏，刺激较大，激励作用较强。因此，及时奖励是一个重要的方法。这就要求做领导的，要积极开动脑筋，多搞些花样，对下属的成绩给予及时多样的奖励。

对违反规章制度的人进行惩罚，必须照章办事。该罚一定罚，该罚多少即罚多少，来不得半点仁慈和宽厚，这是树立领导权威的必要手段。西方管理学家将这种惩罚原则称之为"热炉法则"——十分形象地道出了它的内涵。

"热炉法则"认为，当下属在工作中违反了规章制度，就像去碰触一个烧红的火炉，一定要让他受到"烫"的处罚。这种处罚的特点在于：

（1）即刻性。一碰到火炉时，立即就会被烫伤。

（2）预先示警性。火炉是烧红摆在那里的，谁都知道碰触则会被烫。

（3）适用于任何人。火炉对人的"烫伤"不分贵贱亲疏，一律平等。

（4）彻底贯彻性。火炉对人的"烫伤"绝对"说到做到"，不是吓唬人的。

企业领导必须兼具奖罚两手，实施起来还要坚决果断。奖赏人是件好事，惩罚虽然会使人痛苦一时，但绝对必要。如果执行赏罚时优柔寡断，瞻前顾后，就会失去应有的效力。

领导实施惩罚的艺术

惩罚一般分为批评、纪律处分、经济处罚和法律制裁四种方式。无论采用哪一种方式，实施中都要讲究方法和艺术。

正确处理教与罚的关系，要教重于罚。惩罚不是目的，是为了更好地教育下属和调动其积极性。因此，要以防为主，防惩结合，教惩结合，不能为惩处而惩处。要从教育人、挽救人、调动人的积极性的目的出发，把教育与惩罚紧密结合起来。一定要坚持思想教育在先，惩罚在后；要坚持以思想教育为主，以惩罚为辅。实施惩罚时，要"重重举起，轻轻打下"，平时教育从严，处罚从宽，思想批判从严，组织处理从宽，重教轻罚。领导在惩罚前，如果不预告警示，势必使下属产生无过受罚之感，弄得人心惶惶，进而离心离德。所以，领导要先教后罚，多教少罚，这样不仅能使犯错误的人减少，而且还能使下属心服口服。

正确处理法与罚的关系，要罚前得先制定制度。奖赏是以功绩为依据的，惩罚是以过失为依据的。制度是人们的行为界定的规则，是维护人们正常生活、工作等秩序的手段，也是判定人们过失大小的依据。因而，有制度才有惩罚。没有制度，惩罚就没有标准，也就没有真正的惩罚。所以，领导在实施惩罚前，必须首先制定有关制度，让下属有明确的行动准则和禁界，以自觉维护正常的工作秩序；然后方能对违犯者依制度惩处。否则，就不足以服众，难以达到惩罚的目的。

正确处理宽与严的关系，要宽严适度。领导对待犯错误的下属，要像医生对待病人一样宽严相济，根据病情，找出病因，说明其危害程度和严重性。作为一个领导，要严格掌握惩罚的度。在实际工作中，对违规者一定要具体分析其错误的性质和情节，区别是偶然还是一贯，考察其一贯表现及认错态度，全面地、历史地具体分析有关问题。根据错误的大小、性质及危害程度，区别对待，需经济惩罚的则经济惩罚，该行政处分的要行政处分，对确实作出了各种努力真心实意想把工作做好，但由于种种原因致使工作有些失误的，要从宽对待。总而言之，一味地过宽或过严，过轻或过重，都会削弱惩罚的效果。过宽，不足以制止不良行为；过严，会造成逆反心理，不仅起不到惩罚的作用，反而会适得其反。领导对人对事，该宽该严，都不能从自己的主观好恶出发，更不能感情用事。领导只有铁面无私，从实际出发，宽严公道，才能有效调动下属的积极性。

正确处理罚与理的关系，要罚后明理。惩罚兑现之后，不论是行政纪律处分，还是经济处罚手段，都代替不了必要的思想政治工作。有的领导对下属的不良行为，动不动就以处分、罚款、扣奖金了事，以罚代教，结果造成不良影响，甚至造成对立情绪。必要的处罚作出以后，事情并没有完结，要把思想工作跟上去，具体指出他错在哪里，帮助其查找犯错误的思想根源，让其真正认识自己的错误，使其增强改正错误的决心和信心，并为其改正错误创造条件。

正确处理罚与情的关系，要情罚交融。领导对有过失的部下，也要尊重、理解、关心，要关心他们的实际生活，为其排忧解难，让其充分体会到领导的温暖。但这不能以丧失原则为代价，也就是说既要讲人情味，又不能失去原则性。否则，应处分的不处分，大事化小，小事化了，这样不仅不能使下属吸取教训，引以为戒，还会助长歪风邪气，丧失制度的严肃性和威慑力，降低自己的权威性和号召力。因此，切不可把人情味庸俗化。人情味要讲，原则性更要讲。只有在坚持原则的前提下，人情味才能更有效，更具有教育性和感召力。

第15章
恩威并施，管人要一手软一手硬

对下属要恩威并用

作为领导，不能做老好人，必须恩威并用。下属不对的地方，固然应当责备，而对他表现优越之处，却不可抹杀，要适时给予恩惠，那么下属的内心才能得以平衡。

领导在下属面前偶尔做做好人是应该也是必需的，但是不能老做好人，否则下属就会肆无忌惮，胡作非为。有些领导认为没有必要与下属过不去，反正是为企业赚钱，自己没有额外得益，何不得过且过算了。下属最喜欢这种类型的领导，凡事只要合格就够了，不求更好的方法；领导也含糊过去，压力就小。可是，工作一旦发生错误，这类领导是不愿为下属承担责任，甚至为求向上级交代，会建议将出错的下属解雇。

如果你是别人的领导，就不能为了讨好下属而凡事得过且过。此举除了会影响你的声誉外，下属根本不会把你放在眼里。对于工作素质，只求合乎标准，不求创新或突破，永远跟着别人后面走，以为只要不太过落后，就算是好成绩。领导若雇了这么样的下属，却经不起时间和技术的考验，很快就会被淘汰。

有时候你想批评人，但经过与员工深谈以后，知道犯错者有不得已的苦衷，那你根本就用不着再进一步责备了。因为如果你在私下责备人，对你自己或者是别人都不会有好的影响。其实假若你在盛怒的状况下，你可以告诉对方你在生气，并且告诉他你为什么生气。生气是可以的，但千万不要气得失去控制，失去控制表示你已失去原来责备的目的。

当你要责备人时，你得谨记要达成的目标。你不是要伤害别人、引起别人反感或是恐惧，而是要让别人知道错误，谋求改进。玛丽·凯责备人用的"三明治技巧"——在责备前后加上称赞，是可行的方法之一。此外，也可遵照布兰查德和詹森的方法：你应和他们握手或是拍拍他们，让他们知道你并不是和他们处于敌对立场。你应提醒他们你多器重他们。同时要强调你只是责备他们这次的行为，而不是他们整个人。让他们了解责骂过了，一切也就过去了。

恩威并用是高明的领导手段，用好了，不但能增加领导的威信，还能提高领导的亲和力。

监管下属和令下属提高工作情绪，必须有令下属信服之处。想想与下属易地而处时，自己是否信服有关的安排。平衡的情绪，永远保持愉快的笑容，是服众的最重要法则。

压力之下办不好事，这是一个很简单的道理，做领导的应该明白，不要忽略。

施"小恩"，能够获得大效果

有一位出版商，他平时很注重人际关系的建立，不论是大人物还是小人物，他都不吝花费地和他们建立良好的关系。有一位与他素未谋面的作家因为急需一笔钱，去向他借钱，他二话不说就掏出2万元。他广泛建立人际关系的结果是，到处都有人帮助他，他也因而得到了很多好书稿，自然就财源滚滚。

这个出版商就是用在银行存钱的方式来充实自己的人情账户的。充实自己的人情账户，"先存再提"说来有些"现实"，有"利用"、"收买"的味道，但若从另一个角度来看，和别人建立良好的人际关系本来就有这样的好处。而这些人际关系，必成为一个人一生中最珍贵的资产，在必要的时候，会产生莫大的效用。

每一个领导都要学会开设一个感情账户。但在此基础上，最重要的就是自已要乐于帮助下属、关心下属，不断增加和充实自己感情账户上的储蓄。如果说与下属之间建立相互信任的人际关系有什么诀窍的话，那么这就是最有效的诀窍。与此相反，那种不肯增加储蓄而只想获取员工价值的领导，也不会让员工感到有什么感恩和留恋。一有合适的机会，就毫不犹豫地离去。

对下属施恩，不仅指物质利益，还有精神利益。作为员工，不一定非要得到领导给予的帮助和好处。而且人际交往的互利互惠也不同于做买卖那样讲究必须等价交换、立刻兑现。但作为领导最好能让对方了解到，自己没有冷落下面的每一个员工。

有一位小公司的老板靠承包那些大电器公司的工程谋生，起初他的日子也过得很是困难。但后来在一位高人的指点下，这位穷老板很快掌握了制胜的秘诀。与一般企业家的不同之处是：他不仅奉承企业要人，对年轻的职员也殷勤款待。

谁都知道，这位穷老板并非无的放矢。

事前，他总是想方设法将电器公司中各员工的学历、人际关系、工作能力和业绩，作一次全面的调查和了解，认为这个人大有可为，以后会成为公司的要员时，不管他有多年轻，都会尽心款待。这位穷老板这样做是为了日后获得更多的利益作准备。

这位穷老板明白，十个欠他人情债的人当中总会有几个能给他带来意想不到的收益。他现在做的"亏本"生意，日后会利滚利地收回。

所以，当自己所看中的某位年轻职员晋升为主管时隔不久，他会立即跑上去庆祝，并送上礼物。同时还邀请他到高级餐馆用餐。年轻的主管很少去过这类场所，因此对他的这种盛情款待自然倍加感动，心想："我从前从未给过这位老板什么好处，并且现在还没有掌握重大交易的决策权，这位老板真是位大好人！"无形之中，这位年轻主管自然产生了知恩图报的意识。

正在受宠若惊之际，这位老板却说："我们公司能有今天，完全是靠贵公司的抬举，因此，我向你这位优秀的职员表示谢意，也是应该的。"这样说的用意是不想让这位职员有太大的心理负担。

这样，当有朝一日这些职员晋升至总监、经理等要职时，他们还会记着这位老板的恩惠。因此，在生意竞争十分激烈的时期，许多承包商倒闭的倒闭，破产的破产，而这位老板的公司开得越来越火，究其原因就是由于他平常在关系方面投资多的结果。

综观这位穷老板的"放长线"的手段，确有他"老姜"的"辣味"。从中也可看出，领导在施恩时要有长远眼光，尽量少做临时抱佛脚的买卖，而要注重有目标地进行长期感情投资。同时，放长线、钓大鱼，必须慧眼识英雄，才不至于将心血枉费在那些庸才身上，以免日后收不回成本。

以宽容换感恩

宽容，只要运用得当，就可以成为一种能促人自查自纠、催人痛改前非的激励措施和管理艺术。

广西柳州某知名公司有一仓库，清一色的大嫂库管员们，常利用工作间隙，出门买些青菜回来，聚在库门口剥皮、掐叶、唠嗑。新任主管见后，故作糊涂："你们完成自己的本职工作就行了，干吗还帮我们的食堂弄菜？"大嫂们哈哈大笑。此后，再也没有发生类似事情。

结合中国的传统文化，对员工宽容一点，可以起到一定的激励作用。

一是根据中国人的"面子"文化，采用"暗示"进行激励。中国人爱"面子"，所谓"人活脸，树活皮"。当发现员工犯有小错时，不急于批评、横加指责，而是用员工能理解的方式委婉地暗示，既让当事人不好意思，也给当事人一个台阶，从而使其自觉反省并主动纠正自己的行为："领导给了我面子，我也一定要给领导面子！"如果能像上述那位新任主管一样，用幽默诙谐的语言、故作糊涂的方式，让员工忍俊不禁，则效果更佳。

二是根据中国人的"感恩"文化，采用"明示"进行激励。所谓"投之以桃，报之以李"，当员工犯有较大的错误时，不是立即"痛下杀手"、"一棍子打死"，而是严肃地指出其严重后果及即将面临的严厉处罚。当员工求情时，应严肃地告诉他：只有豁出自己的老脸，甚至与其他领导"翻脸"，才有从轻、减轻或免除处罚的可能。从而让员工明白：上司是在用他的尊严或前途赌自己的明天。这样，员工就会或怕欠不起人情而甘心认罚，或怕影响上司的前途而在从轻、减轻或免除处罚之后痛改前非，即使赴汤蹈火也在所不惜。所谓"士为知己者死"，就是宽容激励所能达到的、非表扬与批评激励能及的惊人效果。因此，好的管理者一定要会善用宽容激励。

有位叫保罗的人开了一家餐具制造厂，他为人和蔼，批评人的手段也很高明。

一次，有位车间主管大卫喝醉了酒来上班，到处乱吐。有人将他扶到外面的墙脚下让他醒酒，这时保罗正好从此处经过，便把他扶进自己的汽车送他回家，到家后他太太吓坏了。保罗再三向她保证什么事也没有。可是她说："你不知道，保罗先生根本不许下属在工作时喝醉酒，大卫要失业了，这可怎么办？"保罗当时告诉她，大卫不会失业，他本人就是那位保罗先生。听了保罗的话，她差点昏倒。保罗告诉她，让她尽全力劝导大卫，同时也希望她在家里照顾好大卫，以便他在第二天早上能够照常上班。

大卫第二天果真上班了，他酗酒的坏习惯也从此克服。不仅如此，在随后的一次劳资谈判中大卫站在保罗的一边，给了保罗有力的支持，大卫还劝说了工人们，让工人们像往常一样和气地与工厂签订了合同。

宽容并不代表无能，而是一种高明的管理策略。如果你能宽容地对待下属，既可以消除当事人的尴尬，更会增加下属对你的敬佩，融洽你们之间的关系，何乐而不为呢？

与下属保持适当距离

在领导与下属相处时，要记住保持一定的距离。当然若距离太远，"可望而不可即"，让人"敬而远之，望而生畏"，"神圣得不可接近"，似乎也没人买账。

无原则地接近往往会适得其反。"与群众打成一片"是许多人喜欢标榜的。但是不是距离越近越好？也不是。

首先，人都有这样一种惯性，即"得寸进尺"。你要是对他近乎些，久而久之，他便会由最初夸赞你这位领导没有架子，工作作风好，进而和你称兄道弟，不分里外、上下、轻重，甚至有可能得寸进尺。比如一位服务部的经理小陈就是与手下人打得过于火热，后来每一次分配工作，手下人竟然都要跟他讨价还价一番，搞得小陈自己相当被动。

其次，一般人都有"宰熟"的心理。生人或接触有限的人，因为摸不清底细，便不敢轻举妄动。没有了距离，大家相当熟悉，从生活习惯到特长爱好，了如指掌。根据你的喜好投你所好也好，知道你的弱点采取相应对策也罢，你的一举一动都在别人眼中。如此一来，你由领导成了被监控的对象甚至被利用的傀儡。

领导可以一直以"与群众打成一片"的形象出现。这样下属可以比较自由地向其反映各种情绪，也可以流露一些情况，还可以在非正式的场合称呼随便点。但是，绝不允许他们没有上、下级观念，也不允许他们过于放肆。得让下属清楚，领导永远是领导，无论领导多么和蔼可亲、多么平易近人，那也是为了更方便地开展各种工作、实施各项措施。领导艺术的高明、巧妙，只是从另一方面证明了他是一位领导的事实。让下属感觉到这一点，既有利于自己决策的平稳展开，也在不知不觉中树立了领导者个人深入群众、深得人心，同时又有工作魄力、业务能力的良好形象。

在下属面前要适当表现"身份"

领导跟员工在一起时，要适当表现自己的"身份"，在办公室里与员工相处，别人应该一眼就能瞧出谁是员工，谁是领导。如果你不能表现出这一点，那么，你这个领导就是失败的。

你虽然不必过于矜持，但要让你的员工起码意识到，你是领导。这样，即使是活泼、轻佻的员工也不至于去拍你的肩膀，或拿你的缺点肆意开玩笑。他们在你面前会小心谨慎，会看你的脸色行事。当你们一起离开办公室时，他会恭恭敬敬地把门打开，让你先行。

作为领导，要保持自己的威严，在无形中造成员工对你的尊敬之意，会为你的工作的开展创造条件，员工会处处小心——至少在表面上尊重你的意见，当他们执行任务有困难时，会与你商量，而不会自作主张、自行其事。

领导要注意自己的讲话方式，在办公室里跟员工讲话，一般要亲切自然，不能让员工过于紧张，以便更好地让对方领会自己的意思。但是在公开场合讲话，譬如面对许多员工演讲、作报告，要威严有力，有震慑力。

但不管在哪种情况下，领导讲话都要一是一，二是二，坚决果断，切忌含糊不清。

跟员工交谈，即使员工一方处于主动，领导听取对方谈话，也切忌唯唯诺诺，被对方左右。如果对方意见与自己意见相左，可以明确给予否定，如果意识到员工意见确是对企业对自己有利的，也不要急于表态。

多思考，少说话，也可以以"让我仔细考虑一下"或"容我们研究、商量一下"来结束谈话。这样，在回去之后，员工不会沾沾自喜，而会更加谨慎，领导也可以利用时间从容仔细考虑是取是舍，这在无形中增加了领导的权威，总比草率决定要好。

行为是无声的语言。很多员工与领导直接交谈、交往的机会不是很多，他们了解你往往是远远地看到领导的一举一动，或通过其他一些材料，员工们会根据每一个较小的事情来判断领导。

作为领导，当你显示自己的身份时，你是将办公室的门敞开还是紧闭？当你走出办公室如何与员工打招呼，你如何接听电话？如何回复来信？每一个细节都会映入员工的脑中。每一个细节，都是在向员工们传达了自身的一份信息。

行为有时比语言更重要，领导的身份权威很多往往不是由语言而是由行为表现出来的，聪明的领导尤其如此。

用监督保证命令的权威性

领导向下属下达命令后，并非没事了。信任下属当然有必要，但领导还需要用监督来保证命令的权威性。所以，领导即使在日理万机、分身无术的情况下，也不要放弃监督的权力！

为什么有许多命令或指示下达后总是受阻呢？就是因为领导没有监督命令的执行情况。就像这种情况：你发布一条命令，大家听明白了，你笑了，感到心满意足，认为自己做了一件很棒的事。你回到办公室，端起茶水看早报，一切顺利，天下太平。你认为，这期间，事情进行得很顺利。你的命令被执行得适当而迅速，可以高枕无忧地去钓鱼。事情能是这样吗？不会的，绝对不会的。

为什么呢？因为一个没有检查监督的命令就不称其为命令，只是一种美好的想法。要保证工作顺利进行，你的命令就必须得到认真贯彻，必须自己亲自去检查工作，因为下属不敢忽视上级的检查。不检查总会有疏忽！检查一个人的工作，以便督促他能够很好地执行命令，但也不能伤害一个人的感情，所以这也是一种艺术。监督过度会毁坏一个人的主观能动性，监督不够对执行命令也很不利。要监督还得考虑不要引起被监督者不满的最好方法是：随时到工作现场走走、看看。你的露面对于能使一个人保持紧张的工作状态起着有力的督促作用。

怎样检查下属的工作并且知道他们是否认真工作了呢？下面的方法可以解答这个问题：

你可以每天专门拿出一点时间检查工作。每天都要检查所管辖的工作的一部分。但不要每天都在同一时间检查同一内容。要变换时间，也要变换检查的内容。有时在上午检查，有时在下午检查，如果要是两班倒或者三班倒的话，夜班时也要检查，不要让任何人处于监督之外。

你还可以在检查工作之前，仔细思考一下要检查的重点，那样你就不至于白走一趟，下属们也不见得能对付过去，你总要表现出很内行的样子。最好你每次检查的内容不要少于3点，但也不要多于8点。每天都要有变化，这样，用不了多长时间你就会把全部工作程序和工作任务都检查到了。

你需要有选择地检查。你在检查工作的时候，不要泛泛地检查，要有所选择地检查几点，其他方面就不必看了。不要想在一天里把什么都看到，实际上也做不到。这种检查制度要坚持下去，不要让任何事情分散精力，也不要让任何事情打断例行公事。这样，你所管辖下的整个工作都会有条不紊地顺利进行。

　　同时，你在检查时要有主见。检查时要按照自己选择的内容进行检查，而不是按照下属提供的内容进行检查。如果你没有自己的主见，那你就可能被人家牵着鼻子走。时刻不要忘了谁是检查者，谁是被检查者。

　　你要永远越过权力的锁链。这一点是毫无例外的。没有任何类型的检查是会令人满意的。不要问你下属他们工作得怎么样，你知道他们会怎么回答。你必须亲自下到基层去，只有这样才能看到想知道的事情。作为一种礼节，相关部门的领导人员肯定会跟随着你，但你不要问他任何问题，而要对他管辖下的人提一些问题，这是能够得到直接回答的唯一途径。

　　你要多问问题。要记住，检查工作是为了更多地了解情况，而不是让别人了解你。所以要多问，细心听取回答。让下属告诉你他们怎样改进了自己的工作，毕竟大多数的人还是希望把工作做得更好的。

　　要重新检查你发现的错误。如果不能采取必要的行动改正你曾经发现过的错误，那么这样的检查就没有价值。既然发现了错误，就有必要重新检查。为此要建立一个制度，要对你下达的改正命令实行监督，以便能够得到贯彻执行。切记，一个命令如果缺乏监督和检查，那么和没有这个命令毫无区别。

　　总之，领导在向下属发布命令时要做到心中有数，不乱发布命令，不用傲慢的态度发布命令，发布命令时要会替下属着想。发布命令之后，隔一段时间就去了解一下命令被执行的情况，至少做到：统一观念，集中精力，有序工作，明确方向，逐步完善。命令是使企业上下一致、同心协力的规范措施，理当重视，否则你就易失去领导的权威。记住，命令就是权威，权威服务于领导。

第16章
拆散小圈子，打破办公室政治，辞退不合格人员

坚决拆散"小圈子"

中国社会特别讲究人情，在工作中也会因人情而结成各种不同的"圈子"。因正常的人际交往而结成的圈子本无可厚非，但是，如果将公共资源与"圈子"发生某种不正当的联系，那么，"圈子"便有可能异化为"小圈子"。

搞"小圈子"的人，或图办事方便，或谋求排除异己，或欲大发横财，无论是哪种动机，本质都是以私欲为纽带，以牟利为目的。

"小圈子"不仅会严重破坏办公室的团结，对整个企业也十分不利的。因此，对"小圈子"的危害绝不可低估。

首先，搞"小圈子"破坏办公室的团结。办公室内搞"小圈子"，是派性的表现，与企业的发展是对立的，是企业和谐发展的大敌。"小圈子"这个东西害死人！很多失误就从这里出来，错误就从这里犯起。办公室内也是如此，企业的决议决策往往会由"小圈子"中先达成共识，少数人说了算，开会只是走过场，圈外人敢怒而不敢言，这会对企业的公共利益造成巨大损失。

其次，搞"小圈子"影响企业的用人制度。一旦产生"小圈子"意识，考虑问题就会围着圈中人的利益转，选人用人先考虑的是自己圈子内的人。你

是这个"小圈子"的人，不管德才如何，都委以重任；不是这个"小圈子"的人，不管你多有才干，就是不用。"小圈子"一旦形成，在选人用人上就很难公平公正。

再次，搞"小圈子"败坏办公室风气。搞"小圈子"的人，是非不分，只要是圈中人，难办的事变得好办，不能办的事变得能办；只要是圈中人，有了问题甚至错误，大事可以化小，小事可以化了。这种讲小团伙的规矩、不讲企业的纪律，讲少数人的好处、不讲企业利益的庸俗之风，会严重败坏办公室风气，给领导的管理工作带来困难。

那么，领导者如何打破办公室内的小圈子呢？

（1）正视办公室圈子的存在，不要一味消除派系。应想方设法发挥职场圈在工作中的积极作用，如利用现代职场中较流行的团队概念，开展圈子之间的竞争。

（2）化被动为主动，适时打破泾渭，建立以自己为中心的职业圈，利用圈子拉近与下属的距离，在与圈子内的同事交往时，不失威信和原则，同时又要保有人情味。

（3）管理好每一个圈子的意见领袖，用一个紧箍咒牵着他、限制他，令其发挥积极作用，消除负面作用。

（4）对于那些对整体工作氛围产生较大不良影响的结党营私帮派要采取措施、借机打压，甚至将其解散。

注意企业里的危险人物

一些企业领导之所以不喜欢那些看上去野心勃勃的下属，是觉得他们的存在对自己是一种威胁。其实，这些人并不可怕，如果他们真有才能，反而可以成为领导最可贵的伙伴，大家共同谋事，一起平步青云。真正可怕的是那些不思进取而劣迹斑斑又深深植根于个性之中的人。下面列举几种类型。

1. 大包大揽的下属

这种人俗称"侃爷"，专门爱说些领导爱听的话，牛皮吹得震山响，曲意承诺，但事实上却不能兑现。企业正常运转时，他可以向你介绍若干暂时无用的伙伴，一旦经营出现困难，你准备去会见他的朋友时，他却找借口推三阻四，使你陷于被动。每家企业都有这种人，你可以吃一次亏，却不应该上第二次当。

2. "无所不知"的员工

他们像活动的百科全书，地球上的事好像没有不知道的。他们拥有和电脑一样快速的头脑、冠军般的自信以及灵敏直觉。在这些人的字典里，没有"我不知道"、"我搞错了"、"我需要帮忙"的字眼。他们想法很多，却常会引人误入歧途。对这种人，你要格外小心，不可一味地相信与依赖。

3. 唯唯诺诺的员工

这种人天生"缺钙"，对公司的所有方案都表示赞成，最爱说的话是："我同意"。而这些方案可能到此为止，再无下文。他一视同仁地答应每一件事，使得他的赞同毫无意义。

4. 传播流言的员工

这种人爱管闲事，喜欢说长道短，把传播流言飞语当"谈资"。他告诉你"我一定保密"，其实根本做不到。他从你这儿得到一个消息，就会把有关别人的秘闻交换回报给你。这种人的危险在于：如果他这样传播别人的隐私，那他又是怎样谈论你的事呢？

5. 执迷细节的员工

老板喜欢这种人。这种人可以长时间工作，不放过所有细节，而且会设定极高的标准来要求自己。问题是，他只对无关紧要的细节执迷，而对涉及企业发展的原则问题却表现冷漠。他重视繁文缛节，并喜欢打官腔，一不留神便成了你的上司。这时他的执迷可能就变成你的执迷了，千万不能大意。

6. 故作笨拙的员工

在同事面前，他们表现得很笨拙，不会操作复印机需要人帮忙，不会使用电脑需要人帮助。长此以往，他们便把自己不愿干的事一股脑儿推给了别人。这种故作笨拙的人，实则精明透顶，有好事时，他们肯定跑在你的前面；而在危急关头，你绝对找不到他们。

7. 口蜜腹剑的员工

这种人最危险。他们最大的本事就是伶牙俐齿地说服你，而后在你看不见的地方嘲弄你。等你发现时，多半为时已晚。

不要鼓励告密的风气

领导在处理冲突的时候一定要注意爱打小报告的员工，来说是非者，必是是非人。领导在进行管理的过程中需要注意不要让打小报告成为一种风气。

一天下午，将近下班的时候，王经理的一位下属杨兰敲开了他的房门，说要与他私下谈谈。王经理明白她肯定遇到了什么麻烦，于是就停下了手头的工作，并做好了倾听的准备，杨兰就滔滔不绝地谈起她与同事王彬之间的矛盾冲突。

杨兰激动地说："王彬欺人太甚了，他不惜踩着别人的脊背向上爬。特别是，他为了使我难堪，故意把持住一些重要的信息，存心给我写工作报告增添麻烦。还有，王彬甚至利用别人做的工作为自己沽名钓誉……"

在杨兰陈述期间，王经理没有发表任何意见，很有耐心地听着。杨兰最后对王经理说："你必须对王彬的态度采取行动，而且必须尽快行动——否则的话，将会有好戏看的。"王经理听出这是对自己的警告，他明白自己遇到了一个微妙的局面：两位雇员之间的冲突。他也明白这个问题处理起来将会非常棘手，处理的结果必须让双方都满意，否则矛盾还有可能进一步激化。想到这里，他对杨兰说："你放心，这个问题我一定会处理好的，请你先回去工作吧。"杨兰走后，王经理陷入了沉思……

在不了解具体情况的前提下，领导对于这种爱告状的员工想必十分头疼。

"打小报告"在道德上是难以被人接受的，因为它使人与人之间失去信任。"打小报告"的人或告密者之所以遭人唾弃和孤立，是因为他们使周围的人感到了不安全。如果企业里总有人"打小报告"，企业气氛一定是紧张不安的，员工关系、上下级关系也一定是疏远的、戒备的。这样容易使不信任在每一个员工的内心深处生根，使其很难坦诚、轻松地面对他人。为了处理人际关系，他不仅会损耗大量的心理能量，而且还会因各种误解而造成自己与他人的痛苦。

"打小报告"虽然不等同于"告密"，但在人们心中，它们是一个连续的链条。这些行为会造成群体和个人内心的激烈冲突。

告密还往往与不正常的社会生活连在一起。它使很多忠诚正直的人受到迫害，并成为一些人向上爬、实现自己个人野心的手段。一个被告密行为侵害过的社会，要重建社会成员间的信任是相当困难的。

因此对于领导来说，千万不要鼓励告密的风气，这种风气一旦助长，会影响整个团队的士气。领导要保证整个团队的有效运转，使每个员工都能发挥自己的能力，并迅速成为企业的业务骨干。纪律和约束是不可或缺的，但是如何维护纪律却可以有不同的做法。优秀的领导要有能力在企业里创造一种氛围：鼓励员工正当竞争，而不是依靠"打小报告"上位。

对低绩效员工心不能太软

绩效低的员工是指那些屡犯错误，赶走客户，在企业组织中造成不满和士气低落等问题的员工。快速成长的企业对绩效低劣的员工尤其不能容忍，他们会削弱团队的实力，给潜在客户和商业伙伴留下不良印象，加剧对企业综合生产率的负面影响。作为领导，必须采取措施及时纠正这种状况。

一位经理花了很大力气，才从某大公司挖来一名关键的信息系统专家。公司满腔热情地给他安排了工作，却很快发现他不能胜任。这位经理试图指导和帮助他，但是他的工作却没有起色。

其他同事来到这位经理面前，建议他采取行动，他却迟疑不决。此时，他知道自己雇错了人，但是由于负疚而迟迟没有动作。他告诉这位新员工，他将给他一些时间寻找新的工作。但是这位新员工的表现却越来越差，直到一位重要客户拂袖而去，其他员工也士气低落，这位经理才把他解雇。

在解雇员工时瞻前顾后，原因何在？许多企业领导都像这位焦虑的经理一样不忍心正视没有达到标准的工作绩效，更不用说毫无绩效的情况了。

领导如果尽了最大的努力对员工进行指导，但他依旧置若罔闻；或者降低了工作期望值和标准，员工还是没能达到要求，这时就应该重新审视对这位员工的录用决定。很多领导在3周或更短的时间内就意识到自己在录用员工上的错误，但通常在3个月之后才决定纠正这个错误。

领导犹豫不决的原因多种多样。例如，他们觉得承认错误是一件尴尬的事情；他们对错误的录用感到内疚，对解雇曾满怀期望的人于心不忍；他们对录用员工的时候没有明确表达工作绩效的期望而感到遗憾；他们知道自己没有做好员工的绩效反馈和指导工作；他们不愿意再次经历昂贵耗时的程序找到合适的人员来替换。

对于领导而言，这可能是一个痛苦的经历，但还是应该采取行动。

领导在计划解雇一名员工之前，应问自己是否公平地对待过这个员工："我是否让他认识到自己绩效低劣的事实，并给予他改进的机会？"也就是说，是否采取过以下这些行动：

（1）是否为这个员工确立明确的绩效期望值？这对员工绩效的管理水平有关。运用绩效管理技巧留住最佳员工的效果，取决于与他们建立伙伴关系的程度。这种伙伴关系是成年人之间建立共同协定的关系。

（2）是否就这名员工的绩效没有达到目标，向他作出具体的反馈？一项研究表明，在60%的企业中，因绩效产生问题的首要原因是企业对员工的绩效反馈做得不够或是没有做好。在针对79家企业的1 000多名员工所作的一项调查中，领导的反馈和指导技能一致被评为平庸。这些结果表明很多领导都是拙劣的导师，而他们的员工通常也能意识到这一点。

（3）是否详细系统地记录该员工的绩效数据、事件、绩效反馈及改进评估的谈话结果，以及是否在上述评估谈话中使该员工认识到存在的问题并对如何解决问题达成一致？这取决于绩效讨论过程中的情况，让员工评估他们自己的绩效。如果员工承认问题，那么，问题的解决会顺利得多。如果员工否认问题，那就说明该员工对建设性的指导置若罔闻。

（4）是否把给予这位员工一定的试用期或者改进绩效的最后期限，作为解雇前的最后手段？曾经有一位领导告诉他的一名员工，如果他在30天内仍然不能完成自己的工作项目，就必须走人。结果该员工在期限内完成了任务。所以，要确保给予员工足够的改进时间。

（5）是否寻找解雇之外的其他方法？自己犯了录用某位员工的错误，并不意味该员工不能有效地完成其他工作。该员工不适合这项工作，可能是他绩效低劣的真正原因。因此，可以考虑重新评估该员工的才能、动力和兴趣。也许工作可以重新设计，也许在工作领域内有其他更能发挥该员工才能的工作。

如果领导已经不止一次直言不讳地把工作绩效低劣的情况反馈给员工，指导他如何改进，为他确立具体的绩效目标，记录他未能改进绩效的情况，而且考虑过不解雇的解决方法，然而都无济于事，那么，最终选择是解雇他。

领导无论出于何种原因解雇员工，都是一件令人忧虑和烦恼、却又不得已而为之的事情。令人烦恼的因素多种多样，如这位员工失去了生活来源，而且，这么做还会影响组织中的其他成员，包括最想留住的员工。

重要的是时刻牢记目标：消除糟糕的表现和行为。在有效地惩戒员工或者采取纠正措施之前，领导必须表明真诚地关心员工的成功。考核程序对事不对人，是基于"目标推动行为，结果维系行为"的原则。

扔掉"烂苹果"，该解雇就解雇

面对那些难以管教的员工，作为领导必须当机立断，该解雇就解雇！尤其对其中一部分敢于背叛自己的员工，更要毫不留情。酒与污水定律指出，如果把一匙酒倒进一桶污水中，你得到的是一桶污水；如果把一匙污水倒进一桶酒中，你得到的还是一桶污水。几乎在任何组织里，都存在几个难以管理的人物，他们存在的目的似乎就是为了把事情搞糟。他们到处搬弄是非、传播流言、破坏组织内部的和谐。最糟糕的是，他们像果箱里的烂苹果，如果你不及时处理，它会迅速传染，果箱里其他苹果也很快会腐烂，"烂苹果"的可怕之处在于它那惊人的破坏力。一个正直能干的人进入一个混乱的部门可能会被吞没，而一个无德无才者能很快将一个高效的部门变成一盘散沙。组织系统往往是脆弱的，是建立在相互理解、妥协和容忍的基础上的，它很容易被侵害、被毒化。破坏者能力非凡的另一个重要原因在于，破坏总比建设容易。一个能工巧匠花费时日精心制作的陶瓷器，一头驴子1秒钟就能毁坏掉。这样，即便拥有再多的能工巧匠，也不会有多少像样的工作成果。如果你的组织里有这样的"一头驴子"，应该马上把它清除掉；如果你无力这样做，你就应该把它拴起来。

首先要确定是否要扔掉"烂苹果"。对那些厚颜无耻的背叛者，对屡教不改的员工和难以管教的下属，对个别的"害群之马"，一定要扔掉。

其次，还需要选择解雇地点。应该选择在什么场合解雇某个人，取决于你自己的想法。他的办公室，你的办公室，或者另外一个什么地方都可以，并无规矩可循。有些领导在决定解雇员工的地点与方式时是希望将相关信息传递给其他员工。例如，有位企业主管曾当着全体员工的面解雇一位经理，目的是杀鸡给猴看。他将企业所有的100名员工召集到会议室，心里盘算好，在会议的过程中他一定可以挑出那只"烂苹果"，并当场炒他的鱿鱼。这是精心策划的一场戏，只是其员工不知道而已。

再次，解雇员工需要技巧。作为企业领导，对不称职的员工予以解雇完全是分内之事。但往往遇到此事，即使是那些以"硬汉"著称的企业领导也难下决心，认为解雇员工是件很棘手的事，总担心会引起连锁反应，还涉及向客户解释，以及如何以此调动员工工作积极性和责任感，做好善后工作等。

解雇不称职的人，最好的办法有如下几种：

第一，选择适当机会。如果你要炒他的鱿鱼，应选好对企业最为有利的时机。在商务来往中，你的员工手中必然尚有未完成的生意，掌握有一定数量的客户，在未找到代替他的人之前，一切未准备就绪时，就暂时不要解雇他。有时你会等上几天甚至更长的时间，以便更大限度地减少解雇他所给企业员工带来的震动和对企业带来的负面影响。在准备时，或许应及时通知客户、企业与某人之间有些矛盾，将会有另一位员工代替他的工作，并表示企业愿意与客户继续合作的愿望。另外，在企业内部可派另一位员工到其负责的部门工作，并委以重任；或让另一部门的经理同他的客户认识，并逐渐接手其业务。

第二，或许你可以由他先提出离职。对付想跳槽的员工，最好的办法是由他提出辞呈。让他体面地离开企业，总比你直接下逐客令要好。如在解雇他时，给他发放一定数额的离职费，并且给他在其他企业找一个适合他做的工作，对你的所作所为，他会一辈子永记心中，不会到处对你解雇他而说三道四，败坏你的名声。其实安排某人主动提出辞职，并不是件复杂难做的事。但也不能太随便，应注意当时说话的场合和方式。最容易让人接受的说法是："鉴于我们企业业务的特殊性，我认为你在企业这样长期做不下去，显然对你对企业都不太合适，企业已决定，你应离开企业另找工作。但是什么时候离开？怎样离开？还没有正式决定下来，请你先考虑一下，然后我们再交换意见。"这样简单而直截了当的谈话，将会取得你预想的结果。

第三，让别人来"聘用"他。有的企业碍于当时聘用人的后台关系，或其他难以言明的因素，不便直接下令让某人离开企业，总是说服别的企业接收此人，并让这家企业主动找该人联系工作。此人被该公司"聘用"后，自认为是自己的才华被领导看中而被挖走的，对于"聘用"之中的一切都始终蒙在鼓里，根本不知自己是被原企业体面地"开除"的。

第四，为他找到合适的位置。有些员工虽然诚实肯干，但是碍于自身文化水平较低、适应能力弱等原因，不太适应企业业务发展需要。例如，公关部的某公关先生对于结识发展新客户，开拓新市场有一定能力，但在其他方面却毫无办法，并且常常会把事情弄得很糟。这里就出现如何安排他为好的问题，是解雇或是降级使用？必须认真研究。常用的处理方法是，把他调到另一个适合他的工作岗位上去，或许到这个岗位，他会干得更好。

第五，果断处置不手软。对任何企业和领导来说，开除或解雇员工，总是一件令人不快的事，因为这或多或少地反映了企业存在的某些缺陷或不足之处。但是如果解雇的是一个存在一天就对企业祸害无穷的"捣乱分子"，则无须手软留恋。

某公司曾经遇到过这样一位公司的背叛者A先生。这位A先生在业务额不能完成、资金无法收回的情况下，想离开公司一走了之。临走之前，公司得到情报说，他准备将公司的客户和业务，以及有关公司的商业秘密的档案资料一并带走。为了不打草惊蛇，公司营销部特地在他离开之前安排他出差，为洽谈一笔新业务拜访客户。当他离开办公室后，公司派人查封了他的办公室，取走了属于公司的一切档案资料，当他回到公司时，交给他的是一张解聘书。

这种做法并无算计员工之嫌。对于这种人只能当机立断，否则他阴谋得逞，公司将后患无穷。也只有这样，才能彻底排除纵容下属、姑息养奸的可能。

就像舞台上总会有一个两个丑角，领导的下属里面也并不全是忠诚之辈、老实之人，肯定也会有一两个类似于丑角的人。领导需要有一双火眼金睛将这种"丑角"辨认出来。

制定一条解雇的底线

任何一个企业都有自己的考核机制，但同时也得考虑社会、个人的因素。解雇一个人固然容易，但也要考虑因此带来的负面影响。为了尽量消除这样的负面影响，寻找代替"解雇"的方法也就变得重要起来。

首先，确定下限。这里主要指一个组织允许员工不达标的最低标准，但同时也包括一些明确的事项可以导致员工被开除，如触犯国家法律、泄露组织机密、违背社会道德等。

其次，允许员工犯错误。一个人在发展过程中不可能不犯错误，企业也应该客观地对待这个问题，但要把握错误的程度、方式、影响范围等因素。

IBM中国有限公司每年都要进行绩效考核，考核结果分为一、二、三、四等，四等为不合格。若某位员工被评为四等，是不是就会马上被"炒"呢？不是的。对不合格的员工，IBM中国有限公司将作具体分析，是态度问题，还是能力问题？据此进行有针对性的帮助，并给予改正和提高的机会。IBM中国有限公司不能容忍员工犯两种错误：一是违法；二是违背职业道德。如果有人敢在这两个问题上"越雷池一步"，那就只好请他"走人"了。

许多欧洲国家都有法律规定，企业裁人之前必须先通知当事人，进行沟通商量，多做思想工作。实在要裁人时，有些企业必须向工会和当地的工作委员会作出交代，必须说明裁人的原因，而且还要商量善后的办法，制定一个"社会方案"，以减轻员工的痛苦，如果可能还要着手对员工进行新的技能培训方便其新的岗位入职。

让被解雇者心甘情愿地离开

解雇是领导在工作中最难做的事，有些领导会为此整夜合不了眼，想方设法减少这件事对员工的打击。不论你想怎样做，即使解雇某人的决定是你的上司作出的，但只要是你把这个消息告诉员工，你就被看成是唱黑脸的。对方常常认为是你的主意。

如果要你来决定解雇人，尽管你有充分的理由，但是解雇将给对方带来巨大的影响，你仍旧会感到难以痛下决心，然而这是你必须做而且还必须做好的事。效率低下的员工必须被开除。你的同情心只能表现在为他们积极寻找新的工作上。

解雇之前，要先给予他们几次警告，让他们明确知道自己的行为不合标准。然后在某次会见的时候，指出他的行为仍不合格，将面临被解雇的危险。

一旦真正解雇，被解雇的人会有许多的牢骚、怨恨、困难要向你说，你不要给予回答或承诺，你同情他们的处境之余，只能对他们说："我只能，而且必须这么做。"

但成功的裁员方案应该考虑到具体的员工个人的心态、行为及未来的生活着落等。作为有社会责任感的企业领导，一个真正想以裁员为契机将企业组织推向新境界的首脑人物，必须将安抚被裁员工、为其日后发展提供条件作为重要任务来看待。

单单是顾虑到员工可能会"报复"这项因素，便足以使企业在解雇任何人时都必须做谨慎而周密的考虑，研究是否给他们留些余地。一位处境很难的离职员工，往往能对企业造成极大的损害，即使他对外界所泄露的消息完全缺乏可信度。

相反，如果一名职工觉得企业解雇他的做法"公平合理"，例如觉得企业对他尊重，没有伤害他的自尊心，而且觉得这是一种工作经验，那么当他离开后，便不会污蔑原来的企业，而且很有可能成为原来企业的商业伙伴，而不是仇敌。

美国国际管理顾问公司老板麦科马克对"炒鱿鱼"颇有研究。

麦科马克在炒第一个职工的鱿鱼的时候，要考虑两个因素：第一是时机，第二是这个人对公司的忠诚度如何。

要解雇员工时，必须考虑到因为解雇他而可能对公司内外关系所造成的损害，应该在损害程度最小时采取行动。

解雇的最佳时机可能是"立刻解雇"，但在麦科马克公司也有等待2年之后才解雇的例子。

麦科马克曾经好几次让那些被解雇的人完全不知道他们是被解雇的。他先帮助他们找到工作，让他们觉得他们是被其他公司"挖走的"。

反过来，如果麦科马克有充分理由断定某个职工的忠诚可疑，或者是不值得信任时，就会尽快请他离开。

在解雇之前有一段充分的准备是必要的。必须非常注意被解雇职工的感情，帮助他们保留面子。至于帮助到什么程度，往往要按照他们对企业的忠诚和贡献的程度来决定。在企业要解雇一个忠诚员工之前，有义务先试试看有没有其他代替解雇的方法，例如调动他的职位，新设立一项更适合他的工作，甚至明升暗降等。如果这种办法行不通，必须为难他一段时间，让他"适应"被解雇的可能，而且还应该尽力帮助他找到其他的工作。

第17章
跳槽与反跳槽的博弈：留住优秀的人才

建立新型的企业与员工关系

在创新制胜的知识经济时代，你是否意识到员工的忠诚奉献已成为企业发展的关键？传统的命令和控制模式对企业的成功已显得苍白无力，因为你的关键资源存在于你的员工的头脑中。唯有切实了解员工的期望和需求，发展新型的员工与企业关系，才能让员工释放出自己的能量。下面将介绍几个建立新型员工与企业关系的关键因素。

新型的员工与企业关系更像是一种双方互相给予的关系。

国际管理咨询公司帕林公司所进行的一项调查表明，员工关心的问题主要集中在管理效果上。以前，一般员工对企业的发展战略、盈利和竞争市场等全局问题都不太了解。现在的企业都在与员工共享业务和财务信息，并且给他们的工作方式更为具体的指导。

所以，影响员工忠诚的几个关键问题值得我们注意：员工对企业的发展目标了解多少？他们对企业的成功能否有直接的影响？能否明确他们的职责？

总之，员工需要得到管理层的切实支持，而不是空泛的承诺，管理层应给他们提供完成工作所需的信息。他们很希望了解自己在企业中所扮演的角色。如果每个人对此都模棱两可，员工与管理层间的关系就会破碎。

"显然，现在的员工都明白这些，"帕林公司的主要负责人说，"但是这也会带来更消极的结果，即他们是否了解企业内影响他们的事情。"

　　调查发现，人们总觉得自己在努力工作，但并不总觉得别人和自己一样勤奋。过半数的被调查者感到，企业内的员工在"推卸职责"。随着工作负荷和压力的增大，员工感到需要保持住自己的技能水平和业绩压力很大。因此，如果同事在工作中三心二意，而他们的上级对此毫不介意，他们就会很愤怒。

　　以后，将有越来越多的经理人成为业务领导者，他们的主要作用将是激励员工，然后躬身退开。员工期望的是能鼓励和指导他们，尤其是同他们经常保持良好沟通的经理人。

　　不断的沟通有助于支持企业组织目标的实现。"员工是企业的核心和灵魂。"波音公司洛迪恩分公司的员工与交流副总裁傅莎美说。该公司到2016年的远景目标是成为"世界上火箭推进器、空间动力和高能激光系统的最佳供应商"。为实现这一目标，该公司制定了两条确保成功的措施，分别是确保公司股票价值的增加与成长，以及培养积极参与、致力奉献的员工。

　　洛迪恩公司计划通过以下五个方面赢得员工的忠诚奉献：使员工加强合作；提供有意义的工作任务；施行最高的职业道德标准；通过培训和开发促使员工个人成长和能力的提高；认可个人和团队的贡献。傅莎美解释说，全公司内的每个工作群体都必须对自己的成功负责，制订远景支持计划，并实施季度检查。公司每年制订领导期望计划。公司培养领导的活动主要围绕着领导艺术、质量文化和持续学习等主题。

　　在新的员工忠诚奉献规则中，一个有趣的内容是员工与经理人、经理人与团队之间的关系变得更为重要。员工愿意留在团队内，不会接受其他单位的聘用，是因为他们与上级建立了一种牢不可破的关系，他们担心在其他单位无法建立这种关系。

　　所以，企业越是及时而充分地加强员工与其上级之间的交流，员工对整个企业的归属感就越强。毕竟员工每天都要上班，与他们所在的团队接触，而不是别的什么。因此，企业越是加强和调整这种密切关系，员工与其上级间的合作就会更加趋向牢固。

　　员工都愿意为企业的成功尽心竭力，都渴望成为优秀团队中的一员。成功的企业可以通过各种形式显示它们的优秀，如媒体、员工调查、国家及地方奖励等。

昂恩全球咨询公司下属的诚信研究所所长斯达姆说："我们发现一种很有意思的现象，当员工对公司的发展方向充满信心时，他们会更积极地为公司工作。他们认为公司将成为全球市场上的赢家。"

而美国太阳微系统公司的领导对这一点也非常清楚。在电脑和办公设备业方面，太阳微系统公司是世界上最受推崇的厂家之一。但是该公司并没有安于现状，公司领导适时推出了世纪之交公司新形象的远景规划。

"太阳微系统公司的方向业已确定，"该公司人力资源副总裁柯乐萝说，"员工对变革表示理解，并愿意接受工作的转变，在整个太阳微系统公司，每个员工都可以发扬创新精神，并为所产生的结果负责。"

美好的远景通常会让员工产生强烈的归属意识。今天的员工更希望被委以驾驶火车的重任，而不是坐在火车上到达目的地。因此很多企业管理专家认为，在驾驭企业的发展方向上，让员工参与越多，企业就越能迅速地达到目标，而且企业中的每个人都能共享胜利成果。

做到这些的一个关键点在于为变革提供支持。对很多员工来说，企业重构或合并等变革使人感到企业好似按动了"快进"键，致使企业的发展失控。除非员工能了解实际发生的一切，否则，他们将消极对待。

昂恩公司的专家建议，为了使任何变革努力取得更大的成功，你需要了解手下员工的期望，为员工进言创造机会，支持并奖励员工在改进工作方面发挥创新精神，还要改善沟通，尤其是企业变革状况下的沟通和交流。

好的工作环境是留住人才的硬件

一个适宜、安全、和谐、愉快的工作环境，是每个人都梦寐以求的，也是促使员工积极工作的条件之一。同样，作为一名一般企业领导或者一名顶尖的高层管理者，为企业塑造一个良好的工作环境是至为重要的工作之一。

这里所说的"工作环境"，是"硬件"和"软件"两个方面的综合。"硬件"包括物质报酬、办公设施等。惠普公司的观点是，良好的办公环境一方面能提高工作效率，另一方面能确保员工的健康，使他们即使在较大压力下也能保持健康平衡。

惠普公司作为全球著名企业，一直以来都在倡导"以人为本"的办公设计理念，对办公桌、办公椅是否符合"人性化"和"健康"原则进行严格核查。惠普公司在每天上、下午设立专门的休息时间，员工可以放轻松音乐来调节身心，或者利用健身房或按摩椅来"释放自己"。

相对"硬件"而言，惠普公司更重视"软件环境"的建设。作为一家顶级的跨国企业，惠普公司有着悠久、成熟的企业文化。

惠普公司的领导遵奉这样一个原则："相信任何人都会追求完美和创造性，只要给予适合的环境，他们一定能成功。"

本着这个信念，惠普公司着力营造轻松和谐的工作氛围，充分信任和尊重员工，让他们时刻保持良好的情绪，充分发挥才能和想象力。人力资源部在这方面起了很大作用，它不但注意协调公司内部的人际关系，还专门开设了各种各样的课程，免费为员工进行培训。

领导希望员工为企业更好地工作，就必须为员工设计良好的环境，让员工处在这样的环境中，身心都能够得到放松，以发挥自己最大的潜能。

一个良好的工作环境应该具备哪些条件呢？

首先，工作环境一定要健康、舒适，如照明光线、空气流通等最基本的办公环境设施要符合员工身心健康的最基本要求，让员工健康舒适地工作；工作环境优雅，能让员工从繁忙的工作中得以舒缓、放松和休憩，让员工快乐地工作。

其次，对员工采取人性化、个性化的管理。对员工与其说是管理，不如说是沟通、协调。如同顾客的需求，员工的需求也是多种多样的，比如说员工要求调整工资、要求满足一些额外利益等。这些问题处理起来比较棘手，不能视大多数人的利益不顾，遇到这种情况宁可得罪个别人。当员工知道你是怎样地关心和维护大多数人的利益时，他们怎能不为之动容，怎会不为之努力工作？当然也要安抚部分人的不平和怨恨，保证企业的声誉，不论你是总经理还是部门总监，即使你仅仅是一位主管或领班，你的一句祝福的话语，一声亲切的问候，一次有力的握手，都会给员工莫大的动力。

再次，"理想的工作环境"还需要包括注重开放、真诚的沟通，绩效管理、薪酬、认可机制的一致性和公正性，彼此的相互信任和尊重，以及社区责任等。

时常做一下员工满意度调查

领导必须经常进行员工满意度调查，这是一种科学的领导工具，它通常以调查问卷等形式，收集员工对企业各个方面的满意程度。一个成功的员工满意度调查通常有如下几个功能：

一是通过"员工满意度调查"这个行为，企业表示了对员工的重视。

二是搭建一个新的沟通平台，为更多真实的信息铺设了一个反馈的渠道。

三是系统、有重点地了解员工对企业各个方面的满意程度和意见。

四是明确企业最需要解决的相关问题，即领导的重点。

企业在知道员工满意度调查的诸多功能后，常常抱着非常高的期望在企业中开展"员工满意度"调查，然而结果却常常事与愿违，出现了很多难以预料的情况。

那么，到底出现了什么问题呢？又是什么原因造成的呢？

首先是面对大量的数据不知所措。领导常常收上来一摞反映员工满意度的厚厚问卷，但又面对这些繁多的数据陷入尴尬。如果对这些数据不作处理或只是简单处理，就失去了员工满意度调查的真实作用；但是如果着手处理，光录入数据就可能让领导忙得焦头烂额，录入后如何进行统计和分析又给领导出了个难题。

其次是看着失真的信息百思不解。当问卷收上来后，人力资源部门的人员常常会惊奇地发现，收上来的员工满意度调查的数据和现实状况差距很大，比如说一个员工明明经常抱怨企业的加班制度，但是在问卷中相关方面却填写非常满意。企业进行员工满意度调查的初衷就是想通过这种方法，弥补日常沟通时的不足，得到更多员工没有说出但最想说的话。但是看着很多失真的信息，企业领导和人力资源部门工作人员常常很泄气。

因此，对于领导来说，进行员工满意度调查前应先确定调查的可行性。

不要忘记抚慰你的员工

所有员工都难免有伤心的时刻。企业领导应富有同情心，随时给予他们帮助。

美国南卡罗来纳州精密变压器公司的人事福利部经理妮丽道出了她的不幸。

"我父亲死于主动脉瘤，当时我在一家纺织企业担任质量控制审计员。上班后，上司走过来对我说：'对于你父亲的去世，我感到难过。'然后再没任何其他表示。即使人们看到我，也都没什么表示，真是太缺少人情味了。上司希望我一上班就把个人情感抛在脑后。而同事给我的感觉是，不要让别人看到你情绪低落，你会让他们受感染。而且我因工作时失声痛哭遭到训斥。"

"即使人力资源部门也是冷眼相待。我想星期五请1天假，去给父亲立墓碑时，和我谈话的那位女士说：'希望你找人处理这种麻烦事。'当时，我母亲没有工作，在未收到保险赔款前，我必须负起全部的责任，仅这件事就够我难受的了。"

"于是我决定辞职。上司问我是否知道自己在做什么。我告诉他，事情太难应付，又没人帮忙。我说我已承受不了。对此他颇感意外，无法理解我的感受。"

妮丽的遭遇绝非特例。很多企业往往轻率地回避这些事。它们之所以会失去很多宝贵的员工，绝非偶然。其实，领导不应将员工的悲伤视为扰乱工作的消极因素，而应将其看做是一个人重新调整自我来摆脱不幸、重建健康关系的自然过程。

作为领导，你要有能力创造这样一种工作环境，使你能清楚辨认出员工悲伤的几个阶段：震惊和抗拒、愤怒、愧疚、沮丧、接受和恢复。这个过程可能会持续数周、数月、数年，直到哀伤者接受现实并振作起来。

领导如果学会了解悲伤周期各阶段的迹象，就能帮助失去亲人的员工渡过痛苦的难关。在震惊和抗拒阶段，失去了亲人的员工可能会处于一种麻木状态，不愿相信眼前的事实。他们可能会一头扎进工作以逃避痛苦。

在愤怒阶段，他们可能会责怪死者弃他们而去，可能会冲着无能为力的医生发火，责怪他们没能留住其亲人的生命。同事的无心之语也会招来他们粗暴的对待，他们可能还会埋怨同事要求他们举止如常或者对其痛苦不闻不问。

他们被看似无尽的悲伤压垮后，会变得沮丧。特别是逢节假日、生日、亲人的周年忌日时，他们的日子格外难过。融融的家庭团聚中，再也见不到挚爱的身影，触景生悲，痛上加痛。有些员工会选择这些日子请假，以悼念亡灵。作为领导，对此应灵活处理，而且要留心员工有无生病，是否郁郁寡欢及其外表在这段时间有何变化，是消瘦还是变胖。

其实，有些企业的工作环境中所缺少的环节是：找出悲伤员工与生产效率的关系，找出如何充分提高员工的生产效率并帮助员工恢复其原来的正常生活。

"多数企业认为，员工失去亲人是件麻烦事，对他们表示同情已经仁至义尽，他们最好尽快把丧事处理好。"一位劳资关系研究者说，"其实，经理可以帮助员工及其家人到企业外部去寻求帮助，使员工重获心理平衡并提高工作效率，比如参加一些互助团体。人力资源部要教育员工，人们并不只是在亲人故去的那一刻开始感到悲伤。"

所以，领导需要改变对死亡和悲伤的看法，明白悲伤随爱而来，是一种深沉的情感。这为我们阐释人生意义、工作的价值观念和目标，提供了更为坚实的基础。人力资源部要重新审视企业和社区的资源，才能更明智地管理工作中的悲伤情绪，从而使人的生命在这个过程中不断升华。给予员工时间和自由，让时间抚平他们的创伤，使员工从失去挚爱的痛苦中重新振作起来。丧失挚爱固然沉痛，只要领导富有同情心，对员工的痛苦表现出应有的关心、灵活性和尊重，就会使员工倍感欣慰。一旦他们从悲伤中振作起来，把个人生活与工作融为一体，就会对企业有一种归属感。

医治"企业健忘症"

"员工是我们最重要的资产，即使我们所有的资产被大火毁于一旦，但只要我们的员工还在，我们就可以迅速重建我们的企业。"对自己的企业文化和人力资源管理充满自信的企业领导会这样说。然而他们始终回避不了这样一个难题：当自己的人力资源在同行业或相关行业中享有盛名时，企业人才也极可能成为其他企业觊觎的对象。当眼睁睁看着手下的优秀员工接二连三被别的企业挖去，得力的干将转眼之间成了强大的、必须严加提防的对手时，对于"最重要的资产"的自豪之情可能会荡然无存。

一个企业由硬件、软件和"人件"组成。硬件和软件存在着"折旧"的问题，而"人件"却存在着"折新"的问题。当企业被迫招募新人来代替因跳槽、退休等原因而离开企业的员工时，新手显然缺乏老手在企业的业务实践中积累起来的大量隐性的知识（各种在长期的实践中习得的专业技能）。企业必须为新手们（无论他们受到多么良好的正规教育）支付有形和无形的"学费"，这就是说，企业在获得所谓"新鲜血液"时不得不付出隐性的但常常是巨大的劳动力成本。

管理大师爱德华·戴明指出，企业的资产有80%是无法量度的。当这些无法量度的资产流失时，你很难测算出企业受到的损失。隐藏在员工中大量不可言传的知识被称为"组织记忆"（organizational memory，简称OM）。一个企业的组织记忆大量流失，必然导致"企业健忘症"（Corporate Amnesia）。在当今员工的工作任期明显缩短，跳槽率激增的情况下，即使是那些致力于积累性成长的企业，也非常容易患上"企业健忘症"。

对于可以量度的20%的资产，企业都有一套严格的管理体系，而其余的80%资产却处在一种游离的状态。当企业的资产以难以移动的土地、厂房、大型机器和生产线为主转变为以无重无形、可以被员工存储在大脑和电脑中随身携带的资产为主时，好的管理就是对这些难以量度的资产进行量度和管理。管理的底线是"心中有数"，如果对80%的资产熟视无睹，那这个领导从一开始就在"心中有数"这个底线以下。

好的企业不是不犯错误，只是不犯或很少犯同样的错误。因此，企业必须找到一整套管理方法，使得组织能够从它过去的经验里学到更多的东西。企业要尽可能采取各种方法，留住那些在培养企业的核心竞争力方面有较大贡献的员工；而当企业实在无法留住那些员工时，尽可能留住那些可能被他们随身带走的无形资产。

一些软件可以在一定程度上把员工自己所了解的但是不愿透露或不可言明的知识记录和存贮下来，使企业免受"健忘"之苦和"健忘"之灾。企业因此而不再只是拥有十个"1年的记忆"，而是拥有一个"10年的记忆"。

不过，技术手段并不能完全防治"企业健忘症"。问题的解决有时只能靠特定的制度和文化来保证。通过信息技术，知识管理团队把企业的记忆吸纳到企业技术性的记忆库——企业的数据库中；通过制度和文化，知识管理团队把企业所急需的知识存入另一个非技术性的记忆库——员工的头脑中。

从制度和文化上扩张、强化企业的记忆库的最重要手段当然是采取不断创新、留住人才的方法。

美国一些大公司尝试利用企业内部便携式头衔，把可能发生的向外跳槽转化为内部跳槽，鼓励员工在内部创新企业，在充分拓展员工的创造空间的同时，抑制了员工"宁为鸡头，不为凤尾"的冲动。备受被"挖墙脚"之苦、被戏称为"总经理摇篮"的IBM公司，为了扭转大量"失血"的局面，推出了一系列化离心力为向心力的措施。针对内部人才过度竞争演变为内斗增多、缺乏沟通的局面，IBM公司提出了以沟通回归基本的人才管理战略，要求部门主管至少花50%的时间和下属沟通，并且以实施"小周末"（鼓励员工在星期三穿便服上班）等方法，逐渐改变了"蓝色巨人"过于强调严肃、正规的企业文化，减少了等级森严的体制给员工造成巨大压力。这有效降低了跳槽率，而且让一些已投靠竞争对手的员工重新回到了IBM公司。

一个好的领导必须记住：企业的成功在于企业的智商，而记忆既是智商的重要成分，也是智商的其他因素的基础。良好的记忆，使企业思路清晰，动作敏捷，而良好的记忆依靠经验丰富的员工。

给员工不走的理由

如今，员工的流动日益频繁，特别是优秀的人才，时刻面临着更好的机会或待遇，如何能让他们安下心，为企业创造价值，成为很多领导的心病。人才的流失，是许多领导最不愿意看到的事，但对此你能做什么呢？要想让员工不走，作为企业领导，你能给出什么理由呢？

1. 设立高期望值

斗志激昂的员工喜欢迎接挑战。如果企业能不断提出高标准的目标，他们就不会选择离开。美国新泽西州的一位管理顾问克雷格说："设立高期望值能为那些富有挑战精神的精英提供更多机会。留住人才的关键是，不断提高要求，为他们创造新的成功机会。"美国密歇根州一家医疗设备公司施萨克公司深谙此道。该公司要求各部门利润年增20%，没有一点可商量的余地。"成功者热爱这种环境，"该公司外科部人力资源副总裁布莱克说，"人们都希望留下，希望获胜。"当然，采取这种做法与企业文化也有很大关系。一般来说，在积极向上文化的企业里，这种做法容易取得成功。

2. 经常交流

员工讨厌被领导蒙在鼓里。没有什么比当天听说企业前途无量、第二天却在报上读到企业可能被吞并或卖掉更能摧毁一个企业员工的士气。解决办法是，公开企业的账簿。泉域公司正是这样做的。该企业的员工流失率不到7%。该公司行政总监斯塔克说："我们的每一个员工都有权利随时查看公司的损益表。这能让他们明白他们对公司利润有何影响，例如一位需自行购买工作用品的看门人能看到他的支出如何影响了公司的利润。"

要是企业不想那么透明，也有很多其他交流办法。卡耐基顾问公司行政总监莱文每6周就会给世界各地的办事处捎去录像带，要求他们录下员工就公司方针向他提出的问题，以及对公司一些具体决策所要求的解释。

3. 授权，授权，再授权

员工最喜欢给员工授权的企业。惠普公司负责台式电脑的美国市场经理博格说："对我们来说，授权意味着不必由管理人员来决定每一项决策，而是可以让基层员工做出正确决定，管理人员在当中只担当支持和指导的角色。"

4. 提供经济保障

很多人对金融市场和公共基金等一窍不通，只得自己为自己安排养老费用。他们从现在起就得找人帮助。

很多企业即使不提供养老金，至少也会在员工的黄金年代给他们一些现金或股票，霍尼韦尔公司允许其员工拿出15%以下的薪金投入一个存款计划，同时还允许员工半价购买等值于自己薪金4%的公司股票。另外，员工能在公开股市上购买霍尼韦尔股票，而且免收佣金。这项政策旨在使所有霍尼韦尔员工都拥有公司的股份。如果员工是当家做主的，就与公司和公司的未来休戚相关了。

这能帮助员工肯定自我，如果企业理财有道，就能培养一批有高度自信心的员工，人们往往在感受到被关心的时候才会感到自信。他们希望这种关心能用金钱或无形的方式表示。作为领导，只要员工感到你在关心他们，他们就会跟随你，为你苦干。

5. 教育员工

在信息市场，学习绝不是耗费光阴，而是一种现实需求。大部分员工都意识到，要在这个经济社会中生存和发展，就非锐化其技能不可。

一家促销代理商爱森公司为其员工开设了一间"午间大学"。其中设有一系列内部研讨会，由外聘专家讲授，涉及的课题有直接营销和调研。此外，如果员工想获得更高学历，而这些学历又与业务相关，员工也能取得好成绩，公司会全额资助。该公司的行政总监杰弗里说："我们将公司收入的2%投入到各项教育中去。员工对此表示欢迎，因为这是另一种收入形式。知识是放权的另一种形式。"

惠普公司允许员工脱产攻读更高学位，学费全部报销，同时还主办时间管理、公众演讲等多种专业进修课程。博格说："我们通过拓宽员工的基本技能，使他们更有服务价值。有些人具有很高的技术水平，但需要提高公众演讲能力。他们在这里能学到这些。也许有些人来到我们公司时没有大学文凭，但他们可以去读一个，这样就更具竞争实力了。我们愿意资助他们的教育。"

灵活借鉴上述几种方法和技巧，相信一定能够对企业领导的工作有所裨益。

第18章
打开员工的心锁，架起沟通的桥梁

架起一座沟通的桥梁

一个护理医院的领导Jenny，手下有7个管理人员和125个员工，董事会决定裁去5个员工，因此她在星期五的早上寄出125封信，把她准备裁员的计划向125个员工作了陈述。到了星期一的早上，当Jenny步入办公室时，她感到十分异样，她发现所有的人——管理人员和员工似乎都炒了她的鱿鱼，因为她在那天早上失去了她以往的权威，所有的指挥全部失灵了。Jenny犯了一个严重的错误：缺少沟通。第一，她没有与她的7个管理人员沟通，7个管理人员全然不了解她在上个星期五所做的事情。第二，没有选好适当的方式，她发出的125封信使每个员工感到不安全，因此他们在星期一早上联合起来抗议Jenny的计划。

虽然裁员是董事会的决定，但一位领导要想办好这件事，却需要一定的工作能力和管理方法。缺乏沟通研究，将对管理工作不利。

现代企业管理越来越重视内部沟通，已经把谈心这种最直接、最具亲和力的沟通方式应用到企业管理中来。

据报道，由美国市民评选出来的百家最受员工欢迎的单位中，有一家名为英格拉姆的计算机批发公司，董事长斯特德有一条号码为800的全天候免费专用热线，公司1 300多名员工有什么烦恼，都可以通过这条热线和他交流，这个免费电话被员工亲切地称为"谈心800"。

当前，企业面临日益激烈的市场竞争，迫切需要调动一切积极因素，以应对竞争。员工作为企业最重要的生产要素，同样要面对严酷的市场竞争。人们的就业压力越来越大，职场内外的焦虑和浮躁情绪危害着在职者和求职者的健康。在我国，很多中青年患有"白领综合征"。因此，劳资双方都需要坐下来，多谈心，多沟通，舒解压力，增强创造性。

与员工进行有效沟通有助于企业科学决策。在微软公司，由于人员分布在100多个国家和地区，公司给每一个员工提供一个免费的网址，用于和公司内任何人进行交流，包括与最高层人物谈心。这种即时互动的交流，确保了微软公司在世界各地的决策能够集思广益，提高了决策的科学性。

与员工进行有效沟通能直接展示领导者的人格魅力。人格魅力在企业管理中具有很好的感染力和示范效应。通用汽车公司前总裁韦尔奇是一位与人沟通的高手，有很高的谈心技巧。他能说出1 000名公司高级管理者的名字和职务，熟知公司3 000名管理者的表现，并根据他们的表现授奖。韦尔奇还善于采取非正式的方式与员工沟通。有时他会突然造访某个工厂或办公室，有时又会临时安排与下属共进午餐。工作人员还会从传真机上见到总裁的亲笔批示。

真诚沟通也是留人的一种技巧，公司不仅要以事业留人，还要以感情留人。有这样一个故事：公司一名很优秀的员工要辞职，该员工的上司觉得单位很需要这个人，要想办法让他留下来。经过交谈了解到，这名员工不满意他用电子邮件发指令的方式，但未向他提起过。了解了内情，上司主动和这位员工促膝交谈，留住了这名优秀员工。

有效沟通还有助于公司创名牌。松下公司很多产品的开发都是在与用户及员工的交谈中获得灵感的。如果员工有新的创意，松下公司甚至会拨一笔专款，让他去另开办一家工厂，实现他的创意。在这些交流中，公司不仅充分倾听到员工的意见，解决了员工悬而未决的问题，更便于找准经营思路，创出品牌。

有人以为沟通只要人际交往时不隐瞒、真实地表达本意就行了。其实这还不够。确实，不以诚相待就根本谈不上良性沟通，但往往真知灼见在合理碰撞时也会不欢而散。因此，沟通不仅需要真实，也需要技巧。以下有个沟通的小技巧：对人对事皆以真诚欣赏与赞美为前提；先说自己错在哪里，然后才指出别人的错误；说话要顾及别人的面子；只要对方稍有改进即加以鼓励；嘉勉要诚恳，赞美要大方。从人性的角度看，每个人都是想被他人认可的。

　　沟通，除了知其讲话的本意外，还要知其所以然。在庭审辩论过程中，律师的一种辩论技巧就是并不会将对方的辩论意见做简单地条件反射，而是要知其论点的依据是什么，对方有怎样的意见，会如何反驳等。之后才去应战，否则就易坠入陷阱。人事工作也一样。如主试者问面试者："你家住在哪里？"面试者条件反射的回答是据实相告，而真正懂沟通技巧的面试者就会知道主试者的随意"开场白"可能是在判断其上下班的路程所要花的时间。因此可以回答："我只要乘一辆车就能到单位。""我家到贵单位只要半个小时。"这一问一答就是一次沟通的过程，深究其源往往能使沟通取得事半功倍之效。

告诉员工：请对我直说

　　要想办法让员工把看法说出来。

　　员工们常常会有一些领导不曾想到的见解。对于工作怎样完成，要同谁打交道，自己拿到手要处理的工作会产生什么问题，员工心里考虑的非常清楚。如果忽视他们的见解甚至对这些见解不屑一顾，领导就失去了能使组织运作得更好的宝贵信息。忽视员工的想法，这样的做法一旦固化，员工就有可能不会再提任何建议。

　　李嘉诚是一个善于沟通的人，他认为在团队中，要和别人有效地沟通必须要懂得倾听。李嘉诚经常讲到一个问题："森林中一棵树倒了下来，那儿不会有人听到，那么能说它发出声响了吗？"借用这个道理，李嘉诚反问："在一个团队里，如果你说话时没人听，那么能说你进行沟通了吗？"

　　李嘉诚在一次给中层领导的演讲中提到："如果在一次互动中，有人提出一些与你不同的意见，你粗鲁地警告别人不要自大，甚至打断对方说话，那么几次之后，所有的人都不会再有勇气对你的意见进行反驳了，连正直的人也会冷眼旁观，你就变成了孤家寡人。大家发言时都会只看你的态度，所谓的互动成了你的'一言堂'。正确的做法是，你应该告诉那个提出批评的人：'好的，让我们仔细讨论你的意见，首先听听大家的意见，然后我们再进行选择。'"

要想成为有效的领导，就必须和员工沟通，明确表示你愿意随时听取他们的意见。

首先，要让员工敞开心扉，表达对领导的看法。领导对每一种观点都要加以考虑，并予以认真评述。但不要和员工争论或者试图纠正员工的看法，你应该感谢他们，并从他们的角度来理解这些意见。你要下决心聆听和考虑员工的意见，创造一种多听他人意见的气氛，这样才能对自己的行为做出明智决定。通过征求并接受反面意见，可以了解员工对你的期望，而不必去揣摩他们的想法。

好的征求反馈的方法有助于做好这件事。避免使用疏远别人或令人感到难堪或是备受责备的言辞。比如可以这样说："我一直在考虑自己的领导作风。我知道大家觉得我……"

类似的话语向听者表明：你知道自己做的某些事不受人欢迎，也表示你对所做的这些事情是负责的。另外，由于你愿意与对方谈论一些个人的事情，听者还会因此而感到自己受到重视。这是使别人站到你这一边的关键一步。他们会帮你实现你所希望的变化。不要讲："我听说，你说我……"这听起来有指责的味道。不要牵涉到对方，只谈自己。

其次，要让对方告诉你，你做的事情让别人对你有何种看法。可以这样问："据你观察，我的做法是否让别人对我有这种看法？"这样问就表明：你知道自己做的某些事情使大家产生了看法；但你不知道是哪些事，而对方知道；对方可以告诉你。

这时应该明确表示你并不像别人所说的那样，并且说明你打算改变这种情况。可以这么说："你知道，我不希望别人这样看我，我希望能改变大家的看法。"你没承认也没有否认别人的看法，也没有责备谁错了。你只是表明不希望别人用目前的这种看法看待自己，而且希望有所改变。仅仅是这种做法，就可以使别人对你有新认识。

最后，征求员工的建议。询问员工希望你怎么做。不要问只用"是"或"不是"就能回答的问题。如果问那样的问题，为了避免可能出现的不快，别人很可能会随口附和你，但他们对你的看法却不会有所变化。

如果你让员工有机会告诉你，他们如何看待你和你的所作所为，反过来他们也会给你提供一些信息，帮你更有效地领导他们，更好地与他们共事。最终，他们对你的看法也会改变。要表明自己的诚意，就要用毫无威胁感的方式不断征求反面意见，要明确、不断地向员工说明。因为，员工通常不愿表示出与上司相左的意见。你欢迎不同的看法，而且会认真对待这些意见，还需要你用行动来证明你的诚意。

如果相信领导能够倾听并考虑自己的想法，员工会更加服从指挥，更加拥护领导的决策。如果不鼓励员工进行思考，他们就不愿意开动脑筋，他们会一字一句地按领导的旨意办事，直到更高层管理人员发现这样做事行不通为止。

建立完善的沟通制度

迪特尼公司是一家大公司，早在多年前管理者就认识到员工意见沟通的重要性，并不断地在实践中加以强化，使公司的员工意见沟通系统日渐成熟和完善。特别是在20世纪80年代，面临全球性的经济不景气时，这一系统对提高公司劳动生产率发挥了巨大的作用。

迪特尼公司的员工意见沟通系统是建立在这样一个基本原则之上的：凡是个人或机构一旦购买了迪特尼公司的股票，他就有权知道公司的完整财务资料，并得到有关资料的定期报告。凡是本公司的员工，也有权知道并得到这些财务资料和一些更详细的管理资料。迪特尼公司的员工意见沟通系统主要分为两个部分：一是每月举行的员工协调会议；二是每年举办的主管汇报和员工大会。

1. 员工协调会议

早在多年前，迪特尼公司就开始试行员工协调会议，员工协调会议是每月举行一次的公开讨论会。在会议中，管理人员和员工共济一堂，商讨一些彼此关心的问题。无论在公司的总部、各部门、各基层组织都举行协调会议。这看起来有些像法院结构，从地方到中央，逐层反映上去，以公司总部的首席代表协调会议为最高机构。员工协调会议是标准的双向意见沟通系统。在开会之前，员工可事先将建议或怨言反映给参与会议的员工代表，代表们在协调会议上把意见转达给管理部门，管理部门也可以利用这个机会，同时将公司政策和计划讲解给代表们听，相互之间进行广泛的讨论。

要将迪特尼上万名职工的意见充分沟通，就必须将协调会议分成若干层次。实际上，公司内共有近百个类似的组织。如果有问题在基层协调会议上不能解决，将逐级反映上去，直到有满意的答复为止。事关公司的总政策，那一定要在首席代表会议上才能决定。总部高级管理人员认为意见可行，就立即采取行动。认为意见不可行，也要向大家解释不可行的理由。员工协调会议的开会时间没有硬性规定，一般都是提前1周在布告牌上通知。为保证员工意见能迅速逐级反映上去，应先开基层员工协调会议。

同时，迪特尼公司也鼓励员工参与另一种形式的意见沟通。公司四处安装了许多意见箱，员工可以随时将自己的问题或意见投到意见箱里；为了配合这一计划的实行，公司还特别制定了一项奖励规定。凡是员工意见经采纳、产生了显著效果的，公司将给予优厚的奖励。令人鼓舞的是，公司从这些意见箱里获得了许多宝贵的建议。

如果员工对这种间接性的意见沟通方式不满意，还可以用更直接的方式——面对面和管理人员交换意见。

2. 主管汇报

对员工来说，迪特尼公司主管汇报、员工大会的性质，和每年的股东财务报告、股东大会都相类似。公司员工每人可以接到一份详细的公司年终报告。这份主管汇报有20多页包括公司发展情况说明、财务报表分析、员工福利改善计划、公司面临的挑战以及对协调会议所提出的主要问题的解答等。公司各部门接到主管汇报后，就开始召开员工大会。

3. 员工大会

员工大会是利用上班时间召开的，每次人数不超过250人，时间约3小时，大多在规模比较大的部门里召开，由总公司委派代表主持会议，各部门负责人参加。会议先由主席报告公司的财务状况和员工的薪金、福利、分红等与员工有切身关系的问题，然后便开始问答式的讨论。在这里有关个人的问题是禁止提出的。员工大会不同于员工协调会议，提出来的问题一定要具有一般性、客观性，只要不是个人问题，总公司代表一律尽可能予以迅速解答。员工大会比较欢迎预先提出问题的这种方式，因为这样可以事先充分准备，不过大会也接受临时性的提议。

迪特尼公司每年在总部要先后举行10余次的员工大会，在各部门要举行100多次员工大会。那么，迪特尼公司员工意见沟通系统的效果究竟如何呢？

在20世纪80年代全球经济衰退中，迪特尼公司的生产率平均每年以10%以上的速度递增。公司员工的缺勤率低于3%，流动率低于12%，是同行业最低的。许多公司经常向迪特尼公司要一些有关意见沟通系统的资料，以作参考。或许有人会问：既然效果如此显著，为什么至今采用的公司不多？

答案很简单：这一计划对管理人员来讲是一件很费劲的工作，而且又不是短期内可以奏效的。一些眼光短浅的经理宁愿以较低的生产率，较高的员工缺勤率、流动率，来勉强维护公司的运转，也不愿大刀阔斧地改革，解决公司的根本问题。

改善企业中沟通的困境

企业中往往会存在缺乏沟通的问题，这对企业的健康成长极为不利。企业家、经理人应当冲出缺乏沟通的困境。当然，企业中缺乏沟通也可能是经理人自身存在的问题：你与别人沟通的方式会影响别人与你沟通的方式。作一次自我评估，你会发现别人都在效仿你。因此，要改善企业中的沟通现状，自己要先行动起来。

当然，在改善沟通前，你要让沟通的重要性及改进沟通的重要性为每个员工所知。召开一个未事先通知的不让员工准备的会议，在人们到场时，让每个人都对自己小组内部的沟通程度作出评价，用1~10之间的数字表示评价的高低。同时，让他们对整个企业的沟通情况提出看法，并且要求他们把意见写在卡片上，以便在会议上传阅，当然也可以使用挂图式投影仪作图示讲解。由于事先没有准备，人们会提出自然、未经深思熟虑的看法。最后，要找出两三种方法来改善企业的沟通状况，让自己的领导成员接受这些建议并认真去做。这样，改进沟通状况就有了一个起点。

以下的几种方式对于改善沟通状况或许有很大的帮助。

1. 建立联系

有很多方法能使领导成员和企业人员联系起来，如开会、共同完成一个任务、午餐闲谈、晚餐闲谈和个人交往等。如果沟通遇到地理上的障碍，就应派人花些时间，带着明确的目的到一些不同的地点去。

2. 尊重不同意见

不同背景、不同文化、不同民族的人会有不同的价值观。对文化差异的研究会增进业务上的沟通，能在你的领导成员中形成相互理解、信赖和尊重的和谐关系。

3. 重视通信工具的选用

现在的通信方式多种多样，电子邮件、电话、传真、视频会议、卫星中继等为人们提供了多种选择，方便了人们沟通，尤其是人与人之间的电话来往更是具有很大的价值，其方便、快捷是其他方式所不能代替的。面对面的交往也很重要，尤其是深入的交谈更应当鼓励。

4. 鼓励沟通信息和想法

可以采取以下方式：论坛、圆桌讨论、互联网交谈、在线聊天或公告板，还可能有某些特殊的程序。

另外，经理人也应当注意，当开一个沟通会议时，要让它的气氛变得令人愉快，要学会做一名热情、友好并有着真挚兴趣的听众。要尊重他人的时间，开始时间和结束时间都要准时。要学会倾听、询问的技巧，要善于接受意见，还要欢迎不同的观点和意见。

不拘形式地进行良好的沟通

与员工进行沟通，要灵活地采取多种形式，才能达到有效沟通的效果。以下的几种方式是沟通中经常使用的。

1. 全方位、多途径沟通法

"沟通"的特点和用途在优秀企业司中表现明显，与同业中一般企业的表现不同。优秀企业是信息和开放式沟通联络的一张庞大网络，其模式和密度使员工彼此间沟通和联络的特权得以发展。系统内混乱的财产之所以能得到很好的管理，正是沟通的规律性和特殊性的反映。

优秀企业非常注重无拘束的非正式沟通。例如，迪斯尼公司的每名员工都佩戴一个写着自己名字的标签；惠普公司也非常注重员工的名字，此外还实行"门户开放政策"；拥有35万员工的IBM公司绞尽脑汁地推行"门户开放政策"，受到全体雇员的推崇，该公司的董事长通过其雇员来答复顾客向他提出的所有抱怨；德尔塔航空公司也把自由沟通推行得颇具成效；在莱维·施特劳斯公司，自由沟通甚至被称为"第五种自由"。

使管理不再只是局限于办公室内，是不拘形式沟通意见的另一大创举。联合航空公司的爱德华·卡尔森称自由沟通为"有形的管理"和"走动管理"，而惠普公司则认为这是"惠普方式"的重要一环。

提供精简的环境有助于自由沟通的开展。康宁玻璃公司在新盖的工程大楼内安装升降扶梯，用以增加面对面沟通的机会；著名的矿务巨头3M公司协助任何申请者组成俱乐部，以便增加午餐时间意外解决问题的机会；花旗银行把有意见分歧的不同部门的职员安排在同一幢楼上班后，分歧意见便很自然地被解决了。

是什么导致了这样的结果呢？答案是：全方位、多途径的沟通。惠普公司所有金玉良言的提出均与加强沟通有关，即使是惠普公司的环境设备和精神信条也都在更多地强调沟通的重要性。在惠普公司，你稍微走动一下，就会看到许多人聚在一起讨论问题。这种专案小组的会议可能都会包括研究发展、制造、工程、市场与销售部门的员工。但是有许多大企业的经理从不与顾客或销售人员谈话，也从不瞧一眼或摸一下产品。一位惠普公司的员工在谈到该公司的核心组织经验时说："我们也不清楚到底哪种组织结构最好，我们唯一明确的就是，先进行无拘无束的自由沟通，这是解决问题的关键所在，我们必须不惜任何代价来坚持！"

3M公司的信条与惠普公司的信条大同小异，该公司的一位主管说："我们抛开繁文缛节，与每一位员工进行自由的交谈。"以上所有的例子都可以归纳为"无拘无束自由沟通的技巧"。

2. 餐桌面谈沟通法

随着企业的发展壮大，企业中的雇员会大为增加，组织机构的设置也会越来越复杂。在这种情况下，经理人颇感头痛的问题就会增多，比如各职能部门之间的协调与沟通问题。随着企业规模的扩大，为了便于管理，需要设立彼此独立的各个部门。但是企业要成为一个有机的整体，部门之间的沟通就显得十分重要。而在实际管理实践中，各部门之间的沟通往往会遇到很多障碍。有一家公司找到了一种极为简便的方法来增进各部门之间的沟通，这就是"餐桌面谈法"。

西诺普提克斯通讯公司专门生产配套计算机系统。在4年的时间内，这家公司的雇员由11人增至425人。企业的规模不断扩大，5个职能部门之间的彼此沟通就显得越来越重要。而在实际中，各部之间的沟通存在不少的障碍。

有一次，生产部门的主管实在难以忍受其他部门的不配合，就对组装一种新型电路耗费工时过多连连抱怨。这引起了公司总裁的注意。时任该公司总裁的是安德鲁·拉德威克。他为了解决这位主管的抱怨，专门请来这位主管和一位工程师，和他们一起用餐。在就餐时，让他们就如何加快组装的问题进行协商。两人的协商是很有效的。最终，他们找到了一个简单的加快组装的办法：只需更换一种更小、更便宜的部件，就能大大缩短工时。受这次用餐协商成果的启发，拉德威克想出了"餐桌面谈法"，并认为这是解决实际问题、增进部门间沟通的非常简便的方法。

每个季度，这家公司都会在总部所在地举行一次午餐会。每次摆上几张餐桌，请来两个相关部门的要员共享丰盛的午餐。当然，用餐并不是目的，目的在于让他们找出解决问题的办法。席间，都要提出一些有待解决的特定问题。针对某一特定问题，每位用餐者都要想出自己的解决办法，向大家陈述之后，用餐者就进行评价，直到找出最佳的解决办法。

餐桌面谈法是富有成效的，很多家企业都已经用它解决了不少复杂的问题。

3. 转悠管理沟通法

转悠管理也称漫游管理或巡回管理，是一些成功企业常采用的管理方法之一。所谓"转悠"，就是领导人员到基层去巡视，并在巡视中发现问题，解决问题。

企业界人士都十分重视转悠管理，坐在办公室听汇报、打电话、发布文件的企业领导人越来越少。他们把"走出办公室"作为自己的信条，不仅以身作则，常年在外巡视，而且严格要求手下的管理人员也"走出办公室"，到基层去办公。

阿尔科公司的总裁鲍勃·安德森"转悠"成瘾。他一边"转悠"，一边还要检查手下人是否也在"转悠"。当他"转悠"到某地，向某一个部门打电话时，恰好部门的头头接了电话，他马上就来了气，对这位不下去"转悠"的小头头感到失望。

有的企业还对分部经理提出许多"转悠"的具体要求，比如"转悠"的次数、对手下人员了解的程度。达纳公司的负责人麦克弗森就曾干过这样一件事：有一名经理在某部门待了好几年还不能说出全部手下人的姓名，麦克弗森就解雇了他。

美国联合公司董事长埃德·卡尔赫初到任时，联合公司正委靡不振。卡尔赫刚到任，就直奔现场，向现场工作人员直率地提出许多问题，请他们作详细回答。他没有笔记本，对于调查中发现的问题，他从来就是记在废纸片上，塞进口袋里。他从不命令第一线人员干这干那或搞个什么改革，除非是事关安全的问题。他也不当场纠正他不喜欢的东西。他要依靠正常的管理程序来解决问题。

从现场回到总部之后，他就立即采取行动。他有一种本事，让整个指挥链上的各个环节都很快知道他发现了问题，并且要立即解决。然后，他就同那些在巡视中和他谈过话的一线工作人员联系，让一线人员知道公司已经采取了措施。他也与下面的有关职员联系，让他们认真检查，以保证新措施的执行。

惠普公司创造了一种独特的"周游式管理法"，鼓励领导深入基层，直接接触广大职工，为达到此目的，惠普公司的办公室布局采用少见的"敞开式"大房间，即全体人员都在一间敞厅中办公。各部门之间只有矮屏分隔，除少量会议室、会客室外，无论哪级领导都不设单独的办公室。同时不称呼职衔，即使对董事长，下属也直呼其名。这样有利于上下左右通气，创造无拘束和合作的气氛。

各式各样的"转悠管理"都使得高层管理人员切实了解实情，切实发现各种问题和听取意见，切实采取有效措施，并更加密切上、下级关系，因而能够保证企业不偏离"航线"，保证企业目标的实现。

重视员工会议中的沟通

员工会议是企业内部员工相互交流的一个场所。事实上，员工很少能有机会在其他场合进行交流。成功的员工会议可以增强交流和认同，解决员工在人际关系上所出现的问题。

必须重视员工会议在企业内部沟通中的作用。成功的员工会议包括三个主要的部分：由员工在会议上汇报其最近的工作状况；鼓励员工提出建设性意见，制订合理的行动计划；讨论所在部门在过去一段时间内，有无好的做法增进企业的整体业绩。

一般来说，员工在人际关系上出现问题，有两种原因：要么是缺乏交流，要么是缺乏认同。

如果处理得当的话，这两类问题均可以通过员工会议加以解决。会上，可以同员工即时进行交流，可以当着众人的面认可他们的成绩。这样做并不仅仅意味着充当拉拉队队长的角色，更大的动机在于，员工们必须承担起责任来进行自我推动。而作为领导所肩负的职责，就是创造一个可促使员工自我推动的环境，计划周密的每周员工例会将是一个很好的沟通场所，有助于增强员工认同彼此出色的工作。

成功的员工例会应该有这样一个重要议题，就是每个员工都要让到会的人员知道他最近的工作情况。包括最近时期内完成的工作，以及所遇到的挑战等。举个例子：一个负责人事招聘的员工可能会提到，最近1周通过他们的努力填补了企业诸多职位空缺，而某些职位空缺是因为某位领导的决定拖延或中介企业提供的人选不适合，而没有得到预期填补。

让每个人谈论自己的境况能让所有的员工了解其他人工作进展。很多时候，员工们并不清楚别人的工作职责和进度，很容易想当然地认为自己在做所有的工作。而一旦他们听到其他人的工作职责和进展时，才会更正确地评价同事的贡献。此外，员工可能并不了解自己的工作对其他人的影响。这样，员工之间容易产生抱怨，由于缺乏交流，而无法及时解决问题。

常规例会让每个人都有可能最大限度地了解周围的最新动态，允许和鼓励员工们分享信息。这种会议不是"从上向下"传达指示，而是"从下向上"反馈情况，收集信息，并让大家彼此了解和尊重各自在工作中所作出的贡献。

员工例会的第二个部分，是要在作决定的过程中引入建设性的意见。诸如问道："针对现有状况，我们要采取何种措施来彻底改造所在部门的工作流程？"通常的结果是，最好的想法往往来自那些看上去是在冷眼旁观的员工。

很多另谋高就的员工在原企业的人力资源部门提及离职的原因时，涉及理由多是因为没人在意及理会他们的想法，对此，他们倍感失望。如此一来，每天的工作只是机械地重复着早晨上班、晚上下班，他们的积极性和创造力受到极大的抑制。其实，我们只需简单地征求他们的建议，就能满足他们最基本的心理需求，并产生截然不同的积极效果。何乐而不为呢？

在会议上，员工提出的问题，可能已超出了你力所能及的范围。但你的目的是帮助员工们去关注在现有资源下能做些什么。首先，你应该将建议的所有权赋予提出建议的人，从而真正地鼓励员工着眼于现有的做事方法。其次，你要制订一个很小的、容易执行且适合1周工作量的行动计划，并征求自愿者担当该项计划的先头兵。如此授权不仅给予了员工提出更好建议的充分自由，也树立了你自身的权威，使得修正后的方法上打上了你个人的烙印。

员工例会的第三个部分，是你的部门在过去一段时间里，比如1周或1个月中，有没有更好的做法增进企业的整体业绩。这有利于增强员工的团体意识，使员工能意识到自己对整个企业的意义。招募员工是为了给企业增加收入、减少费用及节省时间，凡是涉及这三方面中的任何一个问题今后有可能影响到企业发展的问题，都应该在员工例会上进行讨论、研究甚至一再提及。"我们可以采取什么不同的做法？"这一想法与开始的问题是自然相对应的，反映出特定的时期整个部门的工作进展，同时使大家有机会进行案例分析，类似的情形在以后得到更有效的解决。

每周的例会究竟要达到什么目的？这也是检验员工例会是否有成效的标准

之一。首先，当你鼓励员工之间彼此交流、认同及信任时，就意味将强化整个企业的企业文化。因为当一个人脑子里缺乏周围的信息，脑子形成一种真空时，这部分空间会充斥着胡思乱想。而通过员工例会能增强了解及认同，使无中生有的猜测减少，这样会使每个人都活得更轻松些。其次，当你的员工们与你及他们相互之间有更多的面对面的机会时，同事间的友谊将会最终得到发展。

这样非经常性地检验员工的表现，无论对个人还是整个团队来说都是受益匪浅的。这些问题会激发大家讨论一些更深入的，关于本部门所扮演的角色与整个企业其他部门之间关系的话题。

总之，也许你还会有其他的方法来促进员工之间的交流。但无疑，员工会议是一个最有效、成本最低的方法。事实上，成功的员工会议能解决企业员工内部交流的60%的问题。

九大技巧提高你的沟通能力

真正有效的沟通并非一日之功。以下技巧将有助你提高沟通能力，解决沟通中碰到的难题，使你的每次沟通富有成效。

1. 妥善处理期望值

要想消除双方期望值之间的差异，有两种途径：一是订立业绩协议。员工与企业签订的业绩协议可使双方明确彼此的期望和要求，帮助设计双方都能达到目标，并且定期评估协议以确保双方的目标和要求都能得到实现。二是清楚说明你的期望。这样，能否达到你的期望，对方有责任向你说明。这种做法可以使你根据需要对自己的期望作有效调整，预先消除可能出现的伤害和失望感。

2. 培养有效聆听的习惯

人们之间的沟通充满变数（如自己和别人的谈话及聆听风格等），因而既复杂又具挑战性。设身处地是成功沟通的一个关键因素。

聆听，但不要受别人情感的左右。别人有难处时，应设身处地理解别人，但不能为这种情感左右。必须为自己留点精力去做自己的事。记住，不要做一块海绵，什么都予以吸收。

3. 积极听取，积极反馈

一般来说，反馈是事实和情感因素的结合。沟通中的实质信息和关系信息很容易带来误解，招致不满。因此，在提供反馈意见时，应强调成长进步，不要妄作评判或横加指责。听取别人的反馈时，则要抓住其中对自己有价值的东西，不要计较对方的身份和沟通的方式，做到言者无罪，闻者足戒。

4. 坚持诚实

有时，实话实说的确伤人。但诚实最终能增加建立稳固长久关系的机会。因此，诚实非常重要。如果有什么事烦扰你，尽量直接说出来，以免小事变大更难处理。

5. 平息对方的怒火

对方怒气冲冲时，如何冷静处之，使对方平息下来？在此向你介绍几招：

（1）让对方的怒火发泄出来。

（2）表示体谅对方的感受。

（3）询问对方是否需要帮助。

（4）针对问题谈问题，也就是就事论事。

在一般情况下，最正常的反应是，找惹人发怒的人交谈，然后逐一解决问题。

6. 有创意地正面交锋

所有其他方式都行不通时，唯有正面交锋。这也是摆平各方、理清头绪的一个机会。如果不愿正面对垒，不要因为害怕而逃避，要理直气壮。当然，有的时候借故避开不失为最明智之举。

7. 果断决策

如果你疲惫不堪、心中烦恼或忙得无法分身，坦然地说出来。另找一个时间，使自己处于最佳状态来处理有关事务。

如果优柔寡断、迟疑不决，可采用以下步骤予以补救：回顾所有事实；反复过滤各种可行方案；选择最佳方式，哪怕这意味着你要多受点委屈；一旦决策，立即行动。

8. 对失误不耿耿于怀

沟通中出现失误，让你失望或受到伤害，不要挂在心上。不妨自问一下，想不想背上这包袱？自己能从中得到什么？一旦尽心尽力地澄清了沟通中出现的失误，就要为自己付出的努力骄傲，该过去的让它过去。一番心血没有白费，心中巨石落地，该高兴才是！

9. 视意见为财富

企业最大的财富是人的聪明才智。企业领导应该鼓励每一个员工积极地提出改进工作的建议；必须使他们知道，他们的建议将会得到认真的研究，并且也真正这样做。

柯达公司一名普通工人写了一封建议书给董事长乔治·伊士曼，内容简单得令人吃惊，只是呼吁生产部门"将玻璃擦干净"。事虽不足为道，但伊士曼却认为这是员工积极性的表现，立即公开表彰，发给奖金，并由此建立了柯达建议制度。

迄今，该公司职工已提出建议200多万项，被公司采纳的约有60余万项。该公司职工因提出建议而得到的奖金每年总计都在150万美元以上，而柯达公司从中受益的又何止千万美元！

柯达公司对职工提出的每条建议都进行认真审查，一般经过以下过程：职工提出建议后，由各车间委员根据建议的独创性、思索程度、适应性和效果等内容进行评定和选拔，分为特别、优秀、优良、A、B、C和建议七个级别；凡属最后两级建议的提出者，由车间委员会予以表扬；B级以上提交厂小组委员会，在T小组委员会再次进行评定和选拔，并对B级和A级的建议提出者给予表扬；特别、优秀、优良三级建议提交厂改进工作委员会审查后进行表扬；特别级建议要征询公司表彰审查委员会的意见。

如果能像柯达公司那样，在企业中建立起良好的建议制度，凡所提建议能给企业带来效益的，给予奖励。这样必然会促进企业全体职工同心协力，使职工对自己的工作发生兴趣，对自己的工作考虑得更多并总是设法去改进自己的工作，这是领导激发员工聪明才智的有效手段。

第19章
团队制胜：培育员工的团队精神，建立强大的团队

培养员工的团队意识

团队意识是团队协作工作中非常重要的一部分，是团队执行力的保障。如果一个团队什么人才都具备，也有很完善的工作计划，但是团队成员缺乏团队意识，那么再简单的团队协作也很难完成。

三只老鼠一同去偷油喝，可是缸底的油只剩一点儿，而且缸比较深，它们单凭自己力量谁都不可能够到缸底的油。于是，三只老鼠想出了一个办法，就是一只咬着另一只的尾巴，吊着下去喝，等第一只喝饱，再交换位置让第二只下去喝，然后再让第三只下去喝。

商量好之后便开始行动。第一只先下去的老鼠边喝边想："缸里的油只有这么一点儿，我还算走运，第一个下来，一定要喝个饱再换它们。"在中间的老鼠想："下面的油如果都让下面这小子喝完了，我不是白忙活了吗？还是不管它，我自己跳下去喝吧！"最上面的老鼠想："油这么少啊！要是等它们喝完我再下去，还能剩什么呀！还是自己跳下去喝比较划算。"结果可想而知，上面的两只老鼠都松口，自己跳下去喝，最后三只老鼠谁也出不来，只能在缸里被饿死。

上面的例子如果变换一下，完全可以成为关于团队合作的案例。三只老鼠

想到的不是团队，只是自己。虽然有很好的计划，也试着按照计划去做了，但是却把本应该饱餐一顿的美事，演变成了被饿死的惨状。

三只老鼠算得上聪明，也算得上灵活，它们想到了一只咬着另一只尾巴到缸底喝油的好方法，也能完成这个高难度的动作，可它们却缺乏团队意识。最下面先喝到油的觉得自己幸运，利用了其他两只老鼠；上面的两只老鼠觉得自己吃了亏，不能让下面那只占便宜。于是，之前用聪明的方法组成的临时团队也就在三只老鼠只考虑自己的想法中瓦解了，而随着这个"团队"消失的还有它们的生命。

团队的概念最早是由沃尔沃公司和丰田公司引入生产过程的，当时可以算得上是新闻热点而轰动一时。如今，如果哪个企业还没有在工作中引入团队的概念，那么，这个企业估计也可以成为新闻热点了。团队的产生是为了完成需要多种技能、经验的工作，这些工作是一个人或者一群没有组织的人无法完成的。

要组建一支在竞争激烈的商场上有战斗力的团队，光有人才和好的工作计划是不够的，最重要的是还需要一种无形的力量——团队意识。团队是否有较高的运行效率，是否能在任何条件下稳定、灵活、反应迅速地完成各种难度较大的工作，取决于团队的组成人员是否具有团队意识。也就是说他们是否能把自己融入到团队中，是否在团队协同工作的任何时候都将团队的利益放在首位，是否能在做好本职工作的同时将有效的配合放在重要位置。

要培养团队成员的团队意识，团队的领导也是关键。领导需要有意地、经常性地用各种方式来培养下属的团队意识。首先，团队成员的追求目标要一致，这是团队的方向和推动力，让团队成员愿意为实现这个目标贡献力量。其次，团队成员要敢于承担责任，即清楚地知道有些责任是所有团队成员共同承担的。领导要在平时的工作中让团队中的每个成员明白："大家是一个整体，团队成功也就代表着个人成功，团队失败也就代表着个人失败。每个人都是团队的一分子，都担负着不可推卸的责任，每一项工作都关系着整个团队的工作是否能按照既定的轨道进行。"

重视团队建设

随着社会分工越来越细化，个人单打独斗的时代已经结束，团队合作提到了管理的前台。团队，作为一种先进的组织形态，越来越引起企业的重视，许多企业已经从理念、方法等管理层面着手进行团队建设。

不过，有些情况出现在团队建设中，发出了隐秘的危险信号，如果不被重视容易蒙蔽团队领导的眼睛，团队建设将会前功尽弃。

团队建设需要领导从以下三个方面努力：

一是提防精神离职。精神离职是在企业团队中普遍存在的问题。其特征为：工作不在状态，对本职工作不够深入；团队内部不愿意协作，行动较为迟缓；工作期间无所事事，基本上在无工作状态下结束一天的工作。精神离职产生的原因大多源自个人目标与团队远景不一致，也有个人工作压力、情绪等方面原因。

二是避免出现超级业务员。个体差异导致了超级业务员的出现，其特征为：个人能力强大，能独当一面，在团队中常常以超常的业绩领先于团队其他成员，组织纪律散漫，好大喜功，目空一切，自身又经常定位于团队功臣之列。超级业务员的工作能力是任何团队所需要的，但领导必须对超级业务员进行控制，避免其瓦解团队。

三是瓦解团队中的非正式组织。团队是全体成员认可的正式组织。非正式组织短期内能够很好地进行日常工作，能够提高团队精神，调和人际关系，实施假想的人性化管理。这在团队发展过程中，基本上向有利于团队的方向发展，但长期而言，却会削弱正式组织的影响力，从而降低管理的有效性，致使工作效率低下，优秀团队成员流失。领导必须瓦解团队中的各种非正式组织，让所有的员工都融入到企业的工作中来。

团队需要八种角色

一个思维正常的人是不会把11个足球运动员放到一个板球队里，或者试图用11个拳击手组建一个足球队，道理显而易见。但一些企业仍固执地认为一支由优秀人员组成的团队一定能战无不胜。其实，一个团队不仅需要拥有完成任务所需要的不同技能和技巧，还需有一系列不同的性格或者具有不同特殊喜好的人。

英国学者贝宾列出了一个流传很广的清单，其中列举了一个优秀团队所必须具有的八种人才：

总裁：与其说他们是专家型或者是具有创造性的人，不如说是纪律严明、轻重分明和能力均衡的人。其职责是挑选人才，凝聚和协调员工之间的关系。

造型师：特征是项目领导，性格外向，能有力地推动任务的进展。他的力量来源于个人动机和对任务的激情。

生产者：是原创思想和建议的源头，团队中最富于创造性和最聪明的成员，但可能不注重细节问题。他们需要激励和引导，其才能才会发挥到极致。

监测评估者：负责检查工作并指出论证中缺陷之处的人。他们擅长分析甚于创造。

资源调查者：让团队与周围世界保持联系的联络人。他们性格趋于外向，有魅力。

企业工作人员：把思想具体转化为行动时间表的实践组织者和管理者。

团队工作人员：受人喜欢和欢迎，通过鼓励、理解和支持来让每个人保持前进。

猎手：如果没有他的话，团队可能永远都不会按时完成任务。他对任务的严格跟踪是很重要的，但不总受人欢迎。

换句话说，选择技术型人才是重要的，但要保证他们中间有人能担任其他重要的职责。团队是由个体聚集在一起组成的一个集合，在执行任务或者解决问题时需要用到他们的才能。团队赢了，则团队中的每个人都赢。如果团队输了，则每个人都输。

每个成员必须先对团队整体保持忠诚。如果把这些个体都看成是各方面的代表，他们的忠诚就会分散，他们的承诺就会混淆，他们的职责就会不确定。团队会议会倾向于非正式的聚会，而不是严密安排的会议。他们有领导，但没有老板，成员间直呼其名，而不是称呼其职务。

团队就像人一样，你可以看着他们形成，创造出属于自己的形象标志，找到每个成员的定位和他们所能担当的职责。对很多团队来说，青春期之后，是动荡的时期，团队成员开始对最初的组织形式提出挑战。动荡之后是规范期，这个时期团队开始在新的团队结构中稳定下来，总裁、造型师和其他人员开始发挥作用。最后，团队走向真正的成熟，并开始能真正担当重任。

这些成长阶段——形成、动荡、规范——是任何一个团队生命历程中不可缺少的过程。忽略这些过程常常导致团队过早地夭折，团队建议不得不重新从头开始。

没有一个像在临时家庭中一样一起成长的机会，团队就不会形成一个互相信任的氛围。在这种氛围中，大家各司其职，而且任何人都会尽忠职守。

所以，工作的绝佳环境就是处于一个好的团队中——让人兴奋、富于刺激、充满支持和成功。

不要孤立每一个团队成员

许多员工习惯于以自己个人的努力程度作为上级管理和评估的依据。即便他们被告知自己是团队的一员，也还是放不下对自己工作表现的关心。这时，领导的主要工作就是帮助这些员工把注意力从个人的工作表现转移到团队的工作表现上来。如果领导不做这个工作，依旧让员工们把注意力放在自己的个人表现上，就难以在他们中间建立起一个高效的团队。

优先考虑团队的业绩，而不是个人的成绩。当然，个人的成绩也不能忽视。但是团队的表现更为重要，因为如果团队没能取得成功，个人表现再好也于事无补。因此，要关注团队的整体表现，关注每个成员为团队的整体表现作出了哪些贡献。这就需要在团队整体中体现这个原则。

1. 让团队来纠正个人的工作表现

在过去，领导总是把纠正员工的工作表现作为自己的任务之一。团队如果能够真正建立起来的话，这种情况就会改变。高效的团队在纠正、提高成员工作表现方面的作用，要比大多数领导强得多。因为一位差劲的员工可能会时刻感受到来自其他团队成员的压力。

2. 不要奖励无助于团队成功的个人表现

团队里会有杰出人物，但他们不同于传统工作群体中常见的杰出人物。团队中的杰出人物是那些帮助团队实现整体目标的个人。只要有足够的时间，几乎每个团队成员都能成为杰出人物——他们在特定的时间点上都会为团队的工作做出特别重要的贡献。所以，如果有人做出了什么贡献的话，不要把他单列出来。因为如果团队成员相信某人做出了非常突出的贡献，他们就会承认这个现实。由他们去处理这些事情吧！

3. 把团队的表现作为评估个人表现的主要因素

个人表现评估其实并不能与高效的团队表现相提并论，但大部分团队都要对个人进行评估，至少在开始的时候是这样。但是要保证，至少把个人作为团队成员的表现——合作的意愿，以及将团队的目标置于自己的目标之上的精神作为最重要的因素来考虑。

员工作为一个个体的高效工作表现，与作为一个高效团队的一名成员的工作表现，两者之间有时候会产生矛盾。团队刚开始培养凝聚力时，经常会遇到这样的问题。

然而，当团队开始从一个工作小组向一个真正的团队转变时，太多的"集体思想"并没有产生真正阻碍，相反团队要懂得怎样才能做到名副其实，怎样才能让每个成员扮演的角色都有意义，同时又使每个人都全身心地为实现团队的目标而努力。

在这一过程中，作为领导，你应该扮演一个关键角色。高效的团队需要成员之间的密切联系与合作精神，你对此的理解越深刻，就越能把这一理解更好地传达给团队的成员。这在团队形成的初期尤其重要。

让团队来做"好人"

总是让团队来做"好人"，这应当成为团队管理过程中的一条原则。

作为领导，你和团队一起工作，而且信任他们的决策，支持他们的工作。举个例子，团队为财务部准备了一份策划书，而财务部对此又不满意，部门经理伯特·弗伦奇打了个电话给你，轻松聊了几句之后，下面的事情就发生了：

"我打电话过来是为了昨天你的手下给我们的那份策划书。它达不到我们的要求，我希望你能做点什么。"

"我对你的想法表示理解，伯特，我们也希望能积极地对你们做出回应。你是想在我们这个层面上处理这个问题呢，还是让你我的手下一起来想办法解决？"

"要不是想拉上你，我就不会打电话过来了。"伯特听上去有点恼火了。

"没问题。后天你如果有空的话，我希望你能抽出时间来和我还有海迪·斯科尔思见一面。海迪是我们这方面项目的负责人。等我们碰一次头，让她把工作向你说明之后，我们就可以对你希望改动的地方进行讨论了。"

"嘿，我以为我们俩就能处理这事了呢。"伯特有点儿纳闷了。

"过去可能是这样，可现在不同了。我和手下在一起工作时效率真的很高，在同他们进行讨论之前，我从来不会想到去否决他们的意见。等到你同海迪讨论之后，就会明白我的意思了……"

依照客户的要求该如何同项目经理海迪讨论这个问题呢？请看下面的对话：

"海迪，几天前你跟我讲过，财务部对我们会不太满意，看来你没说错。伯特·弗伦奇昨天下午打电话给我，要我去和他谈谈。"

海迪试探着问："你会去吗？"

"是的。嗯，实际上，我们俩都要去和他谈。我想今天找个时间听听你的看法。对于你觉得会让他不满的那些东西，以及团队做出这样的决定的理由，你得给我一个解释。这样明天我们同他讨论的时候，我就能向你提供恰如其分的支持了。”

“这很好——不过，这是不是说，你不会做出任何改动？”

“我不会的——但是团队应作些调整。我们都要仔细听取并认真对待伯特的反对意见。我希望你能听取别人的意见，在知道我不会否决你们的情况下应该如此。如果有你我需要重新思考的问题，我们应该记录下来，并告诉他什么时候可以得到答复。这样团队就能对这些问题进行考虑了。我可能仍旧会否决一些具体的事项，但在听取你和团队的意见之前我是不会这么做的——这样财务部也不会知道是我作出决策。”

绝不应该给他人留下这样的印象，即他们可以绕过团队直接来找领导。

总是让团队来做“好人”，这是一条原则。千万不要直接否决他们的决定。一直让团队同客户打道，而且如果有可能的话，也要让团队与上级打交道。如果不得不插手，那就公开支持自己的团队。如果要作出什么改动，那就同团队私下里解决，并把功劳让给团队。如果客户觉得他们从来都不会在你这儿捞到比在团队那儿更多的好处，他们就再也不会在与团队对话之前就来找你了。到时候，甚至连你的上级也可能会直接同团队打交道。这使得你的工作更加轻松，而团队则更有效率——真正一举两得。

如何应对团队间的冲突

团队成员必须能够在一起高效工作，但团队里会存在冲突，这就要求能够正视并解决这些冲突。试图阻止冲突的产生绝对是错误的策略。如果领导认为应该低调处理冲突，甚至对其视而不见，就会掉进“群体思维”的窠臼，团体工作效率将比传统的工作小组还要低许多。

大多数传统的工作小组中的员工都形成这样的思维，即不要互相发生冲突。那些挑起争端的人往往被认为是“惹是生非”。但是，当这些员工成为一个更紧凑的团队的一部分，尤其是当希望这个团队能实现自我管理时，情形就完全相反了。应该让员工们认识到，冲突是团队工作的一部分，而他们的目标是找出冲突的根源并加以解决。

冲突本身并不是什么坏事。冲突只有在转化为个人恩怨时才有害，但这种冲突完全有可能超脱于个人恩怨之外。富有成效的冲突是观念上的冲突，而与谁提出这些观念无关。领导应该让团队成员清楚，冲突本身绝不是什么问题。不过，团队确实需要学会并运用最有效地表现和解决冲突的方法。

团队应该接受关于解决冲突的基本培训。如何认识并解决冲突是有明确的原则的，其中的一条就是"将人品问题放在分歧之外"。不过，团队没有必要自己来摸索这些原则，因为几乎在每个城市都能找到解决冲突的能力训练课程。团队应该经常有得到这种培训的机会，而不用自己来应付这方面的工作。只要有可能，团队就要以团队的形式参加培训，即让所有成员同时参加。这使团队成员有机会一起在培训中实践以后工作中需要做的事情。

团队如果能够实现自我管理、紧密合作，其回报将会是丰厚的，但是要学会自我管理、紧密合作却并不容易。领导若明确支持团队及其学习进程，则会使学习的难度降低。

作为领导，你必须防止团队走向两个极端：一个极端是竭力回避冲突，大家"一团和气"；另一个极端是冲突不断，团队员工无心工作。团队越接近其中的一个极端，其工作效率就越低。

如何防止团队走向这两个极端呢？首先，作为领导，你自己得学会容忍冲突。这听起来似乎很容易，但你在这方面却不一定拥有丰富的经验。如果你曾经在传统的企业里工作过，你学到的处理冲突的方法可能仅是防止它的发生。设想你和上级之间产生严重的分歧，之后有什么事情发生呢？他是否会让你公开地表达自己的不同意见，而后考虑其中的合理因素呢？或许你有一两个较好的上级是这么做的，但这样的人肯定只占少数。相反，一般来说，如果有不同意见，你要么默不作声，要么绕着圈子表达。很有可能，你的员工也在对你做着同样的事情。

遇到冲突的时候，你要学会一套新的处理方法。你是想把冲突压制下去，还是对其抱欢迎的态度，以使团队得到最佳的表现？答案很重要——可以说是极其重要。

改变团队的行为方式

为什么聪明的员工一旦加入团队后，其行为却经常不能服务于企业的最高利益？为什么以团队为基础制定的决策成果有时会变成效率低下、导致决策错误的"集体思想"？如果这种不幸发生在你的团队中，作为团队领导，你要怎样才能扭转这种不利局面？

与各种群体一样，团队成员之间需要不断进行互动和交流，这对他们创造业绩的能力的发挥有着极大的影响。其中有些互动交流会提高团队的效率，有些则成为团队发展的阻碍。顽固的低效率行为大多是因为人们的错误的思维方式在作祟。

有三种类型的因素会对团队的业绩产生影响。这些因素连同它们互动的方式共同形成团队的架构：

（1）面对面的架构涉及那些在办公室中运作，可以直接感受到并且显而易见的因素。其中包括该团队必须完成的任务、团队的组织方式及完成工作所必需的互动交流。

（2）社会架构是涉及团队更为广泛的企业组织、商业和环境因素。它包括激励系统、权力结构、文化因素、顾客需求及竞争压力。

（3）个体架构是指每个人带到办公室的观念、情感及更为深层的信仰。

团队结构的这些因素密切联系，如果团队结构的每种因素一旦完全被看做团队系统的一部分时，就有可能成为迅速提高团队效率的杠杆。

当我们剖析复杂的互动交流时，通过细致观察就会发现，团队成员表现出如下四种行为方式：发起者发起一连串行动；追随者支持发起者；反对者反对发起者；旁观者在一旁观察并发表推动发展的评论。

对团队中这四种行为方式的研究，有助于认清和转变团队行为。

在一个高效团队中，每种行为方式的作用都很重要。高效团队使这四种行为方式皆各得其所，即能够使这四种行为方式成功地发挥各自的作用：发起者提供方向；追随者实施完成；反对者进行纠正；旁观者提出全面看法。

缺乏效率的团队不具备使这四种行为均衡发挥作用的能力。在低效团队中，不能发挥作用的行为方式可能不止一种，也就是说，该团队组织阻碍这些行为发挥作用。

上述四种行为不断重复出现的模式，我们称之为基本行为模式。下面是三种较常见的基本行为模式。

1. 对抗型

在这种类型的团队中，有人发起提议，接着有人加以反对。团队协作变成双方对抗，各持己见，互不相让，跟随者和旁观者不存在，或者难以提供新的建议，或者不能消除分歧。团队因而达不成解决方案，出现问题。

如果你领导的是对抗型团队，你可以扮演旁观者的角色，对双方的观点不予置评，只是向大家提醒团队所处的状态及其影响。你可以进一步帮助团队将这种对抗变成一个学习的机会："让我们看看从对立的意见中可以学到些什么，然后再看一看有没有达成妥协的可能。"或者你可以鼓动沉默的旁观者："我相信大家都参与能使我们的讨论取得进展。我很想听听更多人的意见，你们觉得呢？"

建立具体的基本规则可以缓和对抗行为，不过，如果提不出改进方法或更好的建议，最好不要反对别人的意见。

2. 礼貌服从型

在这种模式中，某人提出建议，其他人出于责任才去服从。讨论所表现出来的特点是平和、理智，没有丝毫的火药味。团队成员可能会礼貌地支持讨论的结果，但不一定真正认同。他们不但对决策的质量，而且对大家能否积极支持决策和完全实施的能力心存疑虑。

如果你是礼貌服从式团队的正式领导，就应本着弄清问题的态度来开始对话，而不是一开始就下结论，或限定一个狭窄的讨论框架。要反映出团队目前的状况及其对团队绩效的潜在影响，并询问团队对此的看法："不要囿于给定的观念，我们应该更广泛地讨论问题。你们看呢？"

3. 隐形反对型

这种类型的团队模式与礼貌服从类型的团队在表现上相似，实际上是隐藏着的真正反对。在这一类型的团队中，有人提议后，表面上大家都同意。然而，在公开的服从之下，大家实际上对提议持怀疑态度。因此，团队成员之间并没有真正达成共识，如果有好的结果也只是运气好。

当你注意到隐形反对现象时，应从旁观察并帮助团队认清这种隐形反对的结构及其对团队绩效的影响。"会上每个人都赞同采取下列步骤，但会后却毫无进展。你们对此是否也有同感？你们说这是怎么回事？"

制定鼓励反对者畅所欲言的基本规则。当团队遇到阻碍时，提醒团队成员遵守基本原则："请不要忘了我们的约定，对每个重大决定，我们都要探索出不止一种的完全不同的解决方法。谁能再提出一种？"

对以上的基本行为模式及所建议的相应管理方法，我们只是进行了简单的介绍而已，没有提供详细的指导。一个具体的团队情景可能类似于上述某个基本模式，却永远不会相同。一旦你掌握了上述三种行为模式的特点，并懂得团队行为如何反映团队结构的其他方面，你就能找出你的团队所特有的模式。此外，你可以学会观察人们的基本思维方式和企业组织中的各种因素是如何强化这些行为的。

要允许、鼓励提出不同意见，帮助团队将提出反对意见作为一种学习的机会，使反对意见成为团队创造力的一个来源。最后，如果你真要发动一场持续的变革，那么至少要在团队结构的三个层面上做出相应的调整。比如，减少无效的对抗行为，集思广益创造双赢的解决方案，对团队成员工作计划中的目标进行调整，激励团队成员朝着一致的方向努力，并对他们进行相应的奖励。

下篇
管人管事的卓越之道

第20章
高瞻远瞩操控全局，管理的心境决定管理的境界

从战略角度操控全局

企业战略是企业在竞争的市场条件下，为了寻求和维持持久的竞争优势而做出的有关全局的重大筹划和谋略。企业领导应该把有助于企业未来生存和发展的问题作为制定战略的出发点，预测调查未来的市场变化，站在一定高度对企业的总体发展进行科学决策。

企业战略管理就是关于如何制定、实施、评价企业战略以保证企业组织有效实现自身目标的科学。它主要研究企业整体功能与责任，所面临的机会与风险，营销、技术、组织财务等领域的综合性决策问题。

"3年发展靠机遇，10年发展靠战略。"一个只想赚小钱的企业只要抓住一次好的机遇就足够了，但是对于一个想在10年时间内连续取得成功的企业，没有正确的战略指引是非常困难的。如果一个企业没有战略，无异于盲人骑瞎马。联想集团董事局主席柳传志曾经提出企业发展的"三要素"：一是搭班子；二是定战略；三是带队伍。这是在市场经济多年的惊涛骇浪中，柳传志的经验之谈。其中第二条就是定战略。美国的一项调查表明：超过90%的经营者认为，其工作中最花时间、最为重要、最感困难的事情，就是如何制定和实施企业战略。由此可见，选择恰当的战略模式对于企业的兴衰

成败有着决定性的作用。因此，想谋求长远发展的企业必须重视企业战略的重要性。

1994年7月8日，万向集团董事局在集团创立25周年庆典上正式发布了制定万向"九五"发展战略规划的命令。万向集团这时的总体战略在其创始人鲁冠球的设计下其实已理性地演化为"相关多元化产业战略"了。至此，万向集团的主导产业已清晰地呈现出来，那就是汽车零部件产业。万向集团拥有的中国最大、世界著名的汽车零部件生产商的地位已然形成。于是鲁冠球又开始向"非相关多元化产业发展战略"的目标奋进。除了汽车零部件产业这一主导产业外，他还倾注了相当多的心血发展其他能够壮大万向实力和竞争力的产业，如农业产业、房地产业、酒店业、商业流通服务业、金融租赁业、投资银行业、风险投资业、信息咨询业等。

在"做多大"的问题上，鲁冠球的战略是两个"三级跳"：第一个"三级跳"是省内前10位——国内前100位——国际前1 000位；第二个"三级跳"是省级集团——国家级集团——跨国集团，最终使万向集团成为一家拥有核心能力和核心价值的大公司、现代公司。

除此之外，鲁冠球还有一个提法，叫"奋斗十年添个零"。20世纪70年代实现了日创利润1万元、员工最高年收入突破1万元，80年代实现了日创利润10万元、员工最高年收入突破10万元，90年代实现了日创利润100万元、员工最高年收入突破100万元，21世纪的前10年则成功实现日创利润1 000万元，员工最高年收入1 000万元。

万向集团是一个特别重视战略和计划管理的企业，这正是鲁冠球超前的地方。当其他一些乡镇和国有企业还在懵懂时，万向集团在许多方面已经走在前面了，尽管他们当时可能并没意识到那就是所谓的战略。

制定和选择企业经营战略是企业最高领导层的首要职责。目前，制定战略较常见的方法有以下四种。

1. 由上至下逐级制定

企业高层管理者讨论并授意草拟整个企业的战略，而后再根据自己的实际情况以及上级的要求逐级发展这一战略。采用这种方式，领导层就有足够的时间思考战略。

2. 建立制定战略方案的业务单位

由设在企业的、具有一定业务权威的、赋予平衡各业务部门权力的"企业最高参谋部门"负责制定战略，或者由企业的规划部门负责制定。这样做的好处是有专门业务班子，熟悉本企业情况，了解领导意图。

3. 以战略事业单位为核心制定战略

运用这一方法时，高层管理者对各战略事业单位先不给予任何指导，而要求各事业单位提交战略计划，高层领导只加以检查与平衡，然后给予确认。采用这种方法的优点是各战略事业单位受到的束缚较小，可根据所在事业领域的特点制定出切合实际、利于竞争的战略。

4. 委托具有一定条件的单位制定

被委托的单位应是能负法律责任的、严守企业机密的、有权威性的企业外部咨询单位或规划部门。受委托单位向企业领导提供一个以上可供选择的战略方案。

战略管理的九大步骤

战略管理过程包括九个步骤，它们是一个战略计划实施和评估的过程。即使是最好的战略，如果管理者不能适当地实施它们或是不能恰当地评估实施的结果，也照样会失败。因此，应该仔细地考察战略管理过程的各个步骤。

步骤1：确定组织当前的宗旨、目标和战略

每个组织都有一个宗旨，它规定了组织的目的，对下述问题进行了回答：我们从事的是什么事业？定义企业的宗旨促使管理当局仔细确定企业的产品和服务范围。决定组织从事的事业的性质，对于非营利性组织如同工商企业一样重要。医院、政府机构和学校也必须确立自己的宗旨。比如，学院要确定训练学生从事某项职业或特定的工作，还是通过周密计划的丰富的文科教育培养学生的基本素质？要回答这类问题，必须搞清楚组织当前的目的。

步骤2：分析环境

环境是管理行动的主要制约因素，环境分析是战略过程的关键要素，因

为组织的环境在很大程度上规定了管理者可能的选择。成功的战略大多是那些与环境相适应的战略。每个组织的管理者都需要分析它所处的环境，需要了解市场竞争的焦点、拟议中的法规会对组织产生的影响以及组织所在地的劳动供给状况等。重要的是准确把握环境的变化和发展趋势及其对组织的重要影响。

步骤3：发现机会和威胁

分析了环境之后，管理当局需要评估可以发掘的机会，以及组织可能面临的威胁。记住，即使处于同样的环境中，由于组织控制的资源不同，有些情况可能对某个组织来说是机会，而对另一些组织却是威胁。环境变化对一个组织来说，究竟是机会还是威胁，取决于该组织所控制的资源。

步骤4：分析组织的资源

现在我们的视角从组织外部转向组织内部。组织的雇员拥有什么样的技巧和能力？组织的现金状况怎么样？在开发新产品方面一贯很成功吗？公众对组织及其产品或服务的质量如何看待？这一步的分析促使管理当局认识到，无论多么强大的组织，都在资源和技能方面受到某些限制。

步骤5：识别优势和劣势

步骤4的分析应当引出对组织的优势和劣势的明确的评价，从而使管理者能够识别出什么是组织与众不同的能力，即决定作为组织的竞争武器的独特技能和资源。理解组织的文化和力量及赋予管理者的责任，是这一步分析的关键。特别是管理者应该认识到，文化的强弱对战略起着不同的作用，而文化的内容对战略的内容也产生很大的影响。在强文化中，几乎所有的雇员都能够清楚地理解组织的宗旨，这使得管理者很容易把组织与众不同的能力传达给新雇员。

当然，强文化的消极面是更难以改变的，一种强文化可能成为组织接受转变的重大障碍。具有强文化的成功组织，可能成为过去成功的囚徒。文化对于鼓励冒风险、开拓创新和奖赏绩效的程度上存在很大差异。由于战略选择包含这些因素，因此对于某些战略，文化的价值观影响着管理者的倾向性。比如，在厌恶风险型文化的企业中，管理者更愿意采取那些防御性的和财务风险较小的战略，更倾向于对环境的变化做出反应，而不是试图预测变化、事先采取行动。凡是在回避风险的企业中，管理者有必要强调消减成本和改进现有产品。相反，在创新受到高度重视的企业中，管理者更倾向于开发新技术和新产品，而不是开辟更多的服务场所或加强销售力量。

步骤6：重新评价组织的宗旨和目标

把对组织的优势、劣势、机会和威胁的分析结合在一起，以便发现组织可能发掘的细分市场。按照分析和识别组织的机会要求，管理者需要重新评价企业的宗旨和目标，如果需要改变组织的整体方向，则战略管理过程可能要从头开始，如果不需要改变组织的大方向，管理者则应着手制定战略。

步骤7：制定恰当的战略

战略需要分别在企业层、事业层和职能层设立。特别是管理者需要开发和评价不同的战略选择，然后选定一组符合三个层次要求的战略。这些战略能够最佳地利用组织的资源和充分利用环境中的机会。在这一步上，管理者将寻求组织的恰当定位，以便获得领先于竞争对手的相对优势。这要求仔细评价控制产业竞争规则的各种竞争力量。成功的管理者所选择的战略将使组织获得最有利的竞争优势，并使这种优势能够长期地保持下去。

步骤8：实施战略

无论战略计划制定得多么有效，如果不能恰当地实施仍不会成功。最高管理者的领导能力是实施成功战略的一个必要因素，而中层和基层管理者执行高层管理者的计划的主动性也同样关键。管理者需要招聘、选拔、培训、处罚、调换、提升，甚至可能解雇员工，以实现组织的战略目标。通常而言，新战略要取得成功，要求雇佣具有不同技能的新人员，将一些雇员转换到新的岗位上并解雇另一些雇员。

步骤9：评价结果

战略管理过程的最后一个步骤是评价结果，包括战略的效果、需要调整的内容。

设定一个明确的目标

在组织中制定明确的目标，有利于统一全体成员的思想，让自己的成员在价值观、成就感上得到充分的满足。有了目标，组织中的每一个成员就会随时知道自己的进度和差距；如果没有了目标，组织中的每一个成员就会像航行在茫茫大海中的船，失去自己前进的方向。

"海尔"，一个属于中国人的自主品牌，仅用了短短20年的时间，即从强手如林的竞争环境中脱颖而出，率先实现了中国企业进军世界级品牌的梦想。

1984年，海尔公司的年销售收入只有348万元，资不抵债，负债147万元。海尔公司硬是从几百个人的街道小工厂开始，发展到了现在年营业额达上千亿元的规模。海尔公司的成功见证了中国品牌的成长历程。

"海尔公司在不到20多年的时间里，能够比较健康、快速的发展，离不开那个明确的目标。"世界名牌就是我们的目标。"海尔公司首席执行官张瑞敏如是说。

回顾海尔公司的品牌发展历程，从1984年到1991年是其第一阶段。海尔公司当时的主打产品是冰箱，海尔公司希望通过冰箱这个载体，不仅做冰箱，而是做"海尔"这个品牌，在这个环节中，海尔公司紧紧抓住质量与服务来满足消费者的需求。

第二个阶段从1992年到1998年，是海尔公司多元化战略阶段，主要走的是兼并重组的道路，海尔公司先后以"吃休克鱼"为理论根据，兼并了18家亏损企业，给用户提供一系列家电完整的解决方案。

而这之后至今的第三阶段，海尔公司全面进入国际化战略阶段。海尔公司希望将自己的竞争力、整合资源的能力扩展到全球各地，从企业的国际化转变成为一个国际化的企业。

海尔公司创立国际品牌之路，总的原则是先有市场，后有工厂；先播种，再扎根，方能开花结果。海尔公司在海外市场大多先以缝隙产品进入，在取得当地大连锁的认可后，就可以得到很多订单，通过订单可以实现制作、销售、设计三位一体，从而从单纯产品输出过渡到品牌输出。经过努力，海尔公司终于走上了国际舞台。

发展一批跨国大企业、大集团，打造一批世界级的品牌，是这个时代的需要，是振兴民族经济的需要，也是增强核心竞争力、国际竞争力的迫切要求。海尔公司的实践证明：创造世界品牌并非遥不可及，只要不怕困难、坚持开拓、不断创新，就一定会实现创造世界名牌的目标。

曾有人做过一个实验：让三组人分别沿着10千米以外的三个村子步行。

第一组的人不知道村庄的名字，也不知道路程有多远，只告诉他们跟着向导走就是。刚走了两三千米就有人叫苦，走了一半时有人几乎愤怒了。他们抱怨为什么要走这么远，何时才能走到，有人甚至坐在路边不愿动了。越往后走他们的情绪越低。

第二组的人知道村庄的名字和路段，但路边没有里程碑，他们只能凭经验估计行程时间和距离。走到一半的时候，大多数人就想知道他们已经走了多远，比较有经验的人说："大概走了一半的路程。"于是，大家又簇拥着向前走。当走到全程的3/4时，大家情绪低落，觉得疲惫不堪，而路程似乎还很长。当有人说："快到了！"大家又振作起来加快了步伐。

第三组的人不仅知道村子的名字、路程，而且公路上每1千米就有一块里程碑，人们边走边看里程碑，每缩短1千米距离大家便有一小阵的快乐。在整个行程中，他们用歌声和笑声来消除疲劳，情绪一直很高涨。所以，这一组人很快就到达了目的地。

同理，企业在确定企业发展的目标时，也要汲取上面实验的教训。同时，在制定企业发展目标的时候还要注意以下几点：

（1）目标制定要变"自上而下"为"自下而上"。传统的目标管理一般都采用先总后分的形式，这样很容易造成强制性目标的现象，忽略了下属部门及员工的感受。如果采用自下而上的形式，先让下属部门根据实际情况制定出目标，然后层层上报，最终制定出总的目标，这样不仅能提高员工的参与意识，而且能使企业总目标得到支撑。当然，任何事情都是有利有弊，这种方式也有它的缺点，比如有的员工因对目标的实现缺乏把握，就有意降低目标。对这种现象，作为其上一级主管要进行纠正并作认真分析，从而使目标趋于合理。

（2）适度目标要从过往经验中寻找。企业制定的目标怎样才是适度的？它有两种参照标准：一种是本企业近几年的增长率；另一种是同行业的增长率。参照这两种标准，然后再结合企业内外部实际情况加以综合考虑，制定出适度目标并不太难。

（3）对资源作认真评估。任何目标都是在对资源进行认真分析的基础上制定出来的。比如说，对一个产品市场，老市场与新市场就有所不同，不同的区域市场也有差别。那么，在制定目标时就不能用同一个标准。否则，目标就不是适度的。

（4）要注意目标的协调性。企业制定的目标往往是一组目标，这些目标必须相辅相成、协调一致。比如，某个企业制定了一个目标，既要提高销售额，又要降低成本、增加利润，这就比较困难。因为提高销售额势必导致公关、广告、人员促销等相关成本增加，利润也会相应减少。所以，适度目标必须是协调目标，不然就会导致部门冲突和矛盾，最终会影响员工工作的积极性。

高瞻远瞩，制订计划

计划是事先制订的，是进行某事或制作某物的一些详细的方法步骤。计划的制订是预先决定过程和内容的一种程序。它包含确定总任务，鉴定产生主要成果的领域，并规定具体目标以及制定为达到目标所需的政策、规划和程序。

计划是现状同想要达到的状况之间的桥梁，是预见想要达到的目标，估计会碰到的问题，并提出解决问题的办法。

计划是从实际出发的思考、想象和规划，以便确定、决定和安排达到目标所必需的各种活动和成就。

计划就是拟订和修改我们期望能实现的"蓝图"。

计划就是谋划如何使用我们的时间、资源和努力，以便实现我们期望实现的事物。需要成为推动我们进行计划的动力。计划使我们的思想具体化，如体现出我们的期望、我们期望何时做好、谁去做事、如何做等。

计划就是使那些本来不会发生的事情待以发生成为可能。

......

计划的定义是如此之多，以至于我们无法确定计划的准确含义。但是，我们从以上的定义中可以总结出这样一点：计划关注的是未来，是对未来的一种人为控制。

未来的不确定性使人们对未来充满了恐惧和无奈。这种恐惧迫使人们想方设法去控制未来，以避免不确定性事件对我们造成伤害。而人类控制未来的唯一方法就是对未来可能发生的各种事件进行预测和分析，找出最可能发生和可能造成最大伤害的事件，并采取相应的对策以消除或减少这些事件的危害。因此，计划的本质就是预测未来、规划未来、控制未来。

计划包括四大层次：

第一阶层：决策人员的战略计划

决策人员的战略计划的主要内容涉及企业要达到的整体性成果：

（1）长期目标和政策。

（2）组织发展方向，如何发展。

（3）什么样的预算需要批准，需要的资源。

（4）由什么人控制什么事；什么人应该对什么事负责。

（5）所期望的成果，何时、何地要达到这些成果。

第二阶层：高级管理人员的策略计划

高级管理人员的策略计划主要是为了实现全面指挥：

（1）如何实现已确定的目标。

（2）需要的资源和设备。

（3）什么时候实行已经过批准的方案。

（4）应该在什么地方对一些重要活动加以协调。

（5）确定不同人对不同业务进行监督。

第三阶层：中基层管理人员的工作计划

中基层管理人员的工作计划常常要规定部门的业务重点：

（1）中基层管理人员个人工作安排、工作布置。

（2）要求的具体日程。

（3）要求的资源设备。

（4）如何对员工工作进行指示和激励。

（5）进度报告和必要的改正措施。

（6）为了完成所分配的任务而需要进行的协调。

第四层次：各个岗位的工作计划

前三个层次计划的执行最终都有赖于各个岗位的计划支持和落实，因此各个岗位的工作计划应包括以下内容：

（1）岗位任职者的每日工作计划、时间安排。

（2）需要的人、时间和支持。

（3）遇到的困难，是否需要请示汇报，或自己有无解决办法。

（4）进度报告和必要的改正措施。

（5）完成任务的优先次序。

（6）对被打乱的计划进行调整。

拟订计划的最佳时机

当我们碰到问题的时候，当需要拟订行动方案的时候，就是应该拟订计划的时候。至少有五个战略时间是应该拟订计划的，即：每日、每周、每月、每季、每年之末。

1. 每日之末的计划

拟订一个你要在明天达到的成果和进行的主要活动的简要提纲，按重要程度顺序排列，把重要的项目编上号码。这样，当你在睡梦之中时，你的"下意识"会拟订出细节来。你认为是胡说八道吗？你不妨试1周，看看效果如何。

每日之末核查成果并把任何没有完成的工作列入明日的计划。

例如，你晚上睡觉以前把你明天准备穿的衣服拿出来放好，比你事先没有想好而在早晨起床时再想"今天我穿什么"要容易而迅速得多。

下意识具有我们觉察不到的力量。通过在每日之末计划明日你要完成的工作而学会运用下意识的力量吧！在每日之末对你要在第二天完成的工作写一个简明的提纲，或者在思想上作一个明确的想象。这将有助于你每日醒来时有一个行动计划。

2. 每周之末的计划

在每周的最后一个工作日之末，花几分钟时间检查一下本周的主要活动，同计划的成果进行比较，找出可以改进之处，拟订出下周各项主要工作的提纲，拟订出下周每一天要达到的一项或多项目标。

3. 每月之末的计划

总结本月的重大事件，并拟订出你在下个月要达到的一些主要目标：

（1）确定你要完成什么事。

（2）确定你决心在下个月的每1周中要完成的一件重要事情。

（3）确定在下个月结束以前值得完成的四件事。

（4）在你没有明确你要完成什么事以前，不要考虑怎样完成它。

4. 每季之末的计划

每季对年度目标进行计划和安排。在每季之末花些时间检查一下本季的成果，并同原来的目标相比较。确定需要采取的补救措施或计划中需要改进的地方。

然后，把你的计划往后延长一个季度，以便使你的计划始终能提前四个季度制订。

确定下一个季度中每个月要完成的一些要点。要在包括四个季度各项重要指标的平均数的基础上，确定一些重要的比率和表明趋势的数字。如果这些比率和数字是在一张图上表示出来的，那就用实线表示迄今为止的实际效果，用虚线表示计划数字，这样可以表明一些重要的应特别予以注意的主要趋势。

5. 每年之末的计划

在每年最后一周左右的时间内，每天花几分钟检查一下本年中的主要事件，分析一下你的成功和失败，然后按季度列出以后12个月中每月的主要指标。

在这样做的时候，要同你在今后5年或10年的全面规划相匹配。我们往往先在想象中做事，然后才在现实生活中做这些事。从绝大多数情况来讲，我们只有先设想，才能在现实生活中实施。

计划的执行和控制

计划的编制只是为管理者未来的活动提供了一种蓝图和路线。它的价值只有在实际的贯彻和执行中才能体现出来。

如果你完成了计划的编制工作，那么接下来的工作就是计划的执行和控制，也就是把工作重心从计划制订向计划执行和控制过渡。

正如前文所说，计划的失败主要是在计划的执行过程中出现的，这主要与大多数管理者对计划的重视不足有关。为了更好地执行和控制计划，应做到以下三点。

1. 核实计划

在计划执行之前，你必须对已批准和公布的计划进行最后的核实，以确保所有的任务安排都是合情合理的。你在核实计划的过程中，应该考虑一系列条目。当然，你应该根据实际情况设立合适的条目。

有一种情况应该引起管理者的注意。通常，许多任务在编制计划的时候就开始了，这种情况就要求管理者对任务的最新情况有所了解，并把它们运用到下一步任务分配的考虑中。

2. 落实任务

落实任务就是让每一个与任务相关的人员了解他们在计划完成过程中的角色、具体的任务和要求，以及相关的权力和利益，使他们能够主动接受分配的任务并设法完成任务。

向有关人员说明计划与他们的利害关系并让他们在有关文件上签字，是落实任务的关键。

通常，有些计划相关人员对计划有可能持有一些疑问和意见，如果你在编制计划时请各方面相关责任人都参与进来了，问题可能会少一些。但不管怎样，你不可能使所有的人都对计划表示认同和接受。因此，再一次向他们说明计划的好处是有必要的，如果不行，可以借助上司或他人的影响力。

接下来就是让计划的相关人员在文件上签名。在许多企业中，要相关人员尤其是部门外的人员签名是非常困难的。有人担心签字会成为敲击他们脑袋的棍棒。一般地，要求所有的人签字是不可能的，但是你一定要设法让那些会对计划的完成产生重大影响的人签字。

对于计划的具体执行者，你一定要告诉他们完成任务以后会为他们带来的好处，也就是激发他们执行计划的积极性。

3. 激发紧迫感

你在把任务落实到每1个人以后，还必须激发他们的紧迫感。

落实任务只是告诉执行者任务的内容、性质和具体要求，并不意味着他们就能马上投入到工作当中。因此，你还必须让他们明白，完成任务是有一个时间限度的，必须立刻着手准备并投入到任务的实施中去。也就是使他们具有紧迫感和忧患意识。

激发紧迫感的方法主要有：

（1）从第一天起就高度集中精力，以身作则。

（2）让执行者看到你既注重具体细节，又着眼于整个大局。

（3）力争超前，不要等落后了再往前赶。

（4）经常召开全体人员会议，会上你得表现出紧迫感和忧患意识。

（5）需要时可以每天开会。

（6）严格限定解决问题的时间。

（7）将各种进度和主要拖期情况贴在显眼处，让大家都看到。

激发紧迫感也可通过设立奖罚措施来实现。例如，对拖延进度的人员处以罚款或其他处罚，而对超前完成任务的人员进行奖励等。

增长远见，做好计划管理

计划可以说是一种理念、生活态度和行为方式。因此，你在进行计划管理时，必须从更广阔的视角去认识和理解管理，提高自己的计划管理水平。也就是要求你从思想上、态度上和行为方式上来提升自己，只有这样，你才能成为一名真正的成功者。

1. 培养你的远见

远见就是你对未来的一种清晰而准确的判断和描述。

远见是计划的核心。没有远见的计划是毫无价值的，也是与计划本身的要求相违背的。

远见的价值可以用下面的远见和企业的竞争优势关系图表现出来。

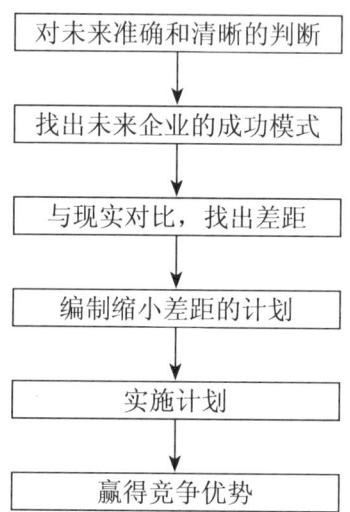

从图中可以看出，远见是获取企业竞争优势的关键。我们怎样才能更具远见呢？

事实上，远见是人们对未来世界的一种自我理解。这种理解是建立在自己的经验之上的。换言之，人们所理解的未来是他们过去经验的一种延伸。因此，一个有经验的人往往比一个没有经验的人更具有远见。我们应该加强对现实世界的体验，这些体验应该是多方面、多层次的。

需要引起注意的是，在这样一个复杂多变的社会里，经验的负面价值日益明显。昨天的成功经验往往到了今天和明天就完全没有价值了。正好相反，昨日的成功经验还会成为一种包袱和陷阱。在这样的环境中，要形成自己的远见，尤其是形成清晰而准确的预见更是难上加难。

因此，如果你要形成自己的远见，首先要保持一种发展和跳跃式的思维方式，这是非常必要的，其次你还必须有一种能透过事物表象看到其本质的能力。尽管外部世界瞬息万变，但一些本质上的东西是永恒不变的，或者说更具有时间上的连续性。最重要的是，你一定要形成思考的习惯。思考是一个去伪存真、抽丝剥茧的过程。

2. 明确你的实力和弱点

不论你是为个人还是为企业制订计划，你都必须明确自己的实力，明确能干什么、擅长什么和喜欢干什么。如果你是为企业制订计划，你还得明确你所在企业的实力。

明确个人和企业的实力是你制订计划的前提。你计划的目的就是为了使自己在未来的生活、学习和工作中做得更好，使自己的行动更为有效，从而能更快地实现你的梦想。但是，毋庸置疑，每个人都有自己擅长的一面，也有不擅长的一面。例如，有的人善于交际和演讲，而有的人却善于思考，还有的人动手能力很强。因此，一个人价值最大化的方法就是发挥自己最擅长的一面。相应的，一个人的目标和理想也应该是基于自己的特长和实力。只有这样，才能使自己的行为效用最大化。因此，你在制订计划时，首先应该对自己的实力和特长有所了解，其次在此基础上制订出一个能充分发挥个人特长的行动计划。反过来说，你的计划只有基于你自己的实力和特长，才有实现的可能性。

以上的道理同样适用于企业计划。假如你要制订一个企业经营计划，你在了解外部环境对企业所提供的各种机会和可能带来的威胁的基础上，必须对企业本身的实力，也就是企业的强弱项有所认识。相对于个人而言，明确企业的实力更是重要得多。市场竞争的残酷性促使每一个企业都不得不想尽一切办法超越竞争对手。

一个企业要想超越竞争对手，先得明确自己的实力和竞争对手的实力。根据竞争战略理论，一个企业的竞争优势主要来自于它的核心能力。因此，了解企业的核心能力是你制订计划的前提条件。

相信没有一个企业愿意用自己的弱项与别人的强项进行竞争，正如没有人愿意拿鸡蛋去碰石头一样。扬长避短是企业获取竞争优势的不二法门，也是个人成功的最佳选择。

3. 确定优先考虑的事情

重要的任务能够给投入的时间以高回报，并能对你的长远目标和任务的实现起到不可忽视的作用。紧急的任务需要你即时对其采取行动，如果不能即时付诸行动，就有可能对任务和目标的顺利实现产生重大影响。

首先，你在行动之前，先研究所列出的项目，问问自己，是否列出的每一件事情都将使自己向任务目标靠近；选出那些与你的目标直接相关的任务，并将它们按照优先原则依次排列。

其次，将重要并紧急的任务排在最前面，然后列出重要但并不紧急的任务。而且，在你准备着手实施一项新任务时，不要每次都停下来决定该优先考虑哪项任务。如果你在工作的前夜便对此加以明确，或者将它作为你每天清晨的第一项工作，那么你就能够取得更高的工作效率，能够更好地掌握你的时间，并且能够知道那些重要的工作正在进行中。

最后，不时地对你确立的优先事项进行检查，并在你有充足的理由时对其进行修正。不要害怕对那些可能破坏你整个策略的不重要的任务说"不"，始终将你的目标放在第一位。这样一来，你就不会过高地估计你正在从事的工作的重要性。

4. 一旦就绪，立即实施

不要过于沉湎于计划的过程，否则会妨碍你判断着手实施的时机。

过多的思考是一种毒药。在实践中，太多的人总是想得太多、做得太少、计划得太多、实施得太少。有的人每天都在制订计划，每天都在想象美好的未来，却没有付诸行动。这样的空想主义者是不可能成功的，制订的计划也是毫无意义的。

一个成功的计划者总是把很多精力用在计划的实施过程中。他们一旦计划就绪，就全身心投入到计划的执行过程中。他们深知，计划是想出来的，但更是干出的。过多的思考只会让人犹豫不决而错失各种机会。

5. 保持灵活性

你身边的一切都在不停地变化，即使是一个完美的计划，也可能在你执行的时候成为过时之作。事实上，许多有经验的人都认为：唯一一套100%不会过时的计划，就是刚刚经过修改的计划。

其实，计划就是用来修订的。灵活性和计划性是成功的计划管理必需的组成部分。它们不是"非此即彼"的关系，而是"既要……又要……"的关系。

因此，不断分析你的实力和弱点、机遇和威胁之间的相互作用，哪怕你已经实现了某些初步的目标和任务。保持充分的灵活性，认真地对前方存在的挑战进行思考，等你能够不带丝毫偏见地对待新思想的时候，再来判断什么事情重要、什么事情不重要。如果改变原定策略会对实现目标大有益处，你会更容易地采取另一套新颖的行动计划。

同时，保持多样性也许是防止计划过时的最好武器，这和"不要把所有的鸡蛋放在一个篮子里"是一样的道理。多准备一些可供选择的方案，从而避免你在原始方案无法奏效的情况下措手不及。还有，撤掉那些不能达到你的要求的方案。

6. 养成制订计划的习惯

为你做的每件事情制订计划，使之成为一种习惯性的行为。

从日常生活中的小事做起，继而发展到你的人生目标和使命。明白什么是你应该优先考虑的任务，并先去完成这些任务。不要企望运气，全力以赴做你应该做的事情。

成功是习惯行为的产物。如果你在生活中的某一方面做得很出色，那么你的成功会延续到你生活的其他各个领域。认真检查你取得的成绩，看看自己做得如何，并且将今天的体会融入到明天的策略之中。因此，如果你能养成制订计划的习惯，并能在这方面做到非常出色的话，那么你在其他方面也将会受益无穷。在管理中也是如此，只有养成制订工作计划的习惯，才能实现更有效的管理。

第21章
成大事要有大气魄，管理要有临危决断的大智大勇

洞察企业危机的根源

在市场经济中，每个企业在生产经营管理过程中都面临着多种危机。无论危机是来自企业内部的还是来自企业外部的，无论是何种危机的发生，都可能给企业带来致命的打击。因此，对于每个企业来说，都不能掉以轻心，都必须居安思危、未雨绸缪、加以防范，加强危机管理，预防企业潜在的危机。可以说，预防和避免潜在危机的发生是企业危机管理成本最低、风险最小的办法，也是企业最明智的选择。

企业潜在危机的特点主要有：第一，突发性。如果不重视并处理企业的潜在危机，企业潜在危机就可能变成企业的现实危机，而且往往是在企业毫无准备的情况下爆发，出乎人们的意料，使人措手不及。第二，严重性。当潜在危机变成企业的现实危机时，将使企业的正常活动陷入混乱，而且很可能给公众带来恐惧和惊惶，从而给企业带来不可估量的损失。第三，余波性。当企业潜在危机爆发时，有时很长时间以后公众一遇到类似事件还会浮想联翩、旧话重提。

管理者可以从以下几方面考察企业潜在危机的根源。

1. 企业内部根源

（1）企业素质低下。企业素质低下的核心是人员素质低下，既包括领导

也包括员工。这两类人员素质低下都有可能引发企业的公共关系危机，特别是领导如果素质低下的话，那么导致企业公关危机的可能性就更大。

（2）企业管理缺乏规范。这是企业素质低下的主要原因之一。

（3）企业经营决策失误。经营者决策失误的情况很多，主要体现为方向性失误、时机性失误和策略性失误等。其中，方向性失误和策略性失误是导致企业出现潜在公关危机的关键因素。

（4）企业法制观念淡薄。现代社会是法制社会，市场经济是法制经济，企业员工是否具有法制意识，是否知法、守法，是否将企业的经营活动置于法的监督、保护之下，这对于正常地开展经营活动，规范企业管理行为，树立良好的企业形象都有着十分重要的意义。

（5）企业公关行为失策。具体体现为：策划不当，损害公众利益。以公众利益为出发点是公共关系策划必须遵循的基本原则。公共关系活动缺乏必要的准备，准备工作做得越差，公共关系的成功率就越低。企业疏于传播沟通，忽视与公众的信息交流。传播沟通可以优化组织结构，增进人际关系的和谐，取得对组织活动的谅解和支持。忽视公关调研，就会损害企业声誉，调研是公共关系运作程序中重要的一步。

2. 企业外部根源

（1）自然环境突变。它包括自然灾害和建设性破坏两个方面。自然灾害，如地震、海啸、旱灾、涝灾、火山爆发、河流改道、山体滑坡等，这些灾害具有很大的突然性，往往无法回避、损失巨大，常常使遭受打击的企业面临灭顶之灾。建设性破坏是一种人为的灾害，指某些人由于短视、无知、疏忽、失误等原因，未按客观规律办事，酿成一种人为破坏的结果。

（2）企业恶性竞争。企业恶性竞争即不正当竞争，是指市场经济活动中，违反国家政策法令，采取弄虚作假、投机倒把、坑蒙诈骗等手段牟取不正当利益，损害国家、经营者和消费者的利益，扰乱社会经济秩序的不良竞争行为。

（3）政策体制不利。比如，传统经营观念的影响、行业封锁、产品垄断等弊端甚至可以把一个企业逼入绝境。

（4）科技负影响。它表现为：技术本身的危险性导致企业危机产生，往往表现为重大技术设备的严重事故，或者技术进步带来技术标准变化导致的危机。

（5）社会公众的误解。它包括：服务对象对企业的误解；内部员工对企业的误解；传播媒介对企业的误解；权威性组织或人员对企业的误解等。

（6）全新传媒出现。计算机技术和互联网的出现使人类进入了网络时代，使人们的沟通呈现范围广泛、双向互动、个性化、低成本等不同于其他电子媒体的传播特征。

将潜在危机预防作为企业危机管理的重要方式之一并不奇怪，令人奇怪的是许多人往往忽视了这一既简便又经济的成本降低办法。

要预防潜在危机，首先，要将所有可能会对商业活动造成麻烦的事件一一列举出来，考虑其可能的后果，并且估计预防所需的花费。这样做可能很费事，因为企业内数以千计的雇员中的任何一人，都可能因为失误或疏忽将整个企业拖入危机。但是，这个方法却很管用。其次，谨慎和保密对于防范某些潜在商业危机至关重要，比如由于在敏感的谈判中泄密而引起的危机。1993年，马丁—玛丽埃塔公司与通用电气宇航公司通过多轮磋商终于达成了30亿美元的收购案，这一秘密消息在高度紧张的日子中被保持了27天，结果却在预定宣布前2小时泄露给了媒体，给公司带来不必要的麻烦。

要想保守秘密，就必须尽量使接触到它的人数尽可能少，并且只限于那些完全可以信赖且行事谨慎的人；应当要求每一位参与者都签署一份保密协议；要尽可能快地完成谈判；在谈判过程中尽可能多地加入一些不确定因素（工程师们称之为"杂音"），这会使窃密者真假难辨等。即使做了这些，也应当有所提防，因为任何秘密都可能会泄露。

提高危机辨识能力

企业危机包括诸多方面，不仅仅指企业面向公众或顾客的重大事故处理，还指不论客观还是主观因素、抑或是不可抗力所引发的能够导致企业处于危险状态的一切因素。从分类上，企业危机包括人力资源危机、产品服务危机、客户危机、行业危机、财务危机、媒体危机、计算机技术危机、工作事故、诉讼危机、侵权危机、合同危机、政策法规变更、天灾人祸、破产危机、并购危机、保卫工作危机、企业战略危机、供应链危机、文化冲突、多元化危机、权力交接危机等多种危机模式。

零点调查、清华大学公共管理学院危机管理课题组和中国惠普有限公司于2003年8月共同合作完成了一项关于"企业危机管理现状"的调查结果表明，45.2%的企业处于一般危机状态，40.4%的企业处于中度危机状态，14.4%的企业处于高度危机状态。也就是说，一半以上的企业处于中度以上的危机之中。当前企业经常面临的三种危机依次是人事危机、行业危机、产品和服务危机。

每一种危机都可以给企业带来巨大的危害，其中影响较为严重的有财务危机与媒体危机。这两种危机足以置企业于死地。西方国家流行的"现金流为王"思想就是财务危机的重要表现，原百富勤、爱多等企业的破产都是缘于现金流的困难。媒体危机常常是导致企业一切危机总爆发的导火索。这两种危机一旦爆发，企业甚至都来不及采取补救措施。

关于企业危机，有这样几个特点：

（1）企业危机常常比较隐蔽，甚至连一些资深专家也难以察觉。

（2）危机爆发具有紧急性。危机一旦爆发，常常势不可挡，既具有突发性，又具有快速扩散性。

（3）危机传播具有公开性。俗话说：好事不出门，坏事传千里。危机的传播，常常会导致事态严重恶化。企业出现财务危机，其结果是形成危机连锁反应，所有的资金链条顷刻间土崩瓦解。

（4）辨识企业危机，通过企业自身的预防与检查常常难以奏效。

有人认为，只要企业建立自己的危机预防与处理系统，就可以高枕无忧。从有关调查结果来看，52.3%的企业中设有专门的危机管理团队，其中46.8%的管理团队由高层管理人员全权负责，34.1%由高层管理人员和高级公关经理组成。但即便如此，众多企业还是会出现许多致命的危机？有道是"医生都难治自己的病"，问题在于"只缘身在此山中"。因此，借助于"外脑"帮助诊断是企业绕不开的必经之路。

如果说咨询公司是企业医院，那么咨询顾问就是企业医生。企业生病，当然愿意找名牌医院、专科医院，找知名医生。一些专门的咨询公司在诊断过程中，常采用的方法主要包括：结算表危机测试法、收益表危机测试法、资产负债表危机测试法、野田式危机测定法、商品结构危机测定法等。通过一系列的检测手段，对企业危机的各项指标就有了十分翔实的数据，都可以换算为企业在各项经营管理方面的危机指数。在对企业危机程度进行诊断评测之后，一方面为企业领导指出了企业当前存在的主要风险；另一方面也会提出企业解决主要危机的一些策略。同时，还可以帮助企业建立自身的危机预警系统。

危机何时发生，的确难以预测，这是因为引发危机的因素非常之多，尤其是外在环境变动时所产生的危机更难以捉摸。不过企业若出现以下现象，的确较易发生危机：

（1）改变行为常态，出现异态。

（2）本身的状况（制度）不健全。

（3）在变动的政治经济环境中，风险高、事故多。

（4）处于顺境，易为眼前的利益和局部的胜利所迷惑。

（5）新的政府法律颁布。

（6）市场新的技术产生。

（7）竞争对手的竞争战略改变。

（8）社会结构的急遽变迁。

（9）事情繁琐，缺乏周密计划。

（10）处于激烈竞争的情境中。

（11）受环境影响，情绪失控。

企业领导应认真把握这11条，这将有助于企业在危机发生之前及时辨识危机。

企业危机管理

2004年7月11日，央视经济新闻栏目播发了一则消息：

美国杜邦公司在生产特富龙不粘锅的过程中使用的一种名叫"全氟辛酸铵"的催化剂可能存在对环境的污染。美国环保署要求杜邦公司应该履行相关的行政程序进行问题报告，否则可能会面临环保署高达3亿美元的罚款。拥有200多年历史的老牌世界级化工巨头怎么也没有想到，就在其对华的生意节节攀升之际，一场危机就此拉开了序幕。

虽然2004年10月13日中国国家质量监督检验检疫总局宣布：通过对占市场上份额90%的18个品牌、28个品种不粘锅产品的检测，市场上销售的主要使用特富龙涂料的不粘锅产品中，均未检出全氟辛酸胺及其盐类残留，使长达百天的不粘锅"疑案"终有定论，同时也给了中国老百姓一个圆满的答案。

但当时在中国，这件事却被演绎成了不粘锅行业的一场"滑铁卢"，大家都认为不粘锅安全性差，其中不乏部分媒体的失实报道。而在这样重大危机面前，杜邦公司所表现出的是一家具有200多年历史的跨国企业的危机公关智慧和行动。"特富龙"事件在中国市场引起极大的反响后，杜邦公司通过各种形式，以"迅雷不及掩耳"之势在全国各地的主流新闻媒体进行了一系列及时的危机公关活动。

杜邦公司整个中国媒体危机处理的过程，充分体现出其应对危机的丰富智慧、良好素质、有序管理和果断行动，特别是在和媒体的沟通过程中，杜邦公司井然有序、层层递进。首先是杜邦公司中国常务副总经理在新浪网络聊天室的对话，利用网络媒体迅速传递了杜邦的反驳声音，其次是给许多记者传真正式声明，最后是举办声势浩大的媒体见面会。媒体公关的区域也从香港到上海，再到北京，形成了一个覆盖全中国的媒体危机公关信息发布网，以强势的姿态证明了自己的"清白"。

其危机解决方案，有序而到位；其危机公关行动，及时而主动；其态度，坚决而诚恳；其方法，有效而有力，充分整合新闻媒体资源，进行说服教育。

下面是解决危机常用的有针对性的方法。

1. 权威公断法

邀请或协助公正性、权威性机构帮助解决危机，经常是企业控制危机事态发展、转危为安的关键所在。不少危机事件平息，很大程度上都是成功运用权威公断的结果。

2. 将事就事法

对刚刚发生的危机，事态在尚未扩大时，可有针对性地作处理，以免事态进一步严重。

3. 公益法

在将事就事解决问题的同时，公益活动也可以转变公众对企业的看法，或是转移公众的注意力。

4. 现身说法

现身说法可以消除消费者对产品的误解，重塑消费者信心。

5. 转移视线法

这种方式在小范围发生危机并且容易解决的情况下才可行，而且在运用时要作最坏的打算，准备以其他方式加以处理。否则，一旦处理不好，引发更大危机时会难以控制。

在处理每一个案例时并不限于一种方法，可能同时用到，在应用过程中关键是要适用。

主动出击，变危机为机遇

"危机"是大多数企业管理者所不愿意见到的，但是任何一个企业都不可能一直处在太平盛世中，一旦危机来临，管理者要善于居危思进，变危机为良机。

所谓"居危"，就是要看到市场竞争的激烈性和残酷性，进一步增强紧迫感和危机感，要识危机、知危机；所谓"思进"，就是要有"置之死地而后生"的经营胆略，要主动出击，想方设法变危机为良机，变危机为商机。

具体来讲，一是要有与时俱进的意识。要牢固树立与时俱进的营销观、发展观、管理观、改革观，创新思维，创新管理，创新技术工艺，创新工作方法，调整工作重点，开创新的局面。二是要有知难而进的勇气。企业上下一定要发扬敢于吃苦、敢于拼搏和敢于胜利的精神，做好应对和克服各种困难的思想准备，做到越是困难越向前；"明知山有虎，偏向虎山行"。以积极的主人翁姿态主动为企业分忧解难、献计献策，把蕴藏的智慧和创造力在生产经营中充分发挥出来。三是要有居危思进的运筹。当前企业面临生存的危机，何去何从，主动权把握在企业自己手中，最主要的是如何面对挑战，变压力为动力，化危机为生机。四是要有携手奋进的精神。越是困难的时候，越要讲团结，讲协作，只要同心同德、众志成城，就没有迈不过的坎，闯不过的关。

"思进"重在变危机为良机，变危机为商机。企业要善于应对危机，变不利为有利。一是要善于化解危机。任何企业都可能受到不确定危机的影响，企业要在危机发生时将消费者的利益放在第一位，积极维护消费者的利益，这样才能把损失减少到最小。二是要想尽办法减少市场损失。企业产品出现危机，市场会受到一定冲击，企业此时要想方设法减少产品市场的流失。三是要借此促进企业产品更新换代。产品出现危机或受禁令限制，说明产品还存在较大的不足，为此企业要在注重改善产品不足的同时，促进产品更新换代。四是要善于发现和抓住产品危机中的商机。一些产品出现市场危机，其实也为其他产品提供了市场机会。所以企业要善于发现和抓住这样的危机商机。总之，企业面对危机要永远积极主动，当环境变得不利时，保持信心，并把危机作为学习的机会，从中吸取教训，把坏事变成好事。

1988年4月27日，美国阿波罗航空公司一架波音737客机从檀香山起飞后不久，巨大的爆炸气浪把前舱顶掀开一个足有6平方米的大洞，使机舱里的地板变形到后舱看不见前舱。可是驾驶员还是把飞机降落在附近机场，除一名空中小姐在爆炸时被气浪从舱顶抛出而殉职外，89名乘客全都平安生还。一时世界震惊，众说纷纭。

在常人看来，这一不幸事故的发生，对波音公司是一沉重打击，因为这严重影响了波音飞机的声誉。

然而波音公司却不这样看，它们并没有因此而沉默，反而一反常态大肆宣传事故的原因：飞机太旧、金属疲劳。这架飞机已工作了20年，起落过9万次，大大超过了保险系数，但还能使乘客全部生还，正说明波音公司的飞机质量之高，值得信赖。

这颇具说服力的宣传工作使公司不仅没有因此不幸而陷入困境，反而名声大振，声誉更佳，事故后的第一个月就收到订单达70亿美元。

决策当头，处事不惊，冷静分析，千方百计寻找突破口，正是波音公司反败为胜的秘诀。

危机给决策者提供了一个千载难逢的机会，变危机为良机，企业才能立于不败之地。

深圳某高速球生产企业，以出货快、出货量大见长，但该公司过去只重视市场，对技术研发重视不够。在事业蒸蒸日上时，突然遭遇"退货门"事件，因为产品质量问题，客户纷纷退货，导致公司几乎到了关门的境地。

公司老总看着仓库里堆积如山的退货，心情十分沉重。经过反思，他毅然做出一个重要决定：立即将公司技术部升级为研发中心，增加研发力量，引进高级技术人才，加大研发投入，攻克技术难关，重树市场信誉！

这时，正好赶上一年一度的行业大展举行，他们在参展时细心留意和观摩同行展出的产品，并花钱在展会上买回国内外几乎所有竞争对手和同行的产品，展会结束一回到公司，便立即组织研发中心全体研发人员昼夜加班，逐个研究其他公司的产品，找出它们各自的优点和缺点。

功夫不负有心人，通过兼收并蓄，最后他们终于攻克技术难关，一举推出自己的高端一体化快球，重新树立了其在高速球行业的信誉和地位。

当然，并不是每一次危机我们都能处理得天衣无缝。如果危机非常棘手无法处理或处理失败，企业必定会蒙受巨大损失，包括经济损失和声誉损失。

危机，是危也是机，方法得当还能变成良机。当危机降临时，一些企业倒下了，另一些企业却成为浴火重生的凤凰。这些鲜活而又生动的例子，在让人产生无限感慨的同时，也给我们带来了深刻的启迪和警示。实际上，企业有可能遇到的危机远远不止文中所说这些，因此值得企业重视。

防止危机恶化，抓住时机解除

企业每天都在面对着新的变化，每天都可能出现新的危机和机遇。无论是面对危机还是机遇，都需要管理者采取卓有成效的行动，以防止危机恶化或者抓住时机解除之。

2000年10月19日，美国联邦食品和药品管理局的一个顾问委员会紧急建议：应把PPA列为"不安全"类药物，严禁使用。因为一项研究结果表明，服用含有PPA的制剂，容易引起过敏、心律失常、高血压、急性肾衰、失眠等严重的不良反应，甚至可能引起心脏病和中风。

美国联邦食品和药品管理局的这一建议犹如一枚重磅炸弹，在全球范围内掀起了轩然大波：在墨西哥，卫生部部长呼吁禁止使用含PPA的药物，许多医疗部门和药店纷纷向制药厂家退货，厂家和销售商损失惨重。在英国，卫生部下令紧急调查PPA。在日本，公众反应激烈，许多感冒患者拒绝服用含有PPA成分的抗感冒药。在东南亚，许多国家开始回收含有PPA的药品。

这对中美史克公司来说绝对是一场史无前例的危机。一方面，康泰克与康得在中美史克公司全球业务量中占较大比例，这两种药品叫停后对中美史克公司的销售冲击很大。另一方面，康泰克被醒目地绑上媒体的绞刑架上，很多媒体上都将PPA和康泰克等同起来或者将两者相提并论，其生产厂家中美史克公司的企业形象及其他产品的市场命运正在经历着严峻考验。

中美史克公司在接到通知后，立即成立专门负责应对危机事件的管理小组，分头负责处理各个环节的问题。同时为了争取较好的舆论环境，避免不必要的麻烦，20日，中美史克公司在中国北京召开了新闻媒介恳谈会，表示"无论怎样，维护广大消费者的健康是中美史克公司自始至终坚持的原则，公司将在国家药品监督部门得出关于PPA的研究论证结果后为广大消费者提供一个满意的解决办法。"

这些应对危机的措施的有效实行，取得了不凡的效果，中美史克公司并没有因为康泰克和康得的问题影响到其他产品的正常生产和销售。随着时间的流逝，由PPA导致的紧张态势已逐渐消退。

如果一个企业不能积极应变，为阻止危机或抓住机遇提出卓有成效的策略，那么这个企业将难以在市场上立足。只有在关键时刻敢于行动和善于行动，才是一个成熟的管理者及成熟企业的风范。

不惧危机，险中获胜

在激烈的市场竞争中，企业要鹤立鸡群，就必须由一位具有智谋和胆识的企业家来管理。

鞍山钢铁公司（以下简称"鞍钢"）总经理李华忠就是凭着智谋和胆识，与鞍钢其他管理人员一起，驾驭着具有几十年历史的"钢铁联合舰队"，驶向一个又一个丰收的港湾。

1986年1月，李华忠受命从上海宝山钢铁公司回到离别4年的鞍钢任总经理。此时的鞍钢是怎样一种情形呢？炼铁与炼钢生产严重脱节；关系鞍钢命运的技术改造"规划了10年，争论了10年"，难以做出决策。面对困境，李华忠凭着自己的智慧和胆识做出这样的决策：坚持走自我积累、自我改造、自我发展的道路，并确定了"以炼铁为中心组织生产"的战略方针。

但是任何一项新的决策的实施都不是一帆风顺的，李华忠这位企业家也无法摆脱困难的缠绕。在他做出上述决策之后，为了调动各方面的生产积极性，在党委和工会支持下，决定在全公司发动一个以"55018"（综合焦比降到550千克以下，高炉利用系数达1.8以上）为代号的夺铁保钢竞赛活动。没想到竞赛进行到第三天，一起罕见的高炉事故从天而降。由于操作者的失职，11号高炉5小时未加焦炭，只加矿石，结果是几千吨冷料凝固在炉膛内。高炉"难产"，大大影响了鞍钢本来生产就不足的铁产量。

面对鞍钢这一重大的事故，李华忠急中生智，很快想出两种解决问题的方案：一是扒炉子，把矿石、铁水拿出来；二是采用继续送风加温。并对两种方案迅速加以比较，得出前者时间长、损失惨重；后者时间短、风险大的结论。经过短时间冷静的考虑，李华忠毅然果断地作出三条既冒险又留有后路的科学决策：一是先处理事故，后追究责任者，立功者可将功补过；二是立即送风抢险；三是同时研究并提出扒炉子方案。

9天之后，李华忠终于在险中获胜。

俗话说："病来如山倒，病去如抽丝。"危机的到来也和疾病一样是突如其来的，对待危机有时也如对待疾病一样，先得"看、闻、听、问"查出危机的症结所在。危机并不是一个单发性的因素，有其起因、积累和爆发过程。只有了解了危机的本质，才能对症下药，化解危机。

对于危机要冷静处理，研究出多个解决方案，然后在若干个解决方案中寻求一个风险和收益比较适中的方案，果断实施。

巧妙化解突发事件

突发事件是难以预料的，但严重时往往关系到组织的安危，它要求管理者必须及时控制事态发展以避免陷入危机。

百事可乐是饮料市场上的大腕，曾几度与可口可乐争抢霸主地位。但在激烈的竞争过程中，一次突发事件险些使百事可乐陷入被挤出市场的危机，这就是"针头事件"。

久闻百事可乐清新爽口的威廉斯太太从超级市场上买了两罐百事可乐给孩子。回家后，喝完一罐，觉得味道不错，无意中将罐筒倒扣于桌上，竟然有枚针头被倒了出来。威廉斯太太大惊失色，立即向新闻界捅出此事。可口可乐公司也趁机大肆宣传自己的产品。一时间，百事可乐难得有人问津。

百事可乐公司一得到"针头事件"的消息，立即采取了措施，一方面，通过新闻界向威廉斯太太道歉，并请她讲述事件经过，感谢她对百事可乐的信任，感谢她给百事可乐把好了质量关，并给予威廉斯太太一笔可观的奖金以示安慰。百事可乐公司还通过媒介向广大消费者宣布：谁若在百事可乐中再发现类似问题，必有重奖。另一方面，百事可乐公司在百事可乐生产线上更加严格地进行质量检验，并请威廉斯太太参观，使威廉斯太太确信百事可乐质量可靠，并赢得了这位女士的赞扬。

百事可乐中居然会有针头，这是百事可乐公司从未遇到的，是几乎不可能的事件，并且发生得如此突然，直接影响到公司的信誉、市场占有率和竞争力。

百事可乐公司获取"针头事件"信息后，及时、果断地推出上述一系列措施，显示了极强的创新精神，灵活机动地把决策权最大限度地放到事件现场。

根据现场情况变化，进行临时决策，缓解了矛盾，打消了消费者的顾虑，刺激了消费者的好奇心，不仅没使销售量下降，反而使购买百事可乐的消费者倍增。可以说百事可乐公司的管理者具有高超的管理艺术，成功化解突发事件，变害为利。

不同领域的形势、信息都是复杂多变的，这就要求管理者以超群的管理能力来处理非程序化问题。突发事件作为非程序化问题的极端形式，更需要管理者有较高的管理素质。在风云变幻的政界，扑朔迷离的商界，以及潜伏着不确定因素的其他领域，对于超常规出现的突发事件和由此带来的危机，应运用以创新、应变、当机立断等为内容的管理艺术，获得主动的和满意的处理结果，以避免损失或者把损失减少到最低程度。

在危机中不断学习并成长

当今商业环境中，企业发生危机已经不是什么新闻事件，从对危机的预测、辨识开始到危机的合理处理、最终解决，这个过程并不意味着危机管理就圆满完成了。危机管理还有一个非常重要的弦外之音，那就是必须从危机事件中认真学习，避免在以后的工作中犯类似错误。

2007年6月19日，甘肃金塔县的一名电焊工正在作业时，揣在上衣口袋里的M品牌手机突然爆炸，并导致该工人肋骨断裂并刺破心脏而死亡——震惊全国的第一桩手机爆炸致死案就此发生。

尽管事故发生的原因很快被证明是由于死者使用的手机电池不是原装，且在高温环境下使用，但是这起严重的事故还是将M品牌拖入了危机的深渊之中——在此后的一两周时间中，几乎全国所有媒体都在报道、追踪此事的发生、发展情况，而在各大门户网站、论坛、博客上，更是掀起阵阵讨伐M品牌手机的舆论狂潮。

从企业危机等级划分来看，似乎没有什么比置人于死地的产品质量事故更为严重了。在经历市场地位被其他手机超越、销售业绩下滑、全球大裁员等不利消息之后，"爆炸门"的发生又一次将M品牌拖入危机的深渊之中。

危机事件发生之后，M品牌可谓反应迅速，派出公关总监奔赴事故发生地调查了解。但在接下来的危机处理中，M品牌的做法却明显失误——M品牌先是否认爆炸手机是M品牌，接着又称是非原装电池之祸责任不在手机。接着，在一次市场抽检中，M品牌四款手机电池均不合格。M品牌即刻发布澄清声明称所有抽检的电池均是假冒产品，并称M品牌产品制造线质量是可靠的，不会存在质量缺陷。

M品牌进行危机处理的逻辑思路大致如下：手机爆炸——否认——称是电池之祸——电池不合格——否认（澄清）——宣称产品质量可靠。这种逻辑思路明显使媒体及公众的关注视角始终集中于M品牌身上，使企业对危机事件的处理变成一场有罪或无罪的辩解博弈，事件的典型示范性有增无减，媒体的关注热情随着M品牌的每一次辩解而延长，危机负面影响日益增强。

而如果将其危机处理的逻辑思路改为：诚恳表明态度——确认是假冒电池之祸——承认电池流通渠道管理失误——强烈指责假冒电池之害——坚定决心严管渠道维护消费者权益。那结果将是另外一个样子了。

对于处于危机风波中的企业来说，最大的致命伤便是失信于民。一旦媒体和公众得知企业在撒谎，新的危机又会马上产生。世上没有不透风的墙，违背事实原则弄虚作假、封锁消息、愚弄公众，往往会产生一系列连锁反应，进一步加重危机的负面作用，以致给组织造成不可挽回的损失。

任何组织在处理危机的过程中，都必须坚持实事求是的原则，这是妥善解决危机的最根本的原则。犯了错误并不可怕，可怕的是不敢承认错误。从危机公关的角度来说，只有坚持实事求是，不回避问题，勇于承担责任，向公众表现出充分的坦诚，才能获得公众的同情、理解、信任和支持。

企业发生危机好比人要生病一样，既有偶然性也有必然性。发生危机并不可怕，可怕的是危机之后并不总结经验，吸取教训，不明白"前车之鉴，后事之师"的道理。俗话说："胜败乃兵家常事，失败乃成功之母。"但是，如果在企业危机过去之后无动于衷，无疑是比危机本身更危险的。

企业的动态危机管理模式将企业危机管理能力视为企业核心竞争力的主要构件之一，并将其纳入到企业长期发展规划的战略思考中。在对企业危机特征作更进一步思考的基础上，将企业危机管理与正常状态的管理适当区分；同时，寻求在制度上更好地将企业危机管理同企业正常状态下的管理相结合、统一的管理模式，更好地支持企业的发展战略。需要指出的是，企业在制度上的管理危机不仅仅是指企业建立有形的危机管理机构，关键是要将企业的"硬件"和企业文化、管理者的思想和员工行为方式这些"软件"进行有效整合，在企业内部各个层次建立起在整体上能够有效配合的危机防范和控制体系。

企业危机对企业家们而言是非常宝贵的精神财富，企业家们不仅可以从中吸取教训，而且企业危机能检验并提高企业家的领导能力。一个经历了坎坷的企业家，认真总结经验教训，才有可能笑到最后。

第22章
管理无定式，结果最重要

大事清楚，小事"糊涂"

郑板桥有句名言："难得糊涂。"领导在工作中，也有两句名言："大事要争，小事要让。""大事讲原则，小事讲风格。"

这里的大事就是指关系全局，涉及组织整体利益的大问题。对于这些大事要争，头脑要清楚。领导在有关大是大非问题上要坚持原则，不能有半点含糊。

这里的小事是相对于大事而言的，主要是指那些无关主旨、无碍大局的次要问题、枝节问题、局部问题、具体问题等。小事为什么要让？因为世界上任何事情之间都存在着差异，人们在小事上存在分歧是很正常的。在这些小事面前不必过于认真，不必非争个你高我低。作为一名领导，要想做到时时处处都明察秋毫是不太容易的。人的能力是有限的，"事事清楚"往往导致"事事不清楚"。过分求细、求真，势必分散领导精力，妨碍大事的贯彻落实。因而，领导要善于分清主次轻重，将主要精力放在抓大事上。要豁达大度，善与人相处，对于一般枝节小事不必过于认真，防止出现形形色色的无原则纠纷和个人意气之争，使人变得目光短浅，心胸狭隘，从而保证人们集中精力抓好大事的落实。

郑板桥所说的"糊涂"，就是要做到大事清楚、小事糊涂。但是如果领导没有一定的修养，没有宽容的肚量，不但大事难以清楚，小事也难以糊涂。而有人貌似糊涂，实际大智若愚。

《诸葛亮吊孝》是一出名戏，戏中写道：吴国都督周瑜死后，诸葛亮到江东为他吊孝。东吴一班大臣想乘机报复，杀死诸葛亮。但鲁肃不同意，保护了诸葛亮。有些人斥责鲁肃糊涂，但诸葛亮却称赞他是"难得糊涂"的鲁大夫！为什么？就因为鲁肃站得高、看得远，深知蜀吴联盟的重要意义远胜过一场报复仇杀。鲁肃在小事上糊涂，正是他在大事上思路清楚的表现。

还要注意一点，大事与小事是相对的，它们的关系是随时间条件而变化的，也是可以互相转换的。这就要求领导要经常分析、研究形势，始终保持清醒头脑，牢牢把握大事与小事之间的度，才能真正做到"大事清楚，小事糊涂"。

正确地使用疏导与堵塞的方法

一谈起疏导与堵塞，人们往往会想起中国古代大禹治水的传说。大禹的父亲采用堵塞的方法治洪水，因没有成功而被杀。大禹接过治水的任务后，吸取父亲失败的教训，用疏导的办法治水，最终将洪水给制服了。事实上，仅仅只用单方面的堵固然不会成功，然而只用导而不用堵也未必成功。因为事实很简单，当水流向不利方向时，就有必要堵。有了这样的堵，对水才能更好地导。所以，有的地方要导，有的地方要堵，不能将两者割裂开来，只强调一方面而忽略另一方面。

在领导工作的过程中，时常会遇到疏导与堵塞的问题。如何正确地使用疏导与堵塞的方法，如何正确地看待两者之间的关系，是需要领导注意掌握的。

在领导活动中，既要有疏导又要有堵塞。一般认为，应以疏导为主，堵塞为辅，两者结合，相辅相成。在两者的使用上，要防止片面性：那种因疏导而把必要的堵塞看成是错误的，因而放弃堵塞的做法是不对的；反之，那种因需要堵塞，而把堵塞强调和使用得过头，因而轻视疏导的做法也是不对的。在这个问题上，主要是领导要根据问题的性质、时间、条件等情况把握好"度"，辩证地分析问题和处理问题。

　　有个青年工人一度盲目崇外，看到外国人身上戴着某种特殊饰物很气派，他认为很有风度，就也戴了起来。而工厂只规定了不准戴，但没有及时讲清楚为什么不准戴。这个青年人认为，"这是我自己的事，你越不准我戴我偏要戴。"于是，矛盾有所激化。后来，主管同他细谈了特殊饰物的由来以及什么是真正的"美"，他才有了新的看法，自觉地从脖子上取下特殊饰物。

　　可见，片面地禁止，简单地堵塞，对于一般的思想问题的解决并不见得十分有效。对这类问题，领导干部还是要从疏导入手，以堵塞为辅。

　　但是，对于那些能迅速造成恶劣后果、导致不良影响的事物，就要坚决禁止，如黄色书刊、淫秽录像等，应该当机立断，明确堵塞。因为疏导的作用是有限的，如果此时仍然采用和风细雨的方法去说服，那么必然会扩大这些毒素的影响。在这种情况下，就必须采取明确的、有力的、迅速的行动予以堵禁，否则便会由一个极端走向另一个极端，在客观上会起到放纵的效果，结果造成是非模糊、良莠不分，使人们失去方向，难以做出正确的抉择，同时也使疏导失去说服力，因缺乏相应的支持而难以奏效。

以退为进，以屈求伸

　　《孙子兵法》提出"见可而进，知难而退"的观点，就是指当认识到继续前进有可能导致对自己不利的结局或可能使战局发生逆转时，应当机立断，停止进攻或迅速撤退。这正是辩证法上讲的"度"，也就是事物发展变化中保持自己质的临界线。

　　吴、蜀猇亭之战，是使西蜀的刘氏政权元气大伤的一战，也是西蜀走向下坡的转折点。在这一次决定生死的战斗中，双方将领对于进与退的不同理解和不同应用，产生了不同的效果。

　　刘备为报关羽之仇，不顾诸葛亮、赵云等人苦苦劝谏，亲自率兵75万大举伐吴。初战阶段，蜀军凭借优势的兵力、有利的地形、旺盛的士气攻城夺地，势如破竹。夺峡口，攻秭归，直至猇亭一带，深入吴国腹地500余里，江东朝野震惊，人人"胆裂"。西蜀在政治上和军事上，都赢得了不少主动。东吴被迫再次提出议和，并作出退让。倘若此时刘备头脑清醒，停止进攻，同东吴谈判，完全可以借助军事威慑，达到"不战而屈人之兵"的有利态势。但刘备被初战胜利冲昏了头，被国恨家仇蒙住了心，使他最终不能正确地认识形势和控制自己。他执意坚持进攻，长驱直入，加上诸多决策失误，非但没能灭吴，反被东吴的年轻将领陆逊一把火烧了个丢盔弃甲，大败而归。

与此相反，陆逊大胜刘备后，乘胜反攻，追击蜀军，但是当他在白帝城外遇到诸葛亮布下的"八阵图"时，便就手罢兵不追了。因他料到曹丕可能乘其追击蜀军后方空虚之机在背后偷袭。果然，撤兵不到2天，魏军三路人马就到了。陆逊见好就收，没有贸然入川，避免了刘备猇亭悲剧的重演。

越"度"则过，过则必错。如果不从战略上、宏观上考虑问题，在超出自己力量限度的情况下继续用兵，主动权就会移于敌手，有利的态势反会演变为不利的局面。因此，知难而退，见好就收，是一名领导应十分注意的问题。

此外，以退为进、以屈求伸也是有效的管理方法。

美国钢铁公司是世界最大的钢铁公司之一。然而，当罗德里克1979年出任公司董事长时，这个钢铁巨人正面临着重重困难：设备老化，管理不善，外国进口产品争夺市场等。在这种情况下，为了从困难中摆脱出来，他决定采用以退为进的战术。首先，他缩小了公司规模，以谋求新的发展。他关闭工厂，裁减人员，丢掉包袱。其次，他出售了一批闲置资产，使手头有了活动资金。再次，他在商场上另辟蹊径，以50亿美元收购石油公司，扩大业务范围。罗德里克本人相信"作为一个企业最高领导，一切活动要围绕着提高企业获利能力来进行"。经过罗德里克的努力，以退为进的战术收到了成效，使美国钢铁公司在西方钢铁业最不景气的风暴中免受波及，反败为胜，终于走出了困境。

《孙子兵法》中的许多军事理论常常为管理学上所引用。其中一条"以迂为直"的战术手段，就是提倡欲取先予、欲擒故纵。古往今来的很多成功商人创造了不少运用迂直之计的好经验，有的已经总结成谚语、格言，广泛流传。如"为了明年多得利，宁愿今年少受益""三分利吃利，七分利吃本""薄利招客，暴利逐客"等，都从正面或反面反映了以迂为直的原理。在条件不具备、时机不成熟的情况下，要从长计议，在持久中积蓄力量、等待战机。在空间上的表现，就是以退为进、以屈为伸。只要能达到目的，有时候走点弯路也是值得的。

"坏话"可以好好说

身为领导，有时令人难堪的话不说是不行的，但表达方式可以是委婉、诚恳，尽量减轻对下属的打击。比方说，下属辛辛苦苦拟好的计划书，却被你否决了；告诉下属被降职了、解雇了；下属向你提出了一个很好的建议，而你却由于疏忽大意或工作繁忙忘记审阅了，下属向你催问时，你该如何回答？

1. 变更计划

要更改那些已经通过的计划，该如何向下级说明？

万万不能对下级说："不关我的事，都是老板一人说了算，我也没办法！"这样把责任转嫁给老板，自己暂时没有问题了，但下属会对老板产生怨气。或者，一旦下属明白你是在推卸责任，肯定会对你产生极大的反感，你的威信也会因此而降低。

当然，也不应该为了防止下属反对，而用高压手段制止对方开口。这样做会使下属心里结下疙瘩，对上司不满，也会对工作不满。这是最不明智、最不可取的做法。正确的方法应情理兼顾，善意地说服下属，使他真正心服口服。

2. 降级通知

一家工厂的老板，在讲到他所知道的一个极其注重说话方式与策略的人时是这样评价的："他就是第一次雇佣我为他工作之后又把我解雇的那个老板。那一天刚上班，他把我叫过去，对我说：'年轻人，要是没有你，我不知道我们以后会怎么样，可是，从下星期一起，我们打算这样来试一试了。'"

有时候，企业人事调动，下级被降职，不再受到上司的重视。上司这时有责任通知下属，并且要耐心安抚，尽量使他能保持积极愉快的心情前往新岗位就任。

千万记住说话时不要用伤感情的字眼。下属被降职，心里本来就不痛快了，上司再用词不当，甚至恶意地嘲讽对方，无异于给下属满腔怒火再浇上一盆油，顷刻就会爆发出来，造成难以想象的后果。也不要等事情成了定局，再吞吞吐吐透露出要调他走的意思，使下属误以为你要赶他走，使其心理上的不平。

3. 提案被耽误

上司接受了下属的提案，并且满口答应"看一看"，而过了一段时间后还没有看。下属希望得到一个完满的答复，而问上司："那个提案，您看过了吗？有什么不妥吗？"

在这种情况下，上司应该直率地说："我现在很忙，实在没有时间细看。不过1周之内一定会给你一个满意的答复！"

同时，最好在约定时间之前，主动答复下属。下属一定会被上司的热情主动所感动。如果答复是否定的，与其让下属追问理由，不如由你主动加以说明，表示你作为上司的确认真对待他的提案，是有诚意的，而不是草草应付了事。

如果提案需递交给更高一级的领导，而上一级领导的态度不明确，以致没有确定结论时，此时你最好能说明立场，表示已经递交给了高层领导，却久久没有回音。不得已催促高层领导时，所得答复却是否定的。这时要详细说明，千万不能敷衍。

不要排斥与下属的合作

与人合作最棘手的问题之一，就是人与人之间的磨合，这常常令人身心疲惫。有人甚至深有体会地说，人与人之间的合作在管理中花去的成本始终是最高的。一般来说，作为员工不外乎有以下四种类型。

1. 分析型

这种员工是完美主义者，做事力求正确，但完美倾向也会导致墨守成规、优柔寡断。分析型的人喜欢独立行事，不愿意与人合作。尽管他们性情孤傲，但患难之中却最见其忠诚。

2. 温和型

他们常常喜欢与人共事，淡漠权势，精于鼓励别人拓展思路，善于看到别人的贡献。由于对别人的意见能坦诚以待，他们往往能从被其他团队成员否决的意见中发现价值。温和型的人常常为团队默默耕耘，往往成为团队中无名的幕后英雄。一般来说，温和型的人往往能在一个发展稳定的、架构清晰的企业中表现出色。一旦他们的角色界定、方向明确，他们就会坚定不移地履行自己的职责。

3. 推动型

他们注重结果，最务实，并常常引以为自豪。他们喜欢确定高远却很实际的目标，然后付诸实施。他们极其独立，喜欢自己制定目标，不愿别人插手。他们善于决断，看重眼前实际，具有随机应变的本事。但他们有时太好动，往往因仓促行事而走弯路。无论表达意见还是提出要求，推动型的人都很直率。

4. 表现型

这种员工好出风头，喜欢惹人注目，是天生的焦点人物。他们活力十足，总喜欢忙个不停。他们偶尔也会显露某种疲态，这往往是因为失去了别人刺激的结果。表现型的员工容易冲动，常常在工作场所给自己或别人惹出一些麻烦。他们喜欢随机做事，没有制订计划的习惯，不善于进行时间管理。他们善抓大局，喜欢把细节留给别人去做。

对于领导来说，要针对不同类型的员工采取不同的管理方法。

第23章
无为大有为，无为而治是管人理事的最高境界

无为而治是管理的最高境界

乱世靠有为，治世靠无为；创业靠有为，守业靠无为；领导靠有为，管理靠无为。有为与无为的辩证关系，需要在实践中进行艺术化的处理，绝没有一成不变的模式。

"无为"作为一种政治原则，在春秋末期已经出现。"无为而治"要求统治者无所作为，效法自然，让百姓自由发展。"无为而治"的理论根据是"道"，现实依据是变"乱"为"治"；"无为而治"的主要内容是"为无为"和"无为而无不为"，具体措施是"劝统治者少干涉"和"使民众无知无欲"。

"无为而治"不但是一种政治原则，也是一种管理境界，而且是一种最高的境界。在中国的企业界中，在这方面做得比较好的要数潘石屹了。

潘石屹的一个管理创举就是把"无为而治"的精髓引入了自己的企业管理中。"能够发挥每个人的创造力。不管在任何时候，每个人的积极性都能被调动起来，这就是一个好的企业。"2003年时，他的销售人员大概是100人，当年的销售收入大概有33亿元，100个人创造了33亿元的销售额，这是全中国的销售冠军。全中国没有其他任何一个项目1年的销售额能够超过33亿元。

　　熟悉潘石屹的人都知道他非常随和，也非常客气。在向陌生人介绍他的员工的时候，从来不说"这是我的员工某某某"，而是说"这是我的同事某某某"，一词之差，反映出来的却是一个人的修养和胸怀。

　　在日常工作中，潘石屹对员工很少急赤白脸，即使确实因为什么事情着急了，过后他总要在合适的时候向对方说明一下。他这样做一个最直接的结果，就是放下了架子，缩短了与员工的距离，增加了与员工平等交流的机会。他的平易近人使员工不需要花费太多时间去考虑如何提高"与领导沟通的能力"，从而消除了不必要的人为障碍，提高了工作效率。

　　在内部管理方面，潘石屹的公司没有什么成套的管理制度——这是一个高效率的发条公司，是一个没有中间环节的以解决问题为最终目的的公司。

　　在潘石屹的公司里，员工需要努力的方向是：在公司站住脚。公司需要努力的方向是：在市场上站住脚。

　　当然，要想达到"无为而治"的最高境界也非易事，这需要建立在下列几个前提之上：

　　一是建立系统化、规范化、制度化和科学实用的运作体系。这包括企业制度的规范运行和标准化的企业工作流程并实行标准化管理。用科学有效的制度来规范员工的行为，来约束和激励大家。每个部门、每个岗位和每个人都有自己目标，有配套的合理的绩效考核并实行目标管理。让所有员工都知道该做什么、不该做什么和该怎么做。

　　二是组建一支强有力的领导组成的高绩效的团队。企业快速运行，80%靠体系推动，20%靠卓越领导带领的团队来拉动，推拉结合，形成合力，才会跑得更快。高绩效的领导既要有高瞻远瞩的战略眼光，制定中长短期战略目标，又要有极强的执行力，把组织制定的目标落实到位，才会有好的结果。不仅要会发挥自己的影响力，激励员工和辅导员工，又要会进行有效的授权，把员工的潜能发挥至极致，带领员工快速高效地完成团队目标。高绩效的领导所拥有的强大的领导力，也是企业良性运行的基础。

　　三是建构良好的企业文化。用好的文化和理念来统领员工的行为。企业在运行过程中，要总结提炼自己的经营理念系统，包括价值观、使命、企业宗旨、企业精神和人才观等等，通过组织活动及制度等形式的灌输；通过传播企业内外的公众和员工，形成一种健康的、积极向上的氛围，让员工们不单单为一份薪资而工作。

"无为而治"还要求领导做到"恩威并重，软硬兼施"。只有严格要求和进行人性化管理，做好制度规范并执行到位，同时更关心员工，把员工当成企业真正的主人，才能真正实现人企合一。

GE（通用电气公司）是世界上少有的多元化非常成功的企业之一，其前总裁韦尔奇在总结GE成功的经验时说，GE虽然业务是多样化的，但是文化非常统一，绝对不允许任何人对价值观有所怀疑，有所违背。也就是说，用统一的文化代替了统一的业务，也能实现企业的健康发展。GE也是高度授权的，各事业部权力很大，总部是战略和文化中心，看似"无为"，但已经是"无所不为"。

老子曰："以正治国，以奇用兵，以无事取天下。"无为而治要建立在规范管理的基础上，领导要具备高超的管理艺术，要平衡集权与授权的度，有为而不妄为，有所为有所不为，无为而无所不为。

领导无为，员工"有为"

很多领导都希望自己的下属能够在自己度假的时候将工作落实，但是员工总是"执行不力"，这让领导极不放心。

现如今，很多企业、单位、团体都讲"提高执行力"。但为何成效不大？这很让人深思。执行力不好的原因是多方面的：管理没有常抓不懈；出台的管理制度不严谨，缺少针对性和可行性；缺少科学的监督考核机制；等等。

管理的理论、经验要变成实实在在的行动，才谈得上加强企业执行力；而加强执行力，就是加强人的执行力。如此一来，人的因素是最重要的。提高执行力不在于管理经验的新老，重要的是依靠每个人对制度措施不折不扣地贯彻执行，最终还是得靠每个人的责任心。

某集团公司有位基层管理人员业绩突出，老板想把他调往总部，而他却自愿留守分公司，虽干得有声有色，却也辛苦至极。别人问他："值得吗？"他答道："既然留下来，就有责任干好。"这是责任的力量。也常见各部门，因职位高下、利益不均，有人就推三阻四、拖沓怠工；可也有人照样无利而往、披星戴月地工作，单位兴旺发达了，他们仍默默无闻，只是幕后英雄而已——可他们的出发点很简单："干这份事，就得为此负责。"由此可见，在企业发展阶段，企业员工的责任心更能影响企业的生存和发展。而有了责任心，才会凡事严格要求自己，在制度执行中不打折扣，在措施实施中不玩虚招，做到令行禁止。

遗憾的是，现实生活中的情形并不完全如此乐观。有一个人给一位企业老板发送电子邀请函，连发几次都被退回，向那位老板的秘书查询时，秘书说邮箱满了。可4天过去了，还是发不过去，再去问，那位秘书还是说邮箱是满的。试想，不知这4天之内该有多少邮件遭到了被退回的厄运？而这众多被退回的邮件当中谁敢说没有重要的内容？如果那位秘书能考虑到这一点，恐怕就不会让邮箱一直满着。作为秘书，每日查看、清理邮箱，是最起码的职责，而这位秘书显然责任心不够。

人们还经常见到这样的员工：电话铃声持续地响起，他仍慢条斯理地处理自己的事，根本充耳不闻。一屋子的人在聊天，投诉的电话铃声此起彼伏，可就是没人接听。问之，则曰："还没到上班时间。"其实，离上班时间仅差一两分钟，就是没人接听。有些客户服务部门的员工讲述自己部门的秘密："5点下班得赶紧跑，不然慢了，遇到顾客投诉就麻烦了——耽误回家。即使有电话也不要轻易接，接了就很可能成了烫手的山芋。"

这些问题看起来是小事，但恰恰反映了员工缺乏工作热忱和积极性、主动性。员工一旦"无为"，领导工作必然受到掣肘；而如果员工将工作当做自己的事业，就是为领导分担工作，减轻负担。

老王是个退伍军人，3年前经朋友介绍来到一家工厂做仓库保管员。保管员的工作虽然不繁重，无非就是按时关灯、关好门窗、检验货品、防火防盗等，但老王却做得非常认真。他不仅每天做好来往的工作人员提货日志，将货物有条不紊的码放整齐，还从不间断地对仓库的各个角落进行清扫整理。3年下来，仓库在他的管理下安然无事，而且提货的工作人员每次来提货都会在最短的时间提到货物。

这一切被工厂厂长看在了眼里，在工厂建厂20年庆功会上，厂长给老王按老员工的级别颁发奖金5 000元，并有进一步重用的意思。好多在厂工作几十年的老职工不理解，老王才来厂3年，凭什么拿到这些奖金？

厂长看出了大家的不满，说道："你们知道我这3年中检查过几次咱们厂的仓库吗？一次也没有！这不是说我工作没做到，而是我一直都了解咱们厂的仓库保管情况。作为一名普通的仓库保管员，老王能够做到3年如一日地不出差错，而且积极配合其他部门人员的工作，忠于职守，比起一些老职工来说，老王真正做到了爱厂如家。我觉得这个奖励他当之无愧！"

而正是这些体现员工责任心的细小之事，关系着企业的信誉、信用、效益、发展，甚至生存。

领导如何调动员工的积极性，让员工为自己的分担工作呢？

（1）告诉员工他应承担的职责。大多数的领导只喜欢向员工明确工作内容，而不明确工作职责。当一个员工只明确工作内容，他会认为自己仅仅是一个执行者，没有什么成就感；而通过沟通和促动让他能为自己的工作职责努力，那么他会认识到自己工作的价值，进而能从工作价值中获得激励。

（2）有可能的时候就让员工对其工作写出书面报告。书面报告能帮助员工理清其工作状态，能凸现问题，也能让他找到自己改善的方向，再加上领导的促动，工作就比较容易开展。另外，每个人在写自己工作报告的时候，也是了解自己价值的时候。

（3）让员工参与到一些重要的讨论中来。这种做法能激励他们，并且表明你很在乎他们的想法，当然这些时候他们也可能会提出好的主意。相反，一意孤行的领导会让员工在工作中变得消极、应付。所以，当员工积极性不高的时候，极可能是与领导存在某种沟通上的障碍。通过讨论消除障碍，提高员工积极性，不失为一种双赢的做法。

（4）当你跟员工交流时，不要只是告诉他们怎么做，而应该用你的说服力使他们主动做你需要他们做的事。

（5）对员工的工作做出反馈。领导及时的评价，无论是认可、表扬，还是警醒、批评，都能对员工形成有效的促动，让员工认清自我，增强工作的积极性。

领导如何做到无为而治

老子的"无为而治"是一门高深的政治哲学，自古以来一直被第一流的领导奉为做人做事的圭臬。

综观中国历史，不少出色的政治家都喜欢以"无为而治"来整治国家，以无为而为，由无为达到有为。

面对一片原始森林，如果我们不去理睬，它自己就能欣欣向荣，但是，经过人们插手之后，往往是草盛木稀，遭到灭顶之灾，古代老子所提倡的"无为"管理之道，便是要建立这种"顺应自然"的思想观念。

任何事物都有其自然的规律，与其用强迫手段逆规律而行，不如利用规律，使之转化成为我们能够利用的资源。就像水遇热变成蒸汽，这是无法改变的，然而我们却可以利用这一个规律来生产暖气，做人做事的道理也是如此。

老子的"无为"，可以以三个方面来理解：

首先，应尽量少下命令。如果领导只让员工依令行事，势必会打消他们的积极性、主动性和创造性，也必然会激起他们的反抗心理。所以，最好的方法是只指出大方向后，便交由别人灵活处理。

其次是，对于部属或其他人，应当尽量避免干涉或介入。每个人的工作习惯不同，领导不应该过度地干预其他人，更没必要在一旁指手画脚，如此，非但帮不上忙，万一没有处理好，恐怕还会帮了倒忙。重要的是结果，而不是过程。只要能达到期望的结果，不是非得依领导的方法才可以，因此领导更应该保持正确的态度，给员工一个独立自主的空间，反而更能加快事业成功的脚步。

最后，不要用过多的政策加重员工的负担。

聪明的领导并非什么事都撒手不管，而是要能细心地留意员工的心理状态和情绪动向，并掌握整体团队的方向和发展远景，并在遇到困难时能在员工面前镇定自若，增加其信心。

政策上忌讳的事情越多，或过度地限制员工能力的发展，不仅会使员工越来越怠惰、缺乏效率，还会让整个组织或团队越来越混乱。

领导规定的事项越多，插手的事务越多，员工为了生存，在这么多限制里，便学会了算尽机关和阳奉阴违。事实上，只有让员工自动自发地散发自己的能量，充分发挥创造力和想象力，才能开创出更宽阔的远景。

"鲶鱼"带来竞争——从资源上体现无为而治

想要振奋起员工的奋斗意志，先要建立危机意识。若是员工没有危机意识，就会安于现状，而企业当然更不会进步。

中国台湾糖业公司（以下简称"台糖"）在台湾地区经济发展中扮演着十分重要的角色，由于台糖拥有大量的土地资源，所以靠不断地卖地盈利，但这并非公司长久发展之计。

因此，20世纪90年代初期，台糖推行"危机管理"，凝聚公司内部所有员工的共识。就好像拔河，全部的员工都要为同一个目标而努力，这样才能发挥成效，赢得胜利；也唯有凝聚共识，才会形成力量。

新的管理架构重组之后，原先不到亿元的营业额大幅度提升到1996年的354亿元，并且在21世纪向1 000亿元的营业额挑战。

有专家研究发现，企业基本上由三种人组成：一是不可缺少的干才；二是以企业为家辛勤工作的人才；三是终日东游西荡、拖企业后腿的蠢材或废材。

管理这三种人可能会让领导绞尽脑汁：为了让干才更努力，让人才出成绩，让蠢材或废材为企业卖力，领导从激励、惩罚等各个方面入手，但有时却收获不到理想的效果。怎样管理这三种人才能让领导省心、省力进而达到无为而治呢？下面的"鲶鱼效应"将给人以启发。

挪威人的渔船返回港湾，鱼贩子们都挤上来买鱼。可是渔民们捕来的沙丁鱼已经死了，只能低价处理。渔民们哀叹起来："上帝，我们太不幸了。"只有汉斯捕来的沙丁鱼还是活蹦乱跳的。商人们纷纷涌向汉斯："我出高价，卖给我吧！"

商人问："你用什么办法使沙丁鱼活下来呢？"

汉斯说："你们去看看我的鱼槽吧！"

原来，汉斯的鱼槽里有一条活泼的鲶鱼到处乱窜，使沙丁鱼们紧张起来，加速游动，因而它们才存活下来。

其实用人也是同样的道理。一个企业如果人员长期稳定，就会缺乏新鲜感和活力，产生惰性。受到启发，企业老板请来一条"鲶鱼"，让他担任部门的新主管。企业上下的"沙丁鱼"们立刻产生了紧张感。"你看新主管工作的速度多快呀！""我们也加紧干吧，不然就被炒鱿鱼了。"这就产生了"鲶鱼效应"。整个企业的工作效率不断提高，利润自然是翻着筋斗上升。

企业光荣的历史不能一直缅怀，大家不能总是"吃老本"，因为这样会让员工失去忧患意识。在这个时候，引入一条"鲶鱼"，领导就可以实现"无为而治"。

倡导无边界沟通——从运作上体现无为而治

通用电气公司前总裁杰克·韦尔奇提倡无边界管理模式。他反对通用旧有的所谓"土生土长"观念，提倡员工之间、部门之间、地域之间广泛地相互学习，汲取新思想。他说："你从越多的人中获取智慧，那么你得到的智慧就越多，水准被提升得越高。""无边界"沟通成为通用学习型文化和自我实现的关键一步。

为了真正达到"无边界"的理想状态，韦尔奇坚决执行减少管理层次的决定，并加强公司硬件建设，大力提倡全球化思维，创立"听证会"制度。"听证会"制度不仅使普通员工参与公司的管理，而且成为领导和员工相互沟通、学习的场所，大大提高了工作效率。

无边界沟通有助于企业内部充分沟通，能够利用来自任何一个人和任何一个地方的智慧火花，消除官僚主义习气，促使企业不断前进。

人活在世上，不管是谁，每人每天都在反复地与人沟通，领导更是如此。具体地说，沟通在领导中的重要作用体现在以下几个方面：

（1）良好的组织沟通，尤其是畅通无阻的上下沟通，可以起到振奋员工士气、提高工作效率的作用。随着社会的发展，人们开始了由"经济人"向

"社会人"、"文化人"的角色转换。人们不再是一味追求高薪、高福利等物质待遇，而是要求能积极参与企业的创造性实践，满足自我实现的需求。良好的沟通，使员工能自由地和其他人，尤其是和领导谈论自己的看法、主张，使他们的参与感得到满足，从而激发他们的工作积极性和创造性。

（2）在有效的人际沟通中，沟通者互相讨论、启发，共同思考、探索，往往能迸发出创意的火花。专家座谈法就是最明显的例子。惠普公司要求工程师们将手中的工作显示在台式机上，供别人品评。以便大家一起出谋划策，共同解决困难。

员工对于本企业有着深刻的理解，他们往往能最先发现出现的问题和症结所在。有效的沟通机制使企业各级别的员工能分享彼此的想法，并考虑付诸实施的可能性。这是企业创新的重要来源之一。

（3）沟通的一个重要作用就是沟通信息。顾客需求信息、制造工艺信息、财务信息……都需要准确而有效地传达给相关部门和人员。各部门、人员间必须进行有效的沟通，以获得其所需要的信息。难以想象，如果制造部门不能及时获得研发部门和市场部门的信息，那会造成多么严重的后果。企业出台任何决策，都需要凭借书面的或是口头的、正式的或是非正式的沟通方式和渠道传达给适宜的对象。

（4）企业领导可通过信息沟通了解客户的需要、供应商的供应能力、股东的要求及其他外部环境信息。建立了有边界的制度和无边界的沟通，领导在管理工作中就会感觉到轻松舒适，实现无为而治也是可以期待的。

倡导人性化管理——从管理理念上体现无为而治

企业的核心是人。企业领导在"无为而治"的过程中，应该始终坚持"以人为本"的基本理念，把"为员工创造发展空间、提升员工价值、提高工作生活质量"作为企业的使命。

实现把个人追求融入到企业的长远发展之中，要求企业领导在设计企业发展的时候，就应该考虑到企业的发展要代表员工的利益，应该考虑到如何为员工提供各种成长的空间，如何让员工通过自己的努力得到物质和精神的回报。作为理想的员工，要具备"三心"，即责任心、进取心和事业心。

松下幸之助认为，企业的构成要素是人，必须强调发挥人才的作用。为此，松下幸之助为松下公司制定了一整套"精神法则"，包括松下七精神、松下公司信条和纲领等，所有这些精神法则，在松下幸之助眼里，不是要培育员工对公司的愚忠，而是要造就员工的自主性，使员工能够明明白白做人。

松下幸之助的基本经营方针是人才立业。在他看来，没有合适的人就无法实现企业的使命。松下幸之助要培养的人才，不仅要有技术，而且要有经营能力，比经营能力更重要的是价值观念和坚韧精神。

在人才培养方面，松下幸之助突出强调对价值观和人生观的培养。人才教育要先从企业使命和经营理念的教育开始，只有让员工充分理解和认同所在企业的使命，才能使他们为实现这一使命而废寝忘食地去工作。当经营理念和使命在每个员工的心中生根发芽，与他们融为一体之后，就可以放手让他们在自己责任和权限范围内独立自主地施展创造力。

松下幸之助认为，有了正确的价值观和人生观，还需要提升人才的内在竞争力。为了使松下公司的员工得到良好的训练，松下幸之助在公司设立了多个教育培训机构。凡新招收的职工，都要进行8个月的实习培训，才能分配到工作岗位上。

为了适应事业的发展，松下公司人事部门还规定了下列辅助办法：

第一，自己申请制度：干部工作一段时间后，可以自己主动向人事部门"申请"，要求调动和升迁，经考核合格，也可以提拔使用。

第二，内部招聘制度：在职位有空缺时，人事部门也可以向公司内部招聘适当人选，不一定非要在原来单位中论资排辈依次提拔干部。

第三，内部"留学"制度：技术人员可以自己申请，经公司批准，到公司内办的学术或教育训练中心去学习专业知识。公司则根据事业发展需要，优先批准急需专业的人才去学习。

第四，海外留学制度：定期选派技术人员、管理人员到国外学习，除向欧美各国派遣留学生外，也向中国派遣留学生。在中国的北京大学、复旦大学都有松下公司派来的留学生。

由于松下公司把人才培养放在首位，有一套培养人、团结人、使用人的办法，所以在松下体制确立以来，培养了一支企业家、专家队伍。这是松下公司能够实现高效率管理的前提。

人性化管理包括很多方面，领导需要在管理工作中细细摸索、总结经验，找到合适的方法，这样才能够做到驾轻就熟、举重若轻。

一般说来，企业领导实行人性化管理所参照的有若干个方面：

（1）人性化管理要求领导在生活上关爱员工，多为员工考虑，体现人文关怀。例如，当员工生病或者家庭出现困难时给予关心，逢年过节送去问候，最大限度满足员工的生活需求，为他们解决工作中的后顾之忧。

（2）工作上多关心爱护员工。重视员工，理解员工，尊重员工，为员工提供教育和岗位培训的机会，保障必备的学习资料，提供充足的学习经费，定期进行业务知识的培训，提升员工的工作能力。

（3）为员工搭建发展的平台。量才录用，做到人尽其才，才尽其用，疏通员工成长、成才的渠道，加大对员工的培养，鼓励员工的工作热情和积极主动性。

（4）满足员工个性化需求。不同年龄、不同背景、不同层级的员工需求截然不同。同一个人在特定阶段会有多种需求共存，但各种需求存在主次差异。以人为本的企业注重对员工个性化需求的分析与满足。倡导以人为本的管理最重要的工作就是发现员工不同阶段的需求，并将这种需求利用于管理策略、制度之中。对员工的需求进行有效的引导，满足员工个性化的需求的过程就是引导员工为实现组织目标努力的过程。企业战略目标实现了，员工个人需求也能够得到满足。这是企业无为而治的前提，也是现代员工关系管理所强调的最高境界。

第24章
管理面前人人平等，管人理事一碗水要端平

收起领导的"优越感"

领导对员工的要求不要无动于衷，要及时回应，无动于衷就是傲慢。

当领导希望员工对自己说的话有所反应时，应先对员工的话有反应。如当员工说了一个笑话时，不管这个笑话是否有笑点，领导都应该尽量很真诚地报以一笑，这才是合适的反应。

领导对员工的行为要有所反应，就必须做到以下三点。

1. 合乎时宜

对员工的行为作出反应要相机行事。如果员工刚刚受到挫折，领导可以通过赞美来激励其斗志。但是如果员工取得了一些成就，已经被赞美声包围并对赞美产生抵触情绪，再加以赞美就容易使员工骄傲，有可能以后很难取得大的成就。

2. 雪中送炭

在我们的生活中，受挫折的时候多。人们往往把最真诚的赞美给予那些功成名就的成功者，然而这种成功者毕竟是少数，大多数人可能常遭受挫折。领导需要面对的人，很大程度上都是这类人。因此，领导对员工的反应很可能对于这些受挫之人是雪中送炭。

领导适时地对员工作出反应，往往能够让员工把领导当做知心朋友来对待。当然对于领导来说，不要心里存有任何愧疚，只要领导的反应是出于真心

诚意的，这种方法就是可行的。

3. 谦虚做事

领导在进行管理的过程中，千万不要存在太强的优越感。领导必须谦虚地做事情，即使自己取得了很大的成就，也要牢牢记住：没有这些员工，这些成就根本无法取得。因此领导不应该有优越于员工的表现。

用一种居高临下的姿态与员工交谈会让领导很快陷入不利的境地，进而失去继续交流的机会。领导并不比员工优越，在整个管理过程中，领导必须和员工形成良好的关系才能将管理工作做好。

有些领导认为自己的能力十分突出，员工的能力简直可以忽略，于是在管理的过程中，滔滔不绝地发表意见，不断地和员工争辩甚至反驳员工的意见等。这些都是认为自己有优越感的表现。殊不知真正决定管理有效与否的不是领导的优越感，而是员工的配合。优越感太强的领导很难得到员工的认同。

优越感太强的领导往往较虚伪，他们会制造出种种成绩来维护自己的优越感，以便将这种"比别人优越"的感觉永远保持下去。殊不知在这种感觉面前，他已经失去了员工的信任。

管理应坚持平等的原则

某些领导不屑于与员工平起平坐，把等级观念看得很重，认为决策权是自己地位的象征，不想与员工共同决策，这种管理思想早就过时了。

也有的领导认为自己了解的情况比员工全面，自己的能力、水平也比员工强，员工提不出比自己更高明的计策来。这是许多领导都存在的共同误区。应该承认，这些人成为领导，绝大部分的确是因为有过人的才干，但往往正是这些能力强的领导，自恃才高，不愿听员工看似愚蠢的意见，独断专行。

其实，领导的想法再高明，员工不接受，那也是一相情愿。领导要想办法使自己的决策变成员工的想法。能诱导员工提出其想要的意见，这样的领导才是最高明的。

当然，参与决策的人越多，机密被泄露的可能性也越大。而且，参与的人越多，所花费的时间也越长，决策的执行也可能因此而受到延误。

尽管有这些不利因素，但如果领导要得到部下全力以赴的支持，就必须尽可能地让员工共同参与行动，而且愈充分愈好。

一旦在相同的目的之下，领导与员工就能充分发挥相辅相成的作用和机能：急躁的领导配以稳重的员工，胆大的领导配以心细的员工……任何成就的造就都会变得容易、迅速得多。

有一次，美国玫琳凯公司竞争对手公司的助理副总裁向玫琳凯·艾施女士求职。他很伤心地对她说："我已经无路可走了，我们公司已经无法再继续发展，再待下去我实在也没有前途可言。"

他们谈了一会儿之后，玫琳凯·艾施女士发现了他抱怨该公司的真正理由。那家公司正在修订行销策略，而这位助理副总裁没有被列入策略修改委员会的一员，而正如他所说的，凡是这个委员会的成员都被视为"高级干部"。因此，他对该委员会提出的任何改革政策都极力反对。所以，玫琳凯·艾施女士不得不下这个结论：假如他也成为委员会的一员，他就会采取支持的态度。他是一位聪明的年轻人，如果能参与这项工作，一定能对该公司有所贡献；相反，正因为他无法参与，他的反对态度甚至促使他辞职而去。归结来说，就是一个优秀的工作人员的自尊心受到了伤害。

每个人都有自我意识，身为领导，当你在作有关员工的人事决定和其他决策时，都必须慎重考虑。最起码，尽量保持一个平等的态度。

对待员工做到一视同仁

为人公正，办事公平，这是一个领导的基本素质。贾谊在《新书·道术》中说："无私谓之公，不公为私。"宋代大文学家韩愈说："物不得其平则鸣。"可见，公平之说，古已有之。公平之人，公平之事，在史籍典册中，更是不计其数。

唐代的大理寺少卿戴胄，堪称公平的典范。一次，唐太宗李世民的妻舅、长孙皇后之兄长孙无忌带刀进入皇宫，在宫门口站岗的监门校尉未发现。按照唐律，长孙无忌和监门校尉都违犯了法律。可是，当朝宰相封德彝却说，长孙无忌是一时疏忽，不能视为犯法；校尉麻痹大意，应该杀头。唐太宗居然点头同意这么办。这时，戴胄挺身而出，明确表示：这样量刑不公平。他说，长孙无忌带刀入宫，校尉没有发现，这方面都是由于一时疏忽，如果量刑，应一视同仁，怎么能重此轻彼呢？戴胄说得理直气壮，有根有据，唐太宗只好答应重新商议。而再次商议时，封德彝仍是力主原判，戴胄便据理辩驳，寸步不让，指出：无忌和校尉，论其过误，情况相同，而校尉是由长孙无忌带刀入宫的缘故而致罪的，"于法当轻"。现在，轻罪反而重判，重罪反而轻判，"生死顿殊"，很不合理，坚决要求据法重新判决。唐太宗觉得戴胄说得有理，终于接受了他的意见，把长孙无忌和校尉都免罪了。

这里的几个人物，长孙无忌是"国舅"，又是有卓著功劳的开国元勋；封德彝是当朝宰相，大权在握，更有皇帝偏袒。监门校尉则不过是在宫门口站岗放哨的小官；戴胄自己也不过相当于今天的最高法院院长。可是他居然秉公力争，坚持公平断案，这是很不容易的。然而，唯其公平合理，才得到了李世民的首肯。除了戴胄，像包拯、海瑞这些历史上有名的"清官"，都因秉公办事而深得人心。

可见，公平一直是领导处理与员工关系的原则。因为员工最忌领导偏心。因为种种原因，领导并不能公平对待每个人的成绩，或不能公平地处理每个人的错误，这实际上起到了一种离间的作用，孤立了被偏袒的部分员工。因此会导致员工之间相互猜忌，矛盾重重。群体的凝聚力就会大大降低，这显然会给管理工作设下重重障碍。

历览古今多少事，公平之心不可缺，这不仅是处世、做人的起码道德，更是一个领导搞好上、下级关系、做好工作的一个起码的前提条件。

春秋战国时，燕昭王为报被齐国打败的仇恨，重振国威，便千方百计招揽人才。他找大臣郭隗商讨对策，郭隗向他说出了这样的道理：竭诚礼待他人，虚心求教，可聚集比自己强几百倍的人才；向人表示敬意，能够听取别人的意见，可以聚集比自己强几十倍的人才；以平等方式待人，可以招来与自己能力差不多的人才；而如果自恃权势，对人呼来唤去，则只会有一些小人投奔自己；昏庸无道，随意骂人，则只能剩下身边的奴仆。

对员工一视同仁，公平合理，是领导处理与员工关系的一条重要原则，也是赢得员工信任的重中之重。如果你的员工发现你能公平公正地对待他，他定会心情舒畅，干起活儿来，也必是斗志昂扬，对你自然也会更加拥护。

处理事务要公私分明

公私不分、假公济私或欠缺公正的领导在员工的心目中是不会具有威信的。因此，切忌假公济私。公私分明是一名领导用权的标准。唯有如此，才能正己立身，才能管好员工，否则就会完全掉进私欲的陷阱之中不能自拔，造成毁灭性结果。

公私分明，为古已有之的用权戒律。

对一位领导而言，公与私是不能同时满足的，因私必然害公。因私害公的领导，在员工眼中就会毫无威信可言。人一旦做了领导，自尊心就会随之提高，常常会莫名其妙地感到自己被忽视，别人一说悄悄话，或在暗中商讨事情，就会觉得不是滋味。

但作为领导，也大可不必因此心怀恨意，如此阻碍工作进行，于己何利？

作为领导，"不知道"和"不了解"是自己的过错，不应责怪员工。在平时，领导就应该多作调查，听取员工报告；或巡视各部门的工作现况，以了解他们实际的工作情形。不能掌握员工行事的领导，是一个差劲的领导。同样，作为领导，自己身上最好不要出现因私害公的情形。

作为一个现代企业的领导，同样只有无私才能无畏。他们在工作岗位上都应对员工采取公平的处理。但是，什么是"公平"呢？如何判断自己对待员工是否公平呢？下判断的要诀是无私，即不可考虑自己的利益所在。

比如说分配任务。当遇到困难的工作，不要想任用之人成功完成任务后自己将得到的奖励或赞誉，也不要因为工作轻松又可获得利益，便想掠夺过来，企图自己做。这样的念头，都会使员工对你的信心大减。因为你的企图很容易被员工看穿。不论何时，由上往下看，往往不能知道实情。然而，由下往上看，却往往能正确地了解一切。

就企业的利益而言，领导必须从工作的重要性、紧急性综合判断。在判断的过程中，绝不可掺杂丝毫的自我利益。从工作大局，从企业的未来发展情况而进行考虑，就可以光明磊落地着手去做。一个善于指导员工的领导，是应该经常关怀员工的。然而，付出过多的关怀有时反而于事无补，最好的要诀是做个无私的领导。

不要亲此疏彼

亲此疏彼在生活中本是很正常的事，但领导在工作中却绝不允许出现此类事，否则就会公私不分或因私而害公。

说起来真是不可思议：一个谨慎的人，交朋友的时候会相当小心，可是制造敌人的时候，却不一定如此。只要脱口而出："我实在讨厌那个人。"很快地，这句话传到别人的耳里，就会增添许多不必要的麻烦。

这些人都是心理不成熟的人，他们喜欢凭自己的直觉印象来判断别人的好坏，反而弄得自己精神不愉快。我们都喜欢跟自己喜欢的人一起工作，不过在现在的社会，你有时可能必须跟你所讨厌的人在同一个机构做事。只有摒弃这种厌恶，不随便划分哪些是你喜欢的人，哪些是你讨厌的人，才能与每个同事愉快地共事。

一个领导，不仅需要有多种才华，而且要关怀员工，做到公平对待员工。关怀员工，可增加其归属感；但是过分关怀，则是感情用事。例如，因为同情一位家属生病的员工，而将其工作量转移给其他员工。前者得到了关怀，而对于后者极不公平，影响后者的工作情绪。

在私人时间，领导和员工之间可以存在友情，但在工作上，必须公私分明，一视同仁。

切记，亲此疏彼不可取，一碗水端平才能给予员工平衡和关怀。

纠正员工认为不公平的地方

作为卓有成效的领导，你应学会主观地评价员工，但完全主观也会导致评价不公。原因显而易见，完全进行主观评价在员工面前缺乏说服力。

领导会设计出种种考核手段，来确保能够客观地反映员工表现、评定一个人所作的贡献有多大并将这种结果同工资报酬之类的密切联系。所有的迹象表明，这种客观的设计是绝对不可能公平的。当评定一个人时，你尽管做到了客观地评判，但又往往被认为结果是不公平的。比如，你想通过"出勤率"指标反映出一个人的工作态度，可有时出勤率高的人未必比出勤率低的人贡献大、效率高。这是因为指标体系设计的本身存在固有的限制，而这种限制又可能会导致你不能公平地评价你的员工。

完满的评价方法应是客观与主观相结合的办法。即领导以客观的评价指标为基础，结合自我的主观评价，来公平地看待每位员工的表现。

平等待人对企业的重要性不言而喻。不公平便会导致员工内部分裂，消极怠工以及达不到员工们希望完成的工作目标。对领导而言，则会损伤其在员工中的权威形象，从而削弱领导的灵魂地位。

事实上，当与员工谈心时，领导便会发现困扰员工的最大问题就是不公平问题。员工认为不公平的地方有：

（1）没有机会提升。

（2）所涨薪水并非如想象得好。

（3）个别员工与领导打成一片，而其他员工被冷落。

（4）未被允许参加某项工作，而有人从中受益。

（5）个人认为自己工作出色，但领导评价却不高。

（6）领导太忙而很少接见员工。

（7）领导只会不断挑错，而不会鼓励与表扬。

（8）领导未对自己努力工作的行为做出反应，但对其他人的小小进步却大加褒扬。

（9）不合理的福利分配制度。

当然，人们对公平都有自己独特的见解。员工很少谈及其他事情，他们常关心的是对自己不公平的待遇。不得不工作在不合理的限制中，以及接受缺乏民主的决策，是他们常常抱怨的问题所在。

公平是直觉的合并，个人价值观念的集中，共同信念的分享，相互尊重的继续，是对大家都同样重要的东西的解释。作为一名优秀的领导，你应该使手下的员工以近似的观点来看待相同的问题。如果做到这点，员工就会认为你很公平，否则，就会认为你不公平。

公平并不需要复杂的解释，只需要在重要的决定背后指明信念与原因即可。平等待人的目的，就是要产生共同的、有益于沟通的理解，以确保企业目标的实现。

平等待人是对每位领导的重要考验。员工则本能地了解领导公平地对待每个人，使每个人均有同等机会发表自我见解，每个人均处于同一起跑线上竞争，对每个人的规定与要求都是相同的，每个人都很清楚企业将要发生的事情。领导只有处理好公平问题，才能真正调动起每个员工的工作热情与渴望。

读者反馈卡

尊敬的读者：

十分感谢您购买本书以及对本公司的大力支持。为能继续提供更符合您要求的优质图书，烦请您抽出点滴时间填写以下调查表并寄回，您的建议与意见将是我们不断前进的动力。我们会定期从有效回执中抽取幸运读者，寄送公司最新出版图书或其他精美礼品。

北京兴盛乐书刊发行有限责任公司

通讯地址：北京市朝阳区小营路 10 号阳明广场南楼 14A
邮政编码：100101
读者 QQ 群：292306095（兴盛乐书友会）
电子邮件：xslzbs@163.com
公司微博：@ 兴盛乐文化
公司网址：www.xslbook.net

1. 您了解本书是通过：
   □书店　□网络　□报刊宣传　□朋友推荐
2. 您购得本书的渠道是：
   □新华书店　□网上书城　□民营书店　□超市　□报刊亭
   □其他_____
3. 您决定购买本书是因为：
   □书名吸引　□内容吸引　□喜欢作者　□偶然购买
   □朋友推荐　□其他_____

4. 您觉得本书的优点有：

　　□文笔好　□内容好　□封面漂亮　□排版舒服　□价格合理
　　□手感好　□其他＿＿＿＿＿

5. 您会向他人推荐或者谈论这本书吗？

　　□会　□不会　□偶尔会　□看看再决定　□其他＿＿＿＿＿

6. 了解本书之后，您会关注或购买公司其他图书吗？

　　□会　□不会　□偶尔会　□看看再决定　□其他＿＿＿＿＿

7. 您决定购买一本书的因素包括：

　　□内容　□封面　□书名　□朋友推荐　□媒体推荐　□作者
　　□其他＿＿＿＿＿

8. 您比较喜欢的阅读类型有：

　　□人文历史类　□财经类　□管理类　□励志类　□小说类
　　□纪实文学类　□传记类　□散文、随笔类　□女性、生活类
　　□亲子、育儿类　□科普类　□其他＿＿＿＿＿

9. 您觉得本书有何不足之处，您有何修改意见或建议？

　　＿＿＿＿＿＿＿＿＿＿＿＿＿＿＿＿＿＿＿＿＿＿＿＿＿＿＿＿＿

10. 有没有您想读但市面上却没有的书？

　　＿＿＿＿＿＿＿＿＿＿＿＿＿＿＿＿＿＿＿＿＿＿＿＿＿＿＿＿＿

　　＿＿＿＿＿＿＿＿＿＿＿＿＿＿＿＿＿＿＿＿＿＿＿＿＿＿＿＿＿

您的姓名＿＿＿＿＿　性别＿＿＿＿　年龄＿＿＿＿　职业＿＿＿＿＿

邮政地址＿＿＿＿＿＿＿＿＿＿＿＿＿＿＿＿＿＿＿＿＿＿＿＿＿＿＿

邮政编码＿＿＿＿＿　手机＿＿＿＿＿＿＿＿＿＿＿＿＿＿＿＿＿＿＿

E-MAIL ＿＿＿＿＿＿＿＿＿＿＿＿＿＿＿＿＿＿＿＿＿＿＿＿＿

QQ ＿＿＿＿＿＿　微博＿＿＿＿＿＿＿＿＿＿＿＿＿＿＿＿＿＿